高等职业本科教育系列教材
创新教育通识课程实践训练类教材
国家级职业教育创新创业教育教学资源库配套教材

创新思维与
方法训练

CHUANGXIN SIWEI YU FANGFA XUNLIAN

主　编　黄继平

副主编　周建波　刘洪亮　曹　轩

本书另配：教学课件
　　　　　实训答案
　　　　　在线慕课

中国教育出版传媒集团
高等教育出版社·北京

新形态
教材

内容提要

本书是高等职业本科教育系列教材之一,是国家级职业教育创新创业教育教学资源库配套教材。

本书构建"知识讲解 + 案例剖析 + 技能训练"的创新思维培养体系,解析思维本质与类型,剖析常见思维定势及破除策略,详解多元创新思维模型原理与应用逻辑,引入经典创新工具并阐释操作流程。本书内容包括思维概述、创新思维、形象思维、思维创新工具、思维创新方法与法则。本书设有"课堂实战""小故事"等栏目,助力创新思维训练和知识拓展。为利教便学,部分学习资源以二维码的形式提供在教材的相关之处,可扫码获取。另外,本书另配有教学课件、实训答案、在线慕课等资源供教师教学使用。

本书即可作为高等职业本科院校、高等职业专科院校创新类课程教材,也可作为社会相关从业人员学习的参考用书。

图书在版编目(CIP)数据

创新思维与方法训练 / 黄继平主编. -- 北京 : 高等教育出版社,2025. 7. -- ISBN 978 - 7 - 04 - 065013 - 6

Ⅰ. B804.4

中国国家版本馆 CIP 数据核字第 20257TJ072 号

策划编辑	刘自挥 宋 浩	**责任编辑** 宋 浩	**封面设计** 张文豪	**责任印制** 高忠富

出版发行	高等教育出版社	网　　址	http://www.hep.edu.cn
社　　址	北京市西城区德外大街 4 号		http://www.hep.com.cn
邮政编码	100120	网上订购	http://www.hepmall.com.cn
印　　刷	上海盛通时代印刷有限公司		http://www.hepmall.com
开　　本	185mm×260mm　1/16		http://www.hepmall.cn
印　　张	12.25		
字　　数	300 千字	版　　次	2025 年 7 月第 1 版
购书热线	010-58581118	印　　次	2025 年 7 月第 1 次印刷
咨询电话	400-810-0598	定　　价	32.00 元

本书如有缺页、倒页、脱页等质量问题,请到所购图书销售部门联系调换

在当今这个快速发展且充满变革的时代,创新已成为推动社会进步、经济发展和个人成长的核心驱动力。从科技领域的重大突破,如人工智能、新能源的不断革新,改变人们的生活和工作方式;到文化创意产业的蓬勃兴起,为社会带来丰富多元的精神享受;再到传统行业借助创新实现转型升级,在激烈的市场竞争中重焕生机,创新的力量无处不在,它深刻地塑造着我们的世界,决定着个人、企业乃至国家的发展前景。

然而,创新并非偶然发生的奇迹,它是科学思维方法与实践紧密结合的成果。本书旨在为渴望掌握创新技能、提升创新能力的读者提供全面而深入的指导,帮助大家打开创新思维的大门,探索创新的无限可能。

本书内容丰富且系统,涵盖了创新思维的多个关键方面。从基础的思维概述出发,详细剖析思维的概念、特征以及多种常见的思维类型,如抽象思维与形象思维、经验思维与理论思维等,让读者对思维的本质有清晰的认识,为后续深入学习创新思维奠定坚实基础。同时,本书深入探讨了思维定势对创新的阻碍,包括从众型、权威型、经验型等常见思维定势,并提供了切实可行的破解方法,引导读者突破思维枷锁,激发创新潜能。

在创新思维的核心内容部分,本书全面介绍了发散思维、收敛思维、横向思维、纵向思维、第一性思考、升维思考等多种创新思维方式。详细阐述每种思维方式的概念、特点、类型以及实际应用案例,帮助读者理解如何从不同角度思考问题,拓宽思维视野,找到创新的切入点。不仅如此,本书还介绍了形象思维在创新中的重要作用,包括想象思维、联想思维、直觉思维和灵感思维。本书通过丰富的案例和实践练习,帮助读者学会激发和捕捉这些思维,将其转化为创新成果。与此同时,引入了六顶思考帽、六双行动鞋、思维导图等实用的创新思维工具,以及头脑风暴法、5W1H法、奥斯本检核表法等创新方法,为读者在实际创新过程中提供具体的操作指南,让创新思维能够落地生根,转化为实际的创新行动。

本书具有如下鲜明特色。

1. 课程思政,立德树人

本书深度融入党的二十大精神,将创新思维培养与思想政治教育有机结合,聚焦

"实施创新驱动发展战略""培养担当民族复兴大任的时代新人"等要求,通过中国特色创新案例、社会问题解决导向的思维训练,引导读者树立家国情怀与责任意识,在掌握创新方法的同时厚植社会主义核心价值观,践行"德技并修"的人才培养理念。

2. 内容丰富,理实结合

本书介绍的每一个创新思维概念和方法都配有丰富的实际案例,这些案例涵盖了科技、商业、文化、社会等多个领域,生动形象地展示了创新思维在不同场景下的应用方式和效果,使读者能够更好地理解和吸收知识。本书设置了大量"课堂实战""本节练习"等栏目,栏目紧密结合实际生活和工作场景,具有很强的针对性和可操作性,既能帮助读者将理论知识转化为实际创新技能,又能让读者在实践中巩固所学知识,提升创新思维能力。

3. 逻辑严谨,通俗晓畅

在结构编排上,本书遵循由浅入深、循序渐进的原则,从基础理论到具体方法,再到实际应用案例分析,逐步引导读者深入学习和掌握创新思维。各章节之间逻辑紧密、过渡自然,形成了一个完整的知识体系。在语言表达方面,力求简洁明了、通俗易懂,避免使用晦涩难懂的专业术语,让不同背景的读者都能轻松阅读和理解。

4. 资源丰富,利教便学

为了利教便学,部分学习资源以二维码形式提供在相关内容旁,可扫描获取。本书在智慧职教 MOOC 学院平台配有慕课课程资源(创新思维与创新方法)。此外,本书另配有教学课件、实训参考答案等教学资源,供教师教学使用。

本书的编写团队汇聚了众多在思维科学和创新领域具有深厚学术造诣和丰富实践经验的专家学者。本书由南京工业职业技术大学黄继平担任主编,南京工业职业技术大学周建波、刘洪亮、曹轩担任副主编,南京工业职业技术大学于思远、周嵘、孙小涵、顾春节、赵晓娟参与编写。深圳前海子谦创业教育科技有限公司负责部分案例内容的搜集和整理工作。在编写过程中,团队成员充分发挥各自的专业优势,查阅了大量的国内外文献资料,结合最新的研究成果和实际案例,精心撰写每一个章节内容,确保本书的科学性、权威性和实用性。

由于作者水平有限,书中疏漏与不足之处在所难免,祈请同行专家和读者不吝赐教,以便我们今后进一步修订完善。

编 者

2025 年 7 月

CONTENTS

RESOURCES GUIDANCE

第一章

思 维 概 述

知识目标

1. 理解思维的本质与多学科定义。
2. 系统掌握思维的核心特征。
3. 分类辨析常见思维类型。
4. 识别阻碍创新的思维定势。
5. 掌握破除思维定势的方法论。

能力目标

1. 具备思维特征分析能力。
2. 具备思维类型辨识与应用能力。
3. 具备思维定势诊断与突破能力。
4. 具备创新思维迁移能力。
5. 具备跨学科思维整合能力。

素养目标

1. 培养创新意识与批判性思维。
2. 养成开放包容的思维心态。
3. 认识时代适应性与前瞻性。
4. 建立问题解决的实践导向。
5. 科学精神与人文素养融合。

案例导入

管道与挑水①

从前,有个缺水严重的边远小镇,居民要到 5 000 米之外的地方去挑水。因此,用水成了人们生活中的一大难事,缺乏劳动力的家庭就更困难了。困难就是商机,头脑灵活的村民甲

---

① 吴兴华.创新思维方法与训练[M].2 版.广州:中山大学出版社,2022:17.

挑起水桶,以挑水、卖水为业,每担水卖2角钱。虽然辛苦点,但还算是一条不错的挣钱方法。村民乙见了,觉得不能让他一家独占市场,也走上挑水、卖水之路,并且让两个儿子也参与进来,很快占据了市场的大头。甲想:"别人家劳动力再强,也不如我聪明。"于是他略加思索后决定,买来水桶,并聘请若干闲散劳动力,由他们挑水,自己坐镇卖水,每担水抽成5分。这样既省了力气,又多赚了钱。

可时间一长,这些闲散劳动力熟悉了门道,不再愿意被抽成,纷纷单干去了。于是,甲一下子成了"光杆司令",而且此时竞争更激烈了。但聪明人是不会被难住的。甲请人做了2辆大车,并租来2头牛,用牛拉车运水,每次能运40担水,成本降低了,效率提高了,因此赚得更多了。这让其他人看得眼红。人们很快看到了"规模经营"的优势,于是纷纷联合起来,或用牛拉车,或用马拉车,参与竞争中。然而,正当竞争日趋激烈时,人们突然发现,自己的水竟然卖不出去了,原因是甲安装了管道,让水直接流进村子里,自己坐在家里卖水就行了,且价格大幅度下降,一下子垄断了小镇的全部市场。

想一想: 村民甲相比其他村民的思维有什么不同?

第一节 思维的概念与特征

法国思想家帕斯卡曾说:"人不过是一株芦苇,是自然界中最脆弱的东西。然而,人拥有思维。要压倒人,世界万物无须武装——一缕气、一滴水都足以致命。但即便如此,人仍高于世界万物,因为人知晓自己的死亡,明白万物在哪些方面超越了自己,而万物对此却一无所知。"思维是人类与世界万物的本质区别,是社会与文明发展的驱动力,人类历史正是由思维创造所书写。人们在处理同一问题时展现出的能力差异,根源在于思维方式和思考角度的不同。

一、思维的定义

"思维"在英语中对应"thinking",在汉语中,与"思考""思索"意义相近。日常语境下的"思维"指的是大脑中的思考过程。例如,《词源》就将思维解释为"思考与思索"。从学术研究角度来看,思维最初是哲学的研究范畴,随着学科发展,其研究领域逐步扩展到生物学、逻辑学、心理学等多个学科。

在哲学范畴中,思维有两种含义:其一,是相对于存在(物质)而言的意识或精神;其二,指的是理性认识或理性认识过程。思维是主观对客观的间接、概括反映,是认知与操作、解决问题能力的统一,是与信息加工相关的心理能力的总和。

在生物学领域,从神经生理的角度来看,思维被视作一种高级生理现象。它是大脑内发生的生化反应过程,同时也是第二信号系统的源泉,这一解释揭示了思维活动的生理基础。

逻辑学主要专注于研究人的思维形式及其规律,其研究的思维形式主要涉及抽象思维中的概念、判断和推理。

心理学将思维视为心理活动的自然过程,研究其发生、发展及其在不同生理阶段的特征和规律。心理学通常所指的思维是抽象思维,强调概括性和间接性。随着心理学的发展,一些心理学家开始将想象与形象思维联系起来,认为想象在一定程度上即形象思维。然而,形象思维作为一种独立的思维活动,是思维的一种类型。

本书将思维定义为:借助语言、表象或动作对客观事物进行间接、概括的认识,是先天与后天、学习与实践相结合的综合能力,是认识的高级形式。思维包含智力、知识和才能三要素。智力是天赋与教育的结合,是思维的基础;通过学习获得知识,并将其应用于实践,从而培养才能。

二、思维的特性

(一)概括性

思维的概括性是指基于大量感性素材,归纳出一类事物的共同本质特征及其规律。概括性是思维最显著的特征,是思维速度、灵活迁移、广度和深度、创造程度等智力品质的基础。概括性越强,迁移越灵活,思维和创造能力越发达。概括性在人类思维中的重要性在于:它使认识超越了具体事物的局限,拓宽了认识的深度和广度。如苹果树、枣树等因其共性被概括为果树;狮子、老虎等因其共同属性被抽象为动物。这种概括不仅扩大了认识范围,也深化了对事物本质的理解。

(二)间接性

思维的间接性是指通过媒介、知识、经验、推理等间接反映客观事物的本质。由于间接性,人类能够超越感官提供的信息,通过深入的思维活动认识事物的本质规律,预测事物的发展。间接性在人类思维中的重要性体现在:它使人类能够超越感性信息,认识未直接作用于感官的事物的属性,揭示其本质和规律,预测其发展。例如,科学家通过仪器、理论和计算间接掌握量子的特征;爱因斯坦受普朗克量子理论启发,间接提出光子概念。又如陆游的诗句"小楼一夜听春雨,深巷明朝卖杏花",诗人通过雨声和经验推想出未来可能发生的"明朝卖杏花"的情景。思维的间接性使其能够指导实践,在工作中发挥巨大作用。

(三)隐藏性

美国思维学家詹姆斯·亚当斯曾言:"我们皆具思维。"然而,在日常生活中,大多数人往往对自己的思维过程缺乏清晰的认识。我们的思维活动往往以某种结果的形式呈现,如新概念、新理论的提出,或是规划、方案的制定,抑或是找到解决问题的方法。这些结果作为思维活动的终结点,因其直接可见且具实用性,往往吸引了人们大部分的注意力。相比之下,思维的过程——那些隐藏在结果背后的思考、推理、判断等复杂活动,却常常被人们所忽视。

思维过程具有内隐性和抽象性,它不像物理活动那样可以直接观察,也不像情感那样容易表达。首先,思维是在我们的大脑内部进行的,它涉及信息的处理、知识的调用、逻辑的推理等一系列复杂的心理活动,这些活动往往难以被外界直接感知。其次,结果导向的社会文化环境也加剧了这种忽视。在现代社会,人们往往更看重成果和效率,而思维过程作为达成结果的手段,往往被看作是次要的,甚至被忽略。这种观念导致人们更加关注结果本身,却忽视了产生这些结果背后的思维过程。

（四）能动性

能动性，作为人类思维的一大特性，指的是个体对外界或内部刺激作出的积极、有选择的反应或回应。它体现了人类思维不仅仅是被动地接收信息，更是主动地加工、整合信息，并据此做出决策和行动的能力。这种能动性是人类与动物在认知层面上的重要区别之一，也是人类能够不断认识世界、改造世界的关键所在。

人的能动性特点在于其主动性与自觉性。通过思维与实践的结合，人类能够主动自觉地、有目的有计划地反作用于外部世界。这种主动性不仅体现在对外部环境的适应上，更体现在对外部环境的改造上。人类不仅能够根据自身的需求和目标去选择、整合信息，还能够通过创新思维和实践行动去创造新的环境、解决新的问题。

在思维主体与客观事物的相互作用过程中，人类始终处于主动地位。思维主动发现目标，是人类认知活动的起点。在面对复杂多变的世界时，人类思维能够迅速筛选并锁定关键信息，精准明确目标所在，从而为后续的思考与行动指引方向。同时，思维还能够寻找对象之间的联系，这是人类认知活动的核心。通过对事物之间关系的深入剖析和理解，人类能够挖掘并揭示隐藏在现象背后的本质和规律，为解决实际问题提供坚实有力的支持。

思维的能动性进一步体现在对未来的预测以及构想解决问题的方法上。人类思维不仅能够依据现有的信息和知识，对未来的发展趋势进行合理的预测与推断，还能基于这些预测结果，制定出切实可行的行动计划和策略。这种对未来的预测和计划能力，使得人类在面对未知和不确定性时，依然能够保持冷静与理智，做出正确的决策，并采取有效的行动。

马克思曾深刻地指出："最蹩脚的建筑师从一开始就比最灵巧的蜜蜂高明的地方，是他在用蜂蜡建筑蜂房以前，已经在自己的头脑中把它建成了。"这句话生动地揭示了人类思维的能动性特点。与蜜蜂等动物不同，人类在行动之前总是先在头脑中构建起一个理想化的模型或蓝图。这个模型或蓝图不仅包含了行动的目标和结果，还包含了实现目标和结果所需要的步骤和方法。这种在头脑中预先构建的能力使得人类能够在行动之前对可能遇到的问题和困难进行充分的预估和准备，从而确保行动的顺利进行。

同时，马克思还指出："劳动过程结束时得到的结果，在这个过程开始时就已经在劳动者的表象中存在着，即已经观念地存在着。"这句话进一步强调了人类思维能动性的重要作用。在劳动过程中，人类不仅能够根据现有的条件和资源去创造新的价值，还能够通过思维活动去预见和规划未来的劳动成果。这种预见和规划的能力使得人类能够在劳动过程中保持清晰的目标和方向感，从而确保劳动成果的质量和效率。

（五）时代性

恩格斯指出："每一个时代的理论思维，乃至我们时代的理论思维，无不是历史的产物。它们在不同的时代呈现出不同的形式，并蕴含着截然不同的内容。"这一观点揭示了思维与时代的紧密联系，强调了思维所具有的时代性和历史性特征。思维，作为人类认识世界、改造世界的工具，并非孤立存在，而是深深扎根于特定的历史土壤之中，受到时代背景、社会实践以及文化传统等多方面因素的深刻影响。

任何思维与思维方式都是时代的产物，是历史发展的结果。在人类漫长的历史长河中，不同的历史时期孕育了不同的思维方式。这些思维方式不仅反映了当时人类的生产实践水平，也体现了人类对于自然、社会以及自身的认知程度。从原始社会的简单直观思维，到古代社会的神话思维、宗教思维，再到现代社会的科学思维、逻辑思维等，每一种思维方式都是其时代精神的体现，都是对当时社会实践活动的反映和升华。

实践，作为检验真理的唯一标准，同时也是人类思维活动的基础。它不仅是人类认识世界的起点，也是人类改造世界的手段。生活于不同时代的人们，由于实践活动空间与条件的制约，其思维能力、思维方式以及思维水平必然会有所不同。这种不同，不仅体现在对自然现象的解释上，也体现在对社会现象的理解上；不仅体现在对知识的获取上，也体现在对知识的运用上。

在原始社会，由于生产力水平低下，人们的实践活动主要局限于采集、狩猎等简单的生产活动。这种狭窄的实践范围决定了原始人的思维水平也处于初级阶段。他们主要通过直观感知来认识世界，对于自然现象和社会现象的解释往往带有浓厚的神秘色彩。随着生产力的逐渐提高和社会的进步，人们的实践范围不断扩大，认识水平也随之提高。在这一过程中，人们开始尝试用更加理性、科学的方式来解释世界，形成了更加复杂、更加系统的思维方式。

例如，在古代社会，由于农业生产的需要，人们开始观察天文、气象等自然现象，逐渐形成了对自然界规律的认知。这种认知不仅促进了农业生产的发展，也推动了人类对于自然界的认识和改造。同时，在古代社会，由于社会结构的复杂化和人际关系的多样化，人们也开始思考社会现象的本质和规律，形成了各种社会思想和政治理论。这些思想和理论不仅是对当时社会现实的反映，也是对未来社会发展的预见和规划。

进入现代社会，科学技术飞速发展，生产力大幅提升，人们的实践范围不断拓展，认识水平达到了前所未有的高度。在此背景下，人们开始运用更科学、精确的方法研究自然界与社会现象，逐步构建起更完善、系统的知识体系。同时，现代社会信息传播迅速且广泛，人们的思想观念受到来自不同文化、地域的影响与冲击。这种多元碰撞不仅促进了文化的交流融合，也有力推动了人类思维方式的创新变革。

虽然不同时代的思维方式存在显著的差异，但它们之间并非完全割裂、互不相关。相反，它们之间存在着紧密的联系和继承关系。每一种新的思维方式都是在前人思维成果的基础上发展起来的，都吸收了前人思维方式的优点和精华。同时，每一种新的思维方式也都会对后人的思维方式产生深远的影响和启示。

思维的时代性并不意味着某种思维方式就是绝对正确或绝对错误的。在不同的历史时期和不同的社会背景下，不同的思维方式都有其存在的合理性和必要性。因此，我们应该以开放、包容的心态来看待不同的思维方式，尊重它们的差异性和多样性。同时，我们也应该积极学习和借鉴不同思维方式的优点和长处，以丰富自己的思维视野和提高自己的思维能力。

思维的时代性是历史发展的必然结果，是实践活动的客观反映。它体现了人类思维与时代的紧密联系和相互作用。在不同的历史时期和社会背景下，人们会形成不同的思维方式，这些思维方式不仅反映了当时的社会实践水平和认知程度，也对后人的思维方式和文化发展产生了深远的影响。

1. 农夫过河问题

一个农夫需要带着一只狐狸、一只鸡和一袋玉米过河。他有一条小船,但船太小,每次只能带一样东西过河,而且必须有人(即农夫)在船上划桨。如果留下狐狸和鸡在一起,狐狸会吃掉鸡;如果留下鸡和玉米在一起,鸡会吃掉玉米。农夫应该如何安排过河顺序,以确保所有东西都能安全过河?

2. 三只羊和三只狼过河问题

三只羊和三只狼要过河,只有一条小船,如果羊的总数少于狼,就会被狼吃掉,船一次只能运送两只动物,并且,船上必须留一只动物来掌舵,有什么办法可以让六只动物都过去,且羊不被狼吃掉?

3. 动物园管理员与动物喂食问题

一个动物园管理员需要给三头狮子和三只长颈鹿喂食。他每次只能带两份食物进入喂食区,并且必须有一个动物在喂食区外看守,以防止食物被其他动物抢食。如果狮子的数量多于长颈鹿,狮子会攻击长颈鹿。请设计一种方案,让管理员能够安全地给所有动物喂食,且没有任何动物受到伤害。

本节练习

一、单项选择题

1. 思维是借助(   )对客观事物进行间接、概括的认识。

A. 语言　　　　　　 B. 表象　　　　　　 C. 动作　　　　　　 D. 以上都是

2. 思维最显著的特征是(   )。

A. 间接性　　　　　 B. 概括性　　　　　 C. 隐藏性　　　　　 D. 能动性

3. 下列体现思维间接性的是(   )。

A. 看到苹果落地,总结出万有引力定律　　　 B. 闻到花香,知道花开了

C. 医生通过听诊器判断病情　　　　　　　　 D. 从多个苹果中概括出水果的特征

4. 马克思说"最蹩脚的建筑师从一开始就比最灵巧的蜜蜂高明的地方,是他在用蜂蜡建筑蜂房以前,已经在自己的头脑中把它建成了",这句话体现了思维的(   )。

A. 时代性　　　　　 B. 隐藏性　　　　　 C. 能动性　　　　　 D. 间接性

5. 不同时代的思维方式存在差异,但又有继承关系,这体现了思维的(   )。

A. 概括性　　　　　 B. 时代性　　　　　 C. 能动性　　　　　 D. 间接性

二、简答题

1. 简述思维的定义,并说明思维包含哪三个要素。

2. 请举例说明思维的概括性在生活中的体现。

3. 以科学研究为例,阐述思维的间接性是如何发挥作用的。

4. 解释思维的隐藏性,并分析为什么思维过程容易被忽视。

5. 结合实例,谈谈你对思维能动性中"主动发现目标"这一特点的理解。

三、分析题

1. 分析在互联网时代,人们的思维方式发生了哪些变化,这些变化如何体现思维的时代性。

2. 以智能手机的发展为例,探讨思维的能动性是如何推动技术创新和产品升级的。

3. 从思维的特性角度,分析古代神话故事(如盘古开天辟地)的产生和传承,思考这些故事反映了当时人们怎样的思维特点。

四、应用题

1. 运用思维的间接性和能动性,设计一个方案解决城市交通拥堵问题。要求详细阐述方案内容,并说明如何体现思维的这两个特性。

2. 小李发现每天背 30 个英语单词时,总会忘记一半;而将单词按"饮食、科技、生活"分类记忆,记忆效率提升 40%。请结合思维的概念与特性,说明小李应如何通过思维加工上述现象,优化单词记忆策略。

3. 选择一个历史时期(如工业革命时期),研究该时期的重大发明创造,分析这些发明创造背后的思维方式,以及这些思维方式如何体现当时的时代特征,撰写一篇 800～1 000 字的短文。

第二节	思维类型

思维,作为人类智慧的独特表现,深深植根于我们的实践活动中。它不仅是实践活动的产物,更受到实践对象、实践环境以及实践主体自身状况的深刻影响。正因为如此,思维活动展现出了丰富多样的特征,无法被简单地划分为某一单一、边界清晰的类型。然而,在实践的过程中,我们仍然能够察觉到一些具有相对意义的思维类型,这些类型的存在,有助于我们更深入地理解和把握思维活动的规律,从而更好地认识世界和改造世界。

一、抽象思维与形象思维

在众多思维类型中,抽象思维与形象思维无疑是最为引人注目的两种。它们从不同的角度揭示了人类思维的本质和特征,为我们提供了认识世界的两种截然不同的方式。

(一)抽象思维

1. 抽象思维的基本形式

抽象思维,作为人类思维的一种基本形式,是以概念为载体的思维活动。它通过对事物的本质属性进行分析、综合、比较,舍弃了非本质的细枝末节,从而抽取最本质的内容,使我们的认识由感性层面跃升至理性层面。抽象思维的基本形式包括概念、判断和推理,它们共同构成了抽象思维的完整框架。

（1）概念，是抽象思维的基本单位，也是构成抽象思维主要特征的依据。它是对对象的一般属性和本质的反映，使我们能够跳出直观感知的局限，获得对客观世界更为深刻的认知。在科学研究中，科学家们通过构建科学的抽象概念，来揭示自然界的奥秘，推动科学的进步。例如，物理学中的"力""质量""能量"等概念，就是科学家们对自然界本质属性的抽象概括。

（2）判断，是对思维对象的肯定或否定，它反映了客观事物的本质以及事物之间的联系。在人类的认识过程中，判断总是由个别到普遍，体现了认识过程的规律性。通过判断，我们能够明确事物的性质、状态、关系等，为进一步的推理和决策提供依据。例如，在法律领域，法官需要根据证据对案件进行判断，以确定被告人的罪责。

（3）推理，是由已知信息推导出未知信息的过程。它将概念与判断紧密联系起来，横贯过去与未来，极大地扩展了人类的认知领域。通过推理，我们能够根据已有的知识和经验，预测未知的事物和现象，为实践提供科学的指导。例如，在科学研究领域，科学家们通过推理来构建理论模型，预测实验结果，从而推动科学的发展。

抽象思维以其严谨的逻辑性和深刻的洞察力，在人类的认知活动中发挥着举足轻重的作用。然而，抽象思维并非孤立存在，它与形象思维相互依存、相互补充，共同构成了人类思维的完整画卷。

2. 抽象思维的分类

抽象思维分为逻辑思维、数学思维、辩证思维、系统思维四种。

（1）逻辑思维（形式逻辑思维）。以概念、判断、推理为基本形式，遵循形式逻辑规则（如同一律、矛盾律）的思维方式，强调思维的确定性和严谨性。例如，网购时发现"销量高且差评少的商品更靠谱"，于是买手机时先看销量排名，再过滤差评，最后选到合适的型号。这就是按"前提→推理→结论"的逻辑来做决定。

（2）数学思维（量化抽象思维）。将现实问题转化为数学符号、模型或公式，通过量化分析揭示规律的思维模式。例如，周末和朋友一起分蛋糕，6个人要平均分，你会立刻想到"6÷6＝1块"，如果蛋糕有12层，又会计算"每人1块就是2层"。这种把问题转化成数字计算的方式，就是数学抽象思维。

（3）辩证思维（矛盾统一思维）。从矛盾对立统一的角度分析事物，把握事物发展的动态过程，强调全面性和历史性。例如，大学生毕业后换工作时纠结"新公司工资高但加班多"，既看到高薪的好处，也接受加班的代价，最后权衡"现阶段更需要赚钱还是生活平衡"。

（4）系统思维（整体性抽象思维）。将对象视为有机整体，通过分析各要素间的关联及系统与环境的互动，把握整体规律的思维方式。例如，准备家庭聚餐时，要同时想"买菜→做菜→摆盘→座位安排"，比如炖肉需要1个小时，凉拌菜10分钟，得先炖肉再做凉菜，还要考虑老人爱吃软食、小孩要坐安全座椅。把所有环节像拼拼图一样组合起来，就是系统思维。

3. 抽象思维的实际应用

科学研究中，爱因斯坦以数学思维抽象构建相对论公式，将时空关系转化为可计算模型；商业领域，企业用SWOT分析框架通过逻辑抽象平衡内外部矛盾，辅助战略决策；技术创新中，模块化设计借助系统思维将复杂程序拆解为标准功能单元；社会问题解决时，城市交通规划通过量化抽象构建流量预测模型优化路网;学习场景中,学生以逻辑抽象归纳学科知识框架,如按因果关系梳理历史事件脉络,均体现抽象思维化具体为本质的实践价值。

(二) 形象思维

形象思维是人们在认识世界的过程中,自觉或不自觉地运用表象、想象等思维元素,在大脑中进行分析、综合、比较、抽象与概括,进而构建新表象,并通过外化手段创造新事物的思维活动。与抽象思维相比,形象思维更强调直观性与生动性,能够借助具体可感的形象反映客体的本质特征。

1. 形象思维的基本特征

以感性认识为基础:形象思维主体以感性认识为基础,把实际生活作为其创造新事物的唯一源泉。主体通过观察、了解、体验,掌握大量生动的感性材料,为形象思维提供丰富的素材。

需要取舍与提炼:形象思维根据美学原则和创造原型的需要,对其占有的感性材料进行取舍,只留下重要的、特别能反映或描述对象典型特征的形象。这种取舍与提炼的过程,使得形象思维能够更准确地把握事物的本质特征。

与抽象思维有协同作用:在形象思维过程中,同时存在抽象思维的运动。抽象思维对描述对象的形成起到规范和制约的作用,确保形象思维的准确性和科学性。

2. 形象思维的分类

根据智力品质的不同(根据形象的新颖性和创造性),形象思维可以分为再现性形象思维和创造性形象思维两种类型。

再现性形象思维:这是主体运用表象进行"再现"原作品的思维活动。它侧重于对已有形象的再现和模仿,是学习和传承知识的重要手段。例如,在艺术学习中,学生通过模仿大师的作品来掌握绘画技巧和艺术风格。

创造性形象思维:这是创造者运用表象创造出世界上原来没有的新事物的思维活动。它与发明、发现、创作和创新紧密联系,是产生崭新的、具有社会意义的事物的关键。例如,在科学研究中,科学家们通过创造性的形象思维来构思新的理论模型、设计新的实验方案,从而推动科学的进步。

根据思维形式与功能划分,形象思维可以分为想象思维、联想思维、直觉思维、灵感思维。

想象思维。在原有形象基础上创造新形象的思维,分为"再造想象"(根据描述还原形象)和"创造想象"(无中生有)。例如,读小说时在脑海中还原角色长相(再造想象);设计师凭空画出一款未来感汽车(创造想象)。

联想思维。由一个事物联想到相关事物的思维,包括相似联想(形状、功能类似)、对比联想(相反事物)、因果联想(前因后果)。例如,看到圆形联想到太阳(相似联想);提到"冬天"想到"夏天"(对比联想);闻到饭菜香想到妈妈做饭(因果联想)。

直觉思维。不经过逻辑推理,直接对事物形成直观判断的思维,依赖经验积累和潜意识加工。例如,面试时第一眼觉得候选人"靠谱",说不出具体原因但判断准确;下棋时瞬间决定走哪步棋,靠直觉而非计算。

灵感思维。长期思考后突然产生创造性想法的思维,具有突发性和偶然性。例如,阿基米德泡澡时突然想到"浮力原理";程序员在持续三天调试代码陷入困境后,于洗澡时突然顿悟代码漏洞的解决方案。

3. 形象思维的实际应用

形象思维在人类社会实践中发挥着至关重要的作用。在艺术领域，艺术家借助形象思维构思作品、塑造艺术形象、传递情感，创作出富有独特魅力的艺术成果。在科学领域，科学家同样频繁运用形象思维启发灵感、构建假设，探索未知的科学世界。例如，爱因斯坦在构思"广义相对论"过程中，受自由落体运动启发，通过形象思维构建人自由下落的场景，从而萌发引力理论的关键思想。

（三）抽象思维与形象思维的辩证统一

抽象思维与形象思维作为人类思维的两种基本类型，它们并非孤立存在，而是相互依存、相互补充的。在实际的思维活动中，抽象思维和形象思维往往交织在一起，共同推动着人类的认识和实践。

1. 相互依存

抽象思维和形象思维在认识过程中相互依存。抽象思维为形象思维提供了理性的指导和逻辑的支持，确保形象思维的准确性和科学性。而形象思维则为抽象思维提供了生动的素材和形象的表达，使得抽象思维能够更深入地理解和把握事物的本质特征。

2. 相互促进

抽象思维和形象思维在认识过程中相互促进。抽象思维通过逻辑分析和理性推理，能够揭示事物的本质和规律，为形象思维提供深刻的理论基础。而形象思维则通过直观的形象和生动的表达，能够激发人们的想象力和创造力，为抽象思维提供新的视角和思路。

3. 辩证统一

抽象思维和形象思维是辩证统一的。它们既有区别又有联系，既相互对立又相互统一。在认识过程中，我们需要根据问题的性质和特点，灵活地运用这两种思维方式。有时需要更多地运用抽象思维来进行分析和推理，有时则需要更多地运用形象思维来启发灵感和构思创意。只有将这两种思维方式有机地结合起来，才能充分发挥它们的优势和特点，更好地认识世界和改造世界。

思维作为人类实践的产物，展现了丰富多样的特征。抽象思维和形象思维作为其中的两种基本类型，它们相互依存、相互促进、辩证统一。通过深入研究和理解这两种思维方式的特点和规律，我们能够更好地把握思维的本质和特征，从而更有效地运用思维来认识世界和改造世界。

二、经验思维与理论思维

依据思维活动所依赖的路径，可以将其划分为经验思维与理论思维两种类型。这两种思维方式，如同人类认知世界的两把钥匙，各自开启着不同的认知之门，却又在相互交织中共同推动着人类知识的进步与发展。

（一）经验思维

经验思维，作为人类思维的一种基本形式，是人运用生活的亲身感受、活动的直接体验以及传统习惯观念而进行的非规范化、非模式化的思维活动。它的主要功能在于认识和把握具体的事物、现象及其外部联系，是经验认识的延伸与拓展。经验思维以实际经验为依据，尚未达到概念性和普遍性的高度，因此被视为较为初级的思维类型。

经验，作为经验思维的基石，是人类在长期实践活动中积累起来的宝贵财富。然而，经验思维所依赖的经验，更多地侧重于直观的、浅层次的内容，尚未转化为理论体系中的科学知识。这是因为经验思维在处理感性材料时，缺乏完整的逻辑加工与整理，只能从一个现象推断出另一个现象，而无法更深入地探究事物的本质规律。

经验思维既可以是形象形态，通过直观的表象来反映事物；也可以是概念形态，通过抽象的概念来概括事物；更多时候，它是形象与概念的融合，既包含直观的感知，又包含抽象的概括。这种灵活性使得经验思维在日常生活中得以广泛应用，但也因此带来了思维惰性和教条主义的倾向。当人们面临新情况、新问题时，可能会止步于对现有经验的运用，而不愿进行更深入的思考和探索。长此以往，人们容易陷入思维定势的泥沼，形成对客观世界的错误认知。

（二）理论思维

与经验思维相比，理论思维是一种更为高级的思维类型。它是以科学的原理和概念为基础，通过分析、综合、归纳、演绎等科学抽象方法，来分析和解决问题的思维活动。理论思维是由经验认识上升而来的理论认识的传承与开拓，其特点在于抽象性。

理论思维对经验思维的超越，使得思维成果发生了本质的变化。人类由此获得了对事物发展的整体性、规律性的认识，不再局限于经验思维的表层现象，而是能够深入探究事物的本质和规律。理论思维不受经验事实的特殊时空限制，它能够从有限中把握无限，从相对中认识绝对，从特殊中认识一般，透过现象把握本质，从而获得规律性的知识。

理论思维是探索新知识的向导。在科学研究中，人类知识发展所需要的线索，固然可以通过实验和观察来获得，但更多的是通过理论思维来分析和推导出来的。理论思维能够以科学性、系统性和对实践的预见性来推动实践水平的不断发展。它不仅能够解释已知的现象，还能够预测未知的现象，为人类的实践活动提供科学的指导。

恩格斯曾深刻指出："没有理论思维，就会连两件自然的事实也联系不起来，或者连二者之间所存在的联系都无法了解。"这句话深刻揭示了理论思维在认识世界、改造世界中的重要作用。理论思维使人们能够全面地、客观地、辩证地看待世界，从而更好地改造世界。

（三）经验思维与理论思维的辩证关系

经验思维与理论思维之间存在着对立统一的辩证关系。它们既相互区别，又彼此联系，共同构成了人类思维的完整画卷。

经验思维与理论思维在抽象概括程度上存在显著差异。经验思维主要依赖于直观的感知和经验的积累，其抽象概括程度相对较低；而理论思维则通过科学抽象方法，对感性材料进行加工和整理，形成概念、原理和理论，其抽象概括程度较高。

尽管经验思维与理论思维在抽象概括程度上存在差异，但它们之间并非截然对立，而是相互依存、相互促进的。经验思维为理论思维提供了丰富的感性材料和实践经验，是理论思维的基础和源泉；而理论思维则通过对经验材料的抽象和概括，形成了对事物本质和规律的认识，为经验思维提供了科学的指导和提升。

经验思维与理论思维的相互作用，促使人类将碎片化、或然性的认知整合为对事物本质及必然联系的理性认识。这一整合过程契合人类从现象到本质、从特殊到一般、从相对到绝对、从偶然到必然的认知规律。在此过程中，经验思维提供丰富的感性材料与实践经验，为理论思维的抽象概括奠定基础；理论思维则通过对经验材料的深度剖析与系统研究，揭示事物本质与规律，为经验思维的升华与发展提供科学指引。

经验思维与理论思维是人类思维的两大基本类型，它们既相互区别又彼此联系，共同推动着人类知识的进步与发展。在未来的学习和工作中，我们应该努力培养自己的经验思维能力和理论思维能力，将二者有机地结合起来，以更全面地、客观地、辩证地认识世界和改造世界。同时，我们也应该注重思维方式的创新和发展，不断探索新的思维路径和方法，以更好地适应时代发展的需要和挑战。

三、逻辑思维与非逻辑思维

按照思维活动中的"充足理由原则"，思维可分为逻辑思维与非逻辑思维。"充足理由原则"是指在思维过程中，当思维活动是基于严谨的概念、判断、推理，有着清晰的因果链条与合理依据时，此类思维被称为逻辑思维；反之，若思维活动缺乏清晰、完整的推理过程，其结论的得出依赖直觉、灵感、联想等，难以用明确的理由和规则去解释时，则被称为非逻辑思维。例如，在数学证明中，依据定理、公理逐步推导得出结论，这属于逻辑思维；而艺术家在创作时突然涌现的灵感，没有明确的推导过程，更侧重于瞬间的感悟，这是非逻辑思维的一种体现。

（一）逻辑思维

逻辑思维，作为思维活动的一种基本形式，严格遵循规则、按部就班、有条不紊地进行思考。它注重分析、综合、归纳与演绎，是人类认识世界、解决问题的重要工具。恩格斯曾深刻指出："归纳和演绎，正如分析和综合一样，是必然相互联系着的。不应当牺牲一个而把另一个捧到天上去，应当把每一个都用到该用的地方。而要做到这一点，就只有注意他们的相互联系，他们的相互补充。"

逻辑思维分为形式逻辑思维、辩证逻辑思维和数理逻辑思维三种形式。形式逻辑思维是逻辑思维发展的初级阶段，它为了把握事物的本质，把事物简化和抽象为概念，并以此来反映世界。然而，其局限性在于不能反映事物的矛盾与辩证关系，往往停留在表面现象的分析上。

辩证逻辑思维，也称辩证思维，是逻辑思维发展的最高级阶段。它在形式逻辑的基础上，以抽象的概念为思维的起点，把思维的确定性与灵活性统一起来，从事物的普遍联系和辩证发展来把握事物。辩证逻辑思维能够深入揭示事物的内在矛盾和运动规律，保证思维的客观性与全面性，是人类认识世界、改造世界的强大武器。

数理逻辑思维则是利用数学手段而形成的一种严谨的思维方式。它最大限度地剔除事物中的非本质细节，把概念抽象为符号，采用数学推理规则，利用符号之间的运算规则推演出某种关系，从而深刻地揭示出事物之间的最本质联系。数理逻辑思维以其精确性和严密性，在科学研究、工程技术等领域发挥着不可替代的作用。

逻辑思维具有规范、严密、确定和可重复的特点，它代表着人类知识领域的内涵。在逻辑思维中，每一个结论都是基于充分的前提和严格的推理得出的，因此具有可靠性和说服力。逻辑思维是人类思维活动的基石,它为我们提供了认识世界、解决问题的基本框架和方法。

(二)非逻辑思维

与逻辑思维相比,非逻辑思维则是一种不严格遵循逻辑规律、突破常规、更具灵活性的自由思维方式。非逻辑思维不依赖于固定的思维程序和步骤,而是根据问题的实际情况和需要,灵活地运用各种思维方法和技巧来解决问题。

在非逻辑思维中,虽然也存在"思维的根据"和"思维的结果"两部分,但这两部分之间不具有必然的联系。它们不同于逻辑思维意义上的"前提"与"结论",更不构成逻辑演绎的推理形式。因此,非逻辑思维的结果往往具有不确定性和多样性,它可能带来意想不到的惊喜和突破。

非逻辑思维的运行方式往往呈现出整体性或发散性特征,即着眼于事物与情景的"整体全貌"或从多元"侧面"与"横切面"切入观察。这种思维方式能够突破传统思维框架的束缚,从全新角度和维度审视问题,进而挖掘出创新性的解决方案与发展可能性。

同时,思考者在运用非逻辑思维时的动机、意志、兴趣等因素,对其如何应用非逻辑思维以及将会取得怎样的结果都具有较大的影响。这使得非逻辑思维更加个性化、情感化,能够充分展现思考者的独特魅力和创造力。

非逻辑思维虽然没有逻辑思维那样的规范性和严密性,但它却是创新思维的重要源泉。在非逻辑思维的驱动下,人们能够打破常规、挑战权威、勇于探索未知领域,从而不断推动人类知识的进步和发展。

(三)逻辑思维与非逻辑思维的融合与互补

逻辑思维与非逻辑思维虽然各有特点、各有所长,但它们并不是孤立存在的,而是相互依存、相互补充的。逻辑思维为非逻辑思维提供了基础和框架,使得非逻辑思维能够在一定的范围内进行有序思考和探索;而非逻辑思维则为逻辑思维注入了活力和创新,使得逻辑思维能够不断突破自身的局限,实现更高层次的发展。

在创新思维的过程中,逻辑思维和非逻辑思维都发挥着重要的作用。逻辑思维为创新思维的展开构建了根基,它提供了分析问题、解决问题的基本方法和步骤,确保了创新思维的严谨性和可靠性。而没有经过逻辑思维的思维活动,则往往以纯粹的想象力零散地四处辐射,缺乏深度和系统性,难以形成有价值的创新成果。

然而,仅仅依靠逻辑思维是不够的。创新思维的核心和难点在于非逻辑思维。非逻辑思维能够打破常规的思维方式,产生新的想法和观点,为创新思维提供源源不断的动力。在非逻辑思维的驱动下,人们能够敢于挑战传统观念、勇于探索未知领域,从而实现思维的质的飞跃。

因此,我们将创新思维视为非逻辑思维与逻辑思维的融合与互补。两者共同作用、相辅相成,共同推动着人类知识的进步和发展。在创新思维的过程中,我们需要充分发挥逻辑思维和非逻辑思维的优势,将它们有机地结合起来,形成既严谨又灵活、既深刻又创新的思维方式。

逻辑思维与非逻辑思维是人类思维活动的两大基本类型。它们各有特点、各有所长,又相互依存、相互补充。在创新思维的过程中,我们需要充分认识并发挥它们的作用,将它们融合起来,共同推动人类知识的进步和发展。同时,我们也应该注重培养自己的逻辑思维能力和非逻辑思维能力,不断提升自己的思维水平和创新能力,为未来的挑战和机遇做好充分的准备。

四、正向思维和逆向思维

正向思维与逆向思维如同两把锐利的剑,各自闪耀着独特的光芒,又在某些时刻交汇融合,共同斩断问题的荆棘。正向思维,作为人类思维活动中的一种基本形式,遵循着时间发展的自然过程,以事物的常见特征、一般趋势为标准,从已知推向未知,揭示事物的本质。而逆向思维,则像是一股清流,逆流而上,挑战常规,从反方向寻找解决问题的新途径。

(一)正向思维

正向思维,顾名思义,就是按照事物发展的正常顺序和逻辑进行思考。它如同一条蜿蜒的河流,从源头缓缓流淌,经过曲折蜿蜒,最终汇入大海。在正向思维的指引下,人们依据事物的过去和现在,推测其未来;根据已知的信息,推断未知的结果。这种思维方式在时间维度上与时间的方向一致,符合事物的自然发展过程和人类认识的过程。

"瑞雪兆丰年""月晕而风,础润而雨""鸟低飞,披蓑衣""朝霞不出门,晚霞行千里""鱼鳞天,不雨也风颠"等谚语,均是正向思维的生动体现。这些谚语通过观察自然现象,总结规律,预测未来,充分展现了人类对自然界的深刻认知与智慧结晶。在科学研究中,正向思维也发挥着重要作用。例如,根据居民货币收入与商品销售量之间的相关性,可以预测未来商品销售的趋势;根据新建的住宅和新婚人数的相关性,可以推测未来婚庆市场的规模;根据儿童服装销售量与当年婴儿出生数量的相关性,可以预估未来儿童用品市场的需求。这些实际应用案例表明,正向思维不仅有助于我们把握统计规律,还能推动我们发现新事物、认识其本质特征,从而为社会发展与科学进步提供有力支撑。

正向思维在面对生产生活中的常规问题时,具有较高的处理效率。它遵循着既定的规则和流程,能够快速有效地找到问题的解决方案。然而,正向思维也有其局限性。过分强调正向思维,可能会导致思想僵化和教条主义。世界上的事情千变万化,固守常理、常规,不敢越雷池一步,往往会陷入错误的泥潭。因为常理虽然有其合理之处,但同时也带着片面性和局限性。如果死守常理,不思变通,就会犯错误。此外,正向思维还可能使人们在观察问题时预先带有成见,限制了思维的广度和深度。

(二)逆向思维

与正向思维截然不同,逆向思维在思维路线上与之相反。它跳出常规,改变思考对象的空间排列顺序,从反方向寻找解决办法。逆向思维如同一位勇敢的探险家,不畏艰难险阻,勇于探索未知的领域。它敢于挑战传统观念,敢于质疑既定规则,敢于从另一个角度审视问题。

逆向思维的表现形式多种多样。它可以是性质上对立两极的转换,如软与硬、高与低的互换;也可以表现为结构或位置上的颠倒,如上与下、左与右的互换;还可能够呈现为过程的逆转,如物质状态在气态与液态间的可逆变化,以及能量形式在电与磁之间的相互转换。不论哪种方式,只要从一方面想到与之对立的另一方面,就都是逆向思维的体现。

逆向思维在各个领域都有着广泛的应用。在科学研究中,逆向思维可以帮助科学家们打破常规思路,发现新的科学规律。在技术创新中,逆向思维可以激发人们的创造力,推动技术的革新和进步。在市场营销中,逆向思维可以帮助企业发现新的市场机会,制定独特的营销策略。在日常生活中,逆向思维也可以帮助我们解决一些看似棘手的问题。

比如有人不慎落水,常规的思维模式是"让人离水",即尽快将人从水中救出。然而,在紧急情况下,这种思维方式可能会因为现场环境复杂、救援工具缺乏等各种条件限制而难以实现。而司马光则采取了"让水离人"的逆向思维,用石头把缸砸破,让水流出来,从而救出了小伙伴。这种逆向思维的方式不仅打破了常规思路,还取得了意想不到的效果。

逆向思维的魅力在于它的创新性和突破性。它要求我们打破常规、挑战权威、勇于探索未知领域。在逆向思维的指引下,我们能够跳出传统的思维框架,从新的角度和层面来审视问题,发现新的解决方案和可能性。这种思维方式不仅能够激发我们的创造力和想象力,还能够帮助我们解决一些看似无解的问题。

正向思维与逆向思维虽然各有特点、各有所长,但它们并不是孤立存在的。在实际应用中,它们往往相互补充、相互转化,共同推动着问题的解决和知识的进步。正向思维为逆向思维提供了基础和框架,使得逆向思维能够在一定的范围内进行有序的思考和探索;而逆向思维则为正向思维注入了活力和创新,使得正向思维能够不断突破自身的局限,实现更高层次的发展。

在解决问题时,我们可以灵活运用正向思维和逆向思维。对于常规问题,我们可以采用正向思维的方式,按照既定的规则和流程进行思考和解决;对于复杂问题或创新问题,我们可以尝试运用逆向思维的方式,跳出常规思路,从新的角度和层面来审视问题,寻找新的解决方案。

正向思维与逆向思维的结合,就像是一对默契的搭档。它们相互协作、相互支持,共同应对着各种挑战和机遇。在科学研究、技术创新、市场营销、日常生活等各个领域,我们都可以看到正向思维与逆向思维相互融合、相互促进的身影。它们共同推动着人类知识的进步和发展,为我们创造了一个更加美好的未来。

课堂实战

1. 密码破译

情报员获取了一份间谍的密码,内容全部由数字组成。密码最后又附有一组奇怪算式,估计是二级加密。据可靠情报,式中的＋、－、×、÷、＝以及正负、进位都无变化意义。这组算式为:$51×8=8,3×7=47,2×9=2,9-44=-1,93=6,4+3×5=43$。你能根据上述算式,将式中 0、1、2、3、4、5、6、7、8、9 所代表的真实数字破译出来吗?

2. 谁是罪犯

某市一家珠宝店发生了一起盗窃案,价值十万元的珠宝被盗走了。警方经过两个月的侦查,查明作案的人肯定是 A、B、C、D 中的一个。于是将这四人当作重大犯罪嫌疑人拘捕起来进行审讯。审讯中,这四人有如下口供:

A:珠宝被盗那天,我在别的城市,因此我是不可能作案的。

B:是 D 偷的。

C:B 是盗窃犯,三天前我在黑市上看见他在卖珠宝。

D:B 与我有仇,有意诬陷我。

由于四人口供不一致,警方无法判断谁是罪犯。

经过进一步调查,警方知道这四个人中只有一个人说的是真话。那么,谁是罪犯?

一、单项选择题

1. 从多学科对思维的解释来看,思维是脑内生化反应过程,这一观点来自( )。

A. 哲学   B. 生物学

C. 逻辑学   D. 心理学

2. 下列选项中,最能体现思维概括性的是( )。

A. 看到苹果落地,牛顿发现万有引力定律

B. 医生通过听诊器诊断病情

C. 将杨树、柳树等归为树木

D. 建筑师在脑海中构思建筑方案

3. "夜来风雨声,花落知多少"体现了思维的( )。

A. 间接性   B. 能动性

C. 隐藏性   D. 时代性

4. 思维能动性的核心体现是( )。

A. 被动接受外界信息

B. 主动发现目标、寻找联系并预测未来

C. 思维过程的内隐性

D. 对不同思维方式的包容

5. 不同历史时期思维方式不同,原始社会人们多通过直观感知认识世界,这主要体现了思维的( )。

A. 概括性   B. 间接性

C. 隐藏性   D. 时代性

二、简答题

1. 简述思维的定义,并说明思维包含的三要素及其相互关系。

2. 举例说明思维的间接性在日常生活中的应用。

3. 结合实例,分析思维的时代性对社会发展的影响。

三、分析题

1. 以互联网技术的发展为例,分析思维的能动性、概括性和间接性是如何相互作用推动其发展的。

2. 从思维的隐藏性角度,分析在学习过程中,只注重学习成绩而忽视思维过程培养的现象,并提出改进建议。

四、应用题

假设你要组织一场校园环保活动,运用思维的特性(至少三种特性)制定活动方案。要求:详细阐述活动的主题、目的、流程以及每个环节如何体现相应的思维特性,字数不少于300字。

第三节　思维定势及其突破

一、思维定势

思维定势

思维定势,也被称作惯性思维,这一概念最早可追溯至 1889 年,由德国心理学家缪勒(G.E.Müller)首次提出。它描述的是思维主体在长期的思维活动中逐渐形成的一种稳定性倾向或习惯性的思维方式,这种倾向或方式如同物理学中的惯性一般,具有顽固且不易被克服的特性。当我们对某项长期从事的工作或日常生活中频繁发生的事件形成了思维惯性,并多次以这种惯性思维去理解和应对客观事物时,便会形成一种固定的思维定势。

思维定势的形成,往往受到多种因素的影响,其中社会环境、文化传统以及个人的生活经历和个人偏好扮演着至关重要的角色。一旦这种习惯形成,便如同刻印在脑海中一般,难以轻易改变。正如以切苹果为例子,如果我们总是按照常规的角度去切,看到的只是几粒平凡的籽儿;然而,当我们尝试横着切时,却会惊喜地发现一个可爱的五角星形状。这个简单的例子生动地说明了思维定势如何以它那强大的惯性,约束和规范着我们解决问题的方式。

对于思维定势,不能简单地将其视为洪水猛兽,一概而论地加以否定。事实上,思维定势具有其积极的一面,也有其消极的一面,我们应当辩证地看待这一现象。

从积极的角度来看,思维定势在问题解决过程中发挥着极其重要的作用。当我们面临一个新问题时,思维定势能够帮助我们迅速联想起曾经解决过的类似问题。通过对比新旧问题,抓住它们之间的共同特征,我们可以将已有的知识和经验与当前的问题情境建立起联系。这样,我们就可以利用处理过的旧问题的知识和经验来处理新问题,或者将新问题转化成一个我们已经熟悉的、已经解决的问题。这种转化过程极大地促进了新问题的解决,使得我们能够更加高效地应对各种挑战。因此,思维定势在提高思维活动的快捷性和灵敏性方面,以及提升思维效率方面,都发挥着不可忽视的作用。在日常生活中,正是依靠这种思维定势,我们才能够快捷地解决每天遇到的绝大多数问题,从而保证了生活的顺利进行。

思维定势也有其消极的一面。它容易使我们陷入思想上的局限和惰性之中,养成一种呆板机械、千篇一律的思维习惯。这种习惯会严重阻碍我们的创新思考,使我们难以跳出传统的框架去寻求新的解决方案。特别是在情境发生变化时,如果我们将思维定势绝对化、固定化,那么它就会变成束缚我们思维创新的条条框框,阻碍我们采用新的方法去应对新的挑战。思维定势的消极影响体现在以下几个方面。

(1)限制视野。思维定势往往让我们只关注那些与已有经验相符的信息,而忽视了那些可能带来新视角、新机遇的信息。这种视野的限制会导致我们错过许多重要的机会,甚至在某些情况下,还会让我们陷入困境。

(2)阻碍创新。创新往往需要我们打破常规的思维方式,去探索未知的领域。然而,思维定势却像一道无形的枷锁,束缚着我们的思维,使我们难以跳出传统的框架去寻求新的解决方案。这种阻碍作用在需要高度创新能力的领域(如科研、艺术、设计等)尤为明显。

(3)导致误判。由于思维定势的存在,我们在面对新问题时往往会不自觉地套用旧有的经验和模式。然而,每个问题都有其独特性,盲目地套用旧经验很可能会导致我们对问题的误判,从而做出错误的决策。

(4)引发偏见。思维定势还容易引发我们对某些事物或人群的偏见。当我们对某类事物或人群形成了固定的看法后,就很难再客观地去看待它们。这种偏见不仅会影响我们的判断力和决策能力,还会破坏我们与他人的关系。

思维定势是一把双刃剑。它既可以帮助我们高效地解决问题,也可能成为我们创新思考的绊脚石。因此,我们要学会辩证地看待思维定势,既要利用其积极面来提高我们的思维效率和生活质量,也要警惕其消极面可能带来的局限和偏见。通过不断地自我反思和训练,我们可以逐渐培养出一种更加灵活、开放和创新的思维方式,从而更好地应对生活中的各种挑战和机遇。

在日常生活中,我们通过多种方式来培养和锻炼自己的思维能力,以克服思维定势的消极影响。例如,尝试接触不同的文化、领域和人群,以拓宽自己的视野和思维方式;积极参与各种创意活动和讨论,以激发自己的创新思维和批判性思维;定期对自己的思维方式和决策过程进行反思和总结,以及时发现和纠正其中的问题。

同时,也应该认识到,思维定势并不是一成不变的。随着我们生活经历的增加和知识的积累,思维定势也会不断地发生变化和调整。因此,不必过于担心自己会被某种固定的思维定势所束缚,而是要积极地面对和适应这种变化,不断地更新和完善自己的思维方式。

小故事

阿西莫夫买剪刀[①]

阿西莫夫是世界著名的科普作家。有一次,他遇到了一位汽车修理工,是他的老熟人。

汽车修理工对阿西莫夫说:"嗨,博士,我来考考你的智力,出一道思考题,看你能不能正确回答。"阿西莫夫点头同意。汽车修理工说:"有一位聋哑人,想买几枚钉子,就来到五金商店,对售货员做了这样一个手势:左手食指立在柜台上,右手握拳做出敲击的样子。售货员见状,先给他拿来一把锤子,聋哑人摇摇头。于是售货员明白了,他想买的是钉子。"

"聋哑人买好了钉子,刚走出商店,接着进来一位盲人。这位盲人想要一把剪刀,请问,盲人将会怎么做?"

阿西莫夫顺口答道:"盲人肯定会这样——"他伸出食指和中指,作出剪刀的形状。

听了阿西莫夫的回答,汽车修理工开心地笑起来:"哈哈,答错了吧!盲人想买剪刀,只需要开口说'我买剪刀'就行了,他干吗要做手势啊?"阿西莫夫只得承认自己回答得很愚蠢。

二、阻碍创新的思维定势的类型

阻碍创新的思维定势有许多,最常见的是从众型思维定势、权威型思维定势、经验型思

---

① 吴兴华.创新思维方法与训练[M].2版.广州:中山大学出版社,2022:49.

维定势、书本型思维定势和自我中心型思维定势五种。

（一）从众型思维定势

从众型思维定势，其根源在于人的从众心理。这种心理表现为不愿出头、不愿冒尖，倾向于跟随大众，以求得一种心理上的安全感和归属感。当个人观点与大众观点发生冲突时，即便内心深知自己是正确的，也往往会选择放弃独立思考，转而与大众保持一致，以避免被指责为标新立异或哗众取宠。

在实际生活中，从众心理导致的盲从现象屡见不鲜。许多人明明可以通过独立思考做出正确的决定，却偏偏选择跟随大众，结果往往走了弯路。经济学家吴敬琏曾形象地描述这种现象为："一哄而起，一哄而上，一哄而乱，一哄而散。"这句话深刻揭示了从众心理带来的盲目性和无序性。

从众型思维定势与创新求异的基本特征背道而驰。创新需要独立思考，需要敢于质疑，需要勇于探索未知。然而，从众心理却让人们失去了这些宝贵的品质。洛克菲勒曾说："如果你想成功，你应该开辟出一条新路，而不是沿着过去成功的老路走。"这句话提醒我们，要想成功，就必须打破从众型思维定势的束缚，勇于走自己的路。

羊群效应是从众型思维定势的一个典型表现。羊群本是一种散乱的组织，但在头羊的带领下，其他羊会不假思索地跟随，全然不顾可能存在的危险。这种现象在人类社会中同样存在。当某个观点或行为被大多数人接受时，人们往往会毫不犹豫地跟随，而忽略了独立思考的重要性。

（二）权威型思维定势

权威型思维定势是指在思维过程中盲目迷信权威，以权威的是非为是非，缺乏独立思考能力。这种思维定势往往让人们不敢怀疑权威的理论和观点，一切都按照权威的意见办事。虽然权威的存在在一定程度上可以节省人类重复探索的时间和精力，促进社会的稳定有序发展，但盲目迷信权威却会遏制创新，成为思维发展的枷锁。

在现实中，权威型思维定势对人类的发展与进步有着一定的积极意义。权威可以为人们提供指导和方向，帮助人们快速做出决策。一个社会需要权威来维持秩序和规范行为。正如恩格斯在批判反权威主义者时所说："一方面是一定的权威，不管它是怎样形成的；另一方面是一定的服从。这两者都是我们所必需的。"

当对权威的崇敬之情变成迷信和盲目推崇时，权威型思维定势就开始发挥其消极作用。人们开始不加思考地以权威的观点为最高准则，不敢越权威的"雷池"半步。这种思维定势严重阻碍了人们的创新思维和独立思考能力的发展。

历史上不乏因盲目迷信权威而错失创新机遇的例子。在莱特兄弟发明飞机之前，许多有名的物理学家都提出了否定的意见，认为重量比空气大的机械装置不可能在空气中飘浮起来。然而，莱特兄弟没有迷信权威，而是经过多次实验和创新尝试，最终让飞机飞上了蓝天。这个例子生动地说明了权威型思维定势对创新的遏制作用以及打破这种定势的重要性。

英国皇家学会的会徽上镶嵌着一句耐人寻味的话："不要迷信权威，人云亦云。"这句话提醒我们，在追求知识和真理的过程中，要保持独立思考和批判性态度。我们不应该盲目跟随权威的意见和观点，而应该勇于探索未知领域，寻求新的发现和突破。

小故事

在日本,成名前的指挥家小泽征尔受邀参加欧洲的一场音乐指挥大赛。在决赛的关键时刻,他收到了一份乐谱进行指挥演奏。然而,在演奏过程中,他敏锐地察觉到了乐曲中的不和谐之处,起初以为是演奏家出现了失误,便指挥乐队停下重新演奏。但再次演奏后,那种不自然的感觉依旧存在。

此时,在场的所有评委都一致声明乐谱没有问题,暗示这可能是他自己的错觉。面对数百名国际音乐界的权威人士,这位指挥家内心虽然产生了动摇,但他经过深思熟虑后,仍然坚信自己的判断是正确的。于是,他鼓起勇气,坚定地说:"不,乐谱肯定有问题!"话音刚落,评委们立刻爆发出热烈的掌声,祝贺他在这次大赛中荣获冠军。

原来,这一切都是评委们精心策划的一个"考验"。他们希望通过这种方式,来检验指挥家在发现乐谱错误,并且这一错误被权威人士否定时,是否能够坚持自己的正确判断。遗憾的是,在此之前的两位参赛者,虽然也发现了乐谱中的问题,却因为不敢质疑权威而最终被淘汰。小泽征尔的坚持和勇气,最终让他在这场独特的考验中脱颖而出。[①]

（三）经验型思维定势

在人生的漫长旅程中,我们不断积累着各种经验——生活的亲身感受、实践的直接知识、传统的习惯与观念等。这些经验构成了我们认知世界的基础,成为我们日常生活和工作的得力助手,为我们的决策和行动提供了宝贵的参考。经验不仅提高了我们实践活动的效率,还成为理论思维的重要基石。理论思维,作为对事物本质和规律的深入探索,必须建立在丰富而坚实的经验基础之上,才能焕发出强大的生命力。

经验这把双刃剑,在带来便利的同时,也潜藏着巨大的局限性。它往往只在特定的实践水平和条件下对特定的实践活动具有指导意义,而一旦超出这个范围,经验就可能成为创新的绊脚石。经验型思维定势,即过分依赖和拘泥于以往的经验,会限制我们的视野,阻碍我们对新事物的探索和创新思考。

恩格斯曾说过,单凭观察所得的经验,并不能充分证明事物的必然性。经验虽然能够提供一定的参考,但它并不能揭示事物之间的必然联系。黑格尔也强调,经验并不直接提供必然性的知识,而是需要通过理性的思考和推理,才能洞察事物的本质和规律。因此,对于经验,我们需要保持一种审慎和批判的态度,既要借鉴其有益之处,又要警惕其可能带来的束缚。

在科技创新的历史上,不乏因经验型思维定势而错失创新机遇的例子。其中,火车车轮设计的故事就是一个典型的案例。最初问世的火车,其车轮上设计有齿轮,铁轨上也相应地设有齿轮。这种设计看似巧妙,实则源于设计者的一种经验型思维定势。设计者认为,车轮上的齿轮与铁轨上的齿轮啮合后,能够有效地防止火车打滑出轨,从而确保行车安全。

这种设计并非基于深入的科学分析和实验验证,而是仅仅基于设计者的直观感受和经验判断。他们没有对这种设计进行系统的分析、研究和论证,就草率地认定齿轮是防止打滑

---

① 吴兴华.创新思维方法与训练[M].2版.广州:中山大学出版社,2022:51(有改动).

出轨的必不可少之物。这种经验型思维定势导致他们忽视了其他可能的设计方案,也错过了对火车性能进行进一步优化和提升的机会。

随着科技的进步和人们对火车运行原理的深入研究,人们逐渐发现,齿轮并不是防止打滑出轨的唯一或最佳方案。相反,取消齿轮后的火车不仅能够安全行驶,而且大大提高了行车速度,降低了制造成本。这一创新性的改变,正是突破了经验型思维定势的束缚,勇于探索新事物的结果。

这个案例深刻地揭示了经验型思维定势的局限性。它提醒我们,在面对新的问题和挑战时,我们不能仅仅依赖于以往的经验,而应该保持开放的心态,勇于质疑和反思,积极寻求新的解决方案。同时,我们也应该注重科学分析和实验验证,以确保我们的决策和行动建立在科学的基础之上。

(四)书本型思维定势

书本型思维定势:人们倾向于不顾及实际情况,盲目遵循书本上的指导,仿佛书本上的每一个字都是不可动摇的真理。这种思维方式在某种程度上反映了人们对书本知识的尊崇与依赖,但同时也暴露了其潜在的局限性。书本知识,作为人类千百年来智慧与经验的结晶,无疑在知识的传播与传承中扮演了至关重要的角色。它使得前人能够便捷地将自己的知识、观念传递给后代,让后人得以站在巨人的肩膀上,继续探索未知的世界。知识的积累与传播,无疑是推动人类社会进步的重要力量,而创新思维也往往建立在必要的书本知识基础之上。

当我们过度迷信书本,将书本视为唯一的真理来源,甚至用书本知识去剪裁活生生的现实时,书本便可能成为创新思维的枷锁。这种书本型思维定势,不仅限制了我们的视野,还束缚了我们的创新思维。尽管书本知识是创新思维不可或缺的基础,但创新思维并非单纯源于知识的积累,而是源于知识的灵活运用与创造。如果一个人只是单纯地积累知识,而不能将其灵活运用,那么他或许能成为一个知识的"活辞典",却难以成为一个真正的创造者。

书本知识作为创新思维的起点,为我们提供了探索未知世界的工具和指南。然而,若我们拘泥于某个领域的知识,陷入其中而不能自拔,就会限制我们的眼界,束缚我们的视野,从而阻碍创新思维的产生。正如古人所言:"学而不思则罔,思而不学则殆。"学习书本知识是必要的,但更重要的是要学会思考,学会将所学知识灵活运用,以创新的视角去看待问题,解决问题。

人们常说"知识就是力量",这句话在一定程度上揭示了知识的重要性。然而,知识本身并不等同于力量,只有将知识灵活运用,才能将其转化为现实的力量。一个人即使读再多的书,积累再多的知识,如果不能将其转化为实际行动,不能将其用于解决实际问题,那么这些知识也只是徒有其表,无法真正发挥其力量。

1979年诺贝尔物理学奖获得者史蒂文·温伯格曾有一句名言:"不要安于书本上给你的答案,要尝试下一步,尝试发现有什么与书本上不一样的东西。"

这句话深刻揭示了创新思维的重要性。在学习的过程中,我们不应该仅仅满足于书本上给出的答案,而应该勇于探索,勇于尝试,去发现那些与书本上不同的东西。这种勇于探索、勇于创新的精神,往往比单纯的智力更为重要,它决定了我们能否在知识的海洋中脱颖而出,成为真正的创造者。

提到爱迪生,我们往往会想到他的那句名言:"天才是1%的灵感,加上99%的汗水。"这句话激励了无数人勤奋学习,努力奋斗。然而,很多人却忽略了这句话的完整版本。爱迪生实际上还说了一句更为关键的话:"但那1%的灵感是最重要的,甚至比那99%的汗水都要重要。"这句话揭示了创新思维在成功中的关键作用。即使付出了再多的汗水,如果没有那1%的灵感,没有创新思维的引领,也难以取得真正的成功。

我们应该正确看待书本知识的双重性。一方面,我们要珍惜书本知识,努力学习,积累必要的理论基础;另一方面,我们也要警惕书本型思维定势的束缚,勇于探索,勇于创新,将所学知识灵活运用,以创新的视角去看待问题,解决问题。只有这样,我们才能在知识的海洋中畅游,才能在创新的道路上不断前行。

(五)自我中心型思维定势

自我中心型思维定势,是一种在日常思维活动中普遍存在的现象,它表现为人们在想问题、做事情时,往往完全从自己的利益与好恶出发,主观武断地做出决策,而忽视了他人的存在和感受。这种思维定势的形成,源于每个人独特的生活经历、经验积累以及个性特征,这些差异使得每个人在价值观念上存在着显著的差异。人们倾向于以自我为中心去观察、认识客观世界,他们所理解的客观世界,实际上是基于自身所处的特定时空背景、经验积累和价值观念所构建的主观世界。

正如鲁迅先生所言:"一部《红楼梦》,经学家看见《易》,道学家看见淫,才子看见缠绵,革命家看见排满,流言家看见宫闱秘事。"这句话深刻地揭示了人们对于同一事物可能会有截然不同的理解和解读。每个人对待任何事物都有自己的独特看法,这是人类思维的多样性和丰富性的体现。然而,当这种以自我为中心的现象被绝对化,即凡事一概站在自身的立场,用自身的眼光去思考别人乃至整个世界,并一味排斥他人的立场、观点、利益时,便会形成自我中心型思维定势。

自我中心型思维定势是一种狭隘的思维方式,它阻碍了人们对于多元视角的接纳和理解。在这种思维定势下,人们往往难以跳出自己的框架,去理解和接纳他人的观点和想法。他们可能会对他人的意见充耳不闻,甚至对与自己观点相悖的意见产生敌意和排斥。这种思维方式不仅限制了人们的认知范围,还阻碍了创新思维的产生和发展。

创新思维是推动社会进步和发展的重要动力,它要求人们能够跳出传统的思维框架,以全新的视角去审视和解决问题。然而,自我中心型思维定势却像一道无形的枷锁,束缚了人们的创新思维。在这种思维定势下,人们往往难以摆脱自己的主观偏见和固有观念,难以从他人的经验和智慧中汲取灵感和启示。这不仅限制了个人的成长和发展,也阻碍了社会的进步和创新。

要提升创造性思维的水平,就必须跳出自我中心型思维定势。这需要我们具备开放的心态和包容的精神,愿意倾听和理解他人的观点和想法。我们需要认识到,每个人都有自己的独特经历和视角,这些差异构成了世界的多样性和丰富性。只有当我们能够接纳和理解这些差异时,才能够真正地拓宽自己的视野,提升自己的认知水平。

三、破除阻碍创新的思维定势

思维定势,如同无形的枷锁,束缚着人们的想象力和创造力。它让人们习惯于按照既定的模式思考，难以跳出框架去探寻新的世界。然而，真正的创新往往源于对思维定势的突破。当个体能够挣脱这些束缚，他们便能看到别样的人生风景，甚至创造出前所未有的奇迹。正如历史里无数次证明的那样，从舞剑中悟出书法之道，从飞鸟中汲取灵感造出飞机，从蝙蝠身上联想到电波，从苹果落地中领悟万有引力……这些伟大的发现和创新，无不是对思维定势的一次次成功挑战。

为了激发创新潜能，必须勇敢地破除那些阻碍创新的思维定势。这不仅是一个人格独立、自我意识觉醒的过程，更是通往无限可能之门的必经之路。

（一）破除从众型思维定势

从众型思维定势，让人们习惯于跟随大众的脚步，不敢越雷池一步。然而，真正的创新往往源于对主流的叛逆和挑战。要破除这种思维定势，我们需要培养一种反潮流精神。

反潮流精神，是逆周期的勇气与智慧。它要求我们在面对潮流时，能够保持独立、内省和果敢，不被非理性的自我膨胀所驱使。这种精神是稀缺的，它代表着一种清楚洞察根底、敢于创新探索的独立人格，一种不被世俗利益所诱惑的强大自制，以及一种甘于长期寂寂无闻又碌碌无功的平淡内心。拥有反潮流精神的人，他们不轻易迎合主流，而是坚持自己的理性判断，敢于在众人面前表达不同的观点。

历史告诉我们，真理往往首先被极少数人所发现。这些先驱者，他们不畏惧多数人的压力，坚持自己的信念，最终才使得真理得以传播普及，成为普通民众接受的常识。因此，要破除从众心理，我们就必须学会独立思考，不必顾忌多数人的意见，不必以众人的是非为是非。只有这样，我们才能真正开阔思路，拥抱新事物、新观念。正如蒙田所言："我不愿有一个塞满东西的头脑，而情愿有一个思想开阔的头脑。"

培养反潮流精神，并非易事。它需要我们学会质疑、学会挑战、学会独立思考。在面对潮流时，我们要保持清醒的头脑，不被表面的繁华所迷惑。我们要学会从不同的角度去看待问题，寻找那些被忽视的细节和可能性。只有这样，我们才能在众人之中脱颖而出，成为真正的创新者。

（二）破除权威型思维定势

权威，往往代表着权威性和可信度。然而，在创新思维的过程中，我们却不能盲目迷信、盲目崇拜权威。即使某个领域的权威观点，也可能存在错误之处。因此，我们需要学会审视权威，破除权威型思维定势。

审视权威是否真的是本专业的权威。在某些领域具有权威地位的人，并不意味着他们在其他领域也同样具有权威性。我们应该避免将某个专业领域中的权威不恰当地扩展到社会的其他领域。这种权威泛化的现象，往往会导致我们对权威意见的盲目接受和过度依赖。

审视权威意见是否适用于当前的地域和文化背景。不同地域、不同文化背景下的权威性意见，可能并不具有普遍的适用性。我们不能盲目地将彼地的权威性意见照搬到此地来应用。而是应该根据当地的实际情况和文化背景进行具体分析和判断。

审视权威是否具有时间性。权威并不是永恒的，它会随着社会的发展和知识的更新而发生变化。我们不能盲目地迷信过去的权威或传统的观点，而是应该保持开放的心态，接受新的知识和观念。只有这样，我们才能与时俱进，不被时代所淘汰。

会辨别真假权威。在现实生活中，存在着一些虚假的权威或伪专家。他们可能通过包装自己、夸大自己的能力和成就来骗取他人的信任和尊重。我们要保持警惕，学会辨别真假权威，避免被虚假权威所误导。

要破除权威型思维定势，还需要学会独立思考和批判性思维。在面对权威意见时，不能盲目接受，而是应该进行独立思考和分析。要学会提出问题、质疑假设、寻找证据来支持或反驳权威意见。同时，我们还要学会批判性思维，对权威意见进行客观公正的评价和判断。

在创新思维的过程中，应该将权威视为一种参考而非绝对的真理。我们要保持开放的心态和独立的思考能力，勇于挑战权威、超越权威。只有这样，才能在创新的道路上不断前行，探索出更加广阔的世界。

（三）破除经验型思维定势

经验，是人们在长期实践中积累下来的宝贵财富，它为我们提供了处理问题的参考和依据。然而，当经验被固化成思维定势时，它也可能成为我们创新的绊脚石。经验型思维定势往往局限于过去的经验，忽视了事物的发展和变化，导致我们难以看到更广阔的世界和更深层的规律。

要破除经验型思维定势，关键在于冲破经验的狭隘眼界，将经验思维上升到理论思维的高度。理论思维是一种建立在经验基础之上，但又超越经验的高级思维类型。它运用理性分析，将经验提炼为理论，从而更深入地掌握事物的内在规律和本质特征。

以"守株待兔"这则寓言故事为例，农夫因为偶然得到一只撞死在树桩上的兔子，便以为每天都能如此，结果却一无所获。这就是典型的经验型思维定势导致的错误。农夫只看到了表面的现象，没有深入分析兔子撞死的原因，也没有考虑到这种情况的偶然性和不可复制性，将单次意外当作必然规律。如果他能运用理论思维，系统分析兔子的活动习性、栖息地特征与行动规律，或许就能找到更有效的捕兔方法。

理论思维既尊重经验，又不迷信经验。它不把经验凝固化、绝对化，而是将经验作为思考的起点，通过理性分析，提炼出普遍、更深刻的规律。同时，理论思维也尊重理论的作用，但不忽视经验的功能。它认为，理论是从经验中提炼出来的，但又必须回到实践中去检验和完善。

要掌握事物的深层规律，仅靠经验思维是不够的。经验思维往往停留在事物的表面联系上，难以触及事物的本质。而理论思维则能够深入剖析事物的内在结构和发展趋势，为我们提供更全面、更准确的认知。因此，在创新过程中，我们应该注重培养理论思维能力，将经验与实践相结合，不断提炼和升华自己的认知。

（四）破除书本型思维定势

书本是知识的载体，是我们获取知识和信息的重要途径。然而，当书本知识被固化成思维定势时，它也可能成为我们创新的障碍。书本型思维定势往往将理论与实践相分离，夸大理性认识的作用，轻视实践的重要性。这种思维定势导致我们生搬硬套现成的原则、概念来处理问题，忽视了事物的变化和发展，不研究事物矛盾的特殊性。

要破除书本型思维定势，需要做到不唯书、不唯上、只唯实，反对教条主义。毛泽东在《反对本本主义》一文中深刻指出："没有调查，没有发言权。"他强调调查研究的重要性，认为只有通过深入的调查研究，才能了解事物的真实情况，才能找到解决问题的有效方法。调查就像"十月怀胎"，需要耐心和细致；解决问题就像"一朝分娩"，需要果断和决心。调查就是解决问题的过程，也是理论与实践相结合的过程。

破除书本型思维定势的有效方式是坚持理论联系实际，坚持调查研究，坚持尊重实践。我们要将书本知识与实际情况相结合，不断检验和完善自己的认知。同时，我们要注重在实践中学习，通过实践来深化对书本知识的理解和运用。只有这样，我们才能打破书本的束缚，真正做到学以致用、知行合一。

在实践中，要敢于质疑书本知识，勇于探索未知领域。我们要保持开放的心态，不断吸收新的知识和信息。同时，我们也要学会批判性思维，对书本知识进行客观公正的评价和判断。只有这样，我们才能不断拓宽自己的视野，不断提升自己的创新能力。

（五）破除自我中心型思维定势

自我中心型思维定势是一种以自我为中心的思维方式，它往往忽视了他人的存在和感受，只从自己的角度出发来思考问题。这种思维定势导致我们难以理解和接纳不同的观点和意见，难以与他人进行有效的沟通和合作。同时，它也限制了我们的视野和思维范围，使我们难以看到更广阔的世界和更多的可能性。

要破除自我中心型思维定势，根本途径在于"跳出自我"，开展批评与自我批评。我们需要试着站在他人的立场考虑问题，理解自身之外的事物和现象。在"自我"与"非我"的跨越中开阔视野，增强对他人和世界的理解和包容。

要尊重别人的意见，切忌强人所难。每个人都有自己的观点和想法，我们应该尊重并尝试理解它们。即使我们不同意别人的观点，也不能强迫他们接受我们的看法。相反，我们应该通过交流和讨论来寻求共识和解决方案。

要能虚心听取别人的意见，切忌独断专行。在交际中，我们应该多看轻自己，尊重他人。学会倾听是一种重要的能力，它能够帮助我们更好地了解他人的想法和需求。同时，我们也要学会礼尚往来，必要时做出让步，多替他人着想。这样不仅能够增进彼此之间的友谊和信任，还能够拓宽我们的思维范围和创新空间。

许多新思想、新观念的提出都归功于自我中心型思维定势的破除。例如，可持续发展战略的提出，就是跳出了人类中心主义的眼界，从更广阔的角度来思考人类与自然的关系。和平共处五项原则的提出，也是跳出了以狭隘的民族主义和以意识形态为中心来处理国家关系的眼界，从更全面的角度来思考国际关系的和平与发展。

要破除自我中心型思维定势，还需要不断学习和提升自己的认知水平和思维能力。我们要保持开放的心态和谦虚的态度，不断吸收新的知识和信息。同时，我们也要学会反思和自省，不断审视自己的思维方式和行为模式。只有这样，我们才能逐渐摆脱自我中心型思维定势的束缚，走向更加成熟和全面的思维方式。

课堂实战

将 6 个玻璃杯在桌子上排成 1 排。前面 3 个杯子盛满了水，后 3 个杯子是空的。现在要求只能移动或变换 1 个杯子，使杯子由"水—水—水—空—空—空"的排列顺序变成"水—空—水—空—水—空"的排列顺序。

一、单项选择题

1. 思维定势最早由（　　）提出。

A. 缪勒　　　　　B. 恩格斯　　　　C. 洛克菲勒　　　　D. 蒙田

2. 下列属于从众型思维定势表现的是（　　）。

A. 敢于提出独特见解　　　　　　B. 盲目跟随大众观点

C. 对权威理论进行质疑　　　　　D. 依据经验解决问题

3. 经验型思维定势的局限性在于（　　）。

A. 过于依赖理性分析　　　　　　B. 忽视事物的变化和发展

C. 强调独立思考　　　　　　　　D. 注重理论联系实际

4. 要破除书本型思维定势，需要做到（　　）。

A. 唯书唯上　　　　　　　　　　B. 不唯书、不唯上、只唯实

C. 完全抛弃书本知识　　　　　　D. 只相信实践经验

5. 自我中心型思维定势的根源是（　　）。

A. 追求创新　　　　　　　　　　B. 从自身利益与好恶出发

C. 尊重他人观点　　　　　　　　D. 善于倾听不同意见

二、简答题

1. 简述思维定势的定义及其形成的影响因素。

2. 举例说明权威型思维定势对创新的阻碍，并分析如何避免这种阻碍。

3. 结合生活实例，谈谈经验型思维定势可能带来的问题。

4. 解释书本型思维定势的危害，并说明怎样破除这种思维定势。

5. 阐述破除自我中心型思维定势的方法和意义。

三、分析题

1. 分析在科技创新领域，思维定势对创新的双重影响，并举例说明。

2. 以某一行业（如智能手机行业）的发展为例，探讨从众型思维定势和创新之间的关系。

3. 从历史发展的角度，分析经验型思维定势在不同时期对社会进步的作用，并谈谈如何在现代社会中更好地利用经验而避免其成为思维定势。

4. 结合当前社会现象，如网络舆论中的盲目跟风现象，分析从众型思维定势的产生原因和影响，并提出相应的解决措施。

四、应用题

1. 假设你是一家创业公司的产品经理，在产品研发过程中，团队成员出现了经验型思维定势，导致产品创新受阻。请你制定一套方案，帮助团队破除这种思维定势，推动产品创新。

2. 学校组织一场关于"未来教育模式"的讨论活动，部分学生存在书本型思维定势，认

为传统教育模式不可改变。请你运用所学知识,写一篇发言稿,引导学生打破这种思维定势,提出创新的教育模式设想。

3. 某企业在市场竞争中,盲目迷信行业权威的营销策略,导致市场份额下降。请你从破除权威型思维定势的角度,为该企业制定一份市场策略调整方案。

4. 以"城市交通拥堵治理"为主题,运用破除思维定势的方法,提出至少三个创新的解决方案,并分析每个方案是如何突破传统思维定势的。

第二章

创 新 思 维

✎ 知识目标

1. 理解创新思维的本质与核心特征。
2. 系统掌握发散思维的内涵与应用体系。
3. 掌握收敛思维的逻辑与实践方法。
4. 辨析横向思维与纵向思维的核心区别。
5. 理解第一性思考与升维思考的高阶思维逻辑。

📋 能力目标

1. 具备思维类型辨识与场景匹配能力。
2. 具备创新思维工具的实操应用能力。
3. 具备跨思维类型协同应用能力。
4. 具备批判性思维与范式突破能力。
5. 具备复杂问题的多维分析能力。

🔍 素养目标

1. 具有创新意识与突破常规的勇气。
2. 达到开放包容的跨学科思维心态。
3. 养成系统思维与深度探究习惯。
4. 具有科学批判与理性质疑精神。
5. 具有未来导向的高阶认知视野。

🐾 案例导入

宣传小能手哈利①

美国宣传奇才哈利15岁时，在一家马戏团做工，负责在马戏场内叫卖小食品和饮料。但每次观众都不多，买东西吃的人就更少，尤其是饮料。

---

① 郭万斌,李宁,韦志涵.创新思维能力训练方法与运用[M].北京：清华大学出版社,2023：10.

有一天,哈利产生了一个想法:向每一个买票的人赠送一包花生,借以吸引观众。老板不同意这个想法,认为不划算。哈利用自己微薄的工资作担保,恳请老板让他试一试。于是,马戏团演出场地外多了一个声音:来看马戏,买一张票送一包好吃的花生! 在哈利不停的叫喊声中,观众比往常多了好几倍。

观众进场后,哈利就开始叫卖起饮料。绝大多数观众在吃完花生后觉得口干时都会买上一杯饮料,一场马戏演出结束,哈利的营业额比以往增加了十几倍。

哈利的做法至今仍有借鉴意义,这也是创新思维的应用。

想一想:哈利通过"送花生"吸引观众的做法,打破了哪些常规商业思维? 试举出 1 个生活中类似的创新案例。

佛瑞迪求职案[①]

暑假前,16 岁的佛瑞迪对父亲说:"我要找个工作,这样我整个夏季就不用向您要钱了。"不久佛瑞迪便在广告上找到适合他专长的工作。第二天上午 8 点钟,他按要求来到报考地点,可那时已有 20 位求职者排在队伍的前面,他是第 21 位。怎样才能引起主考者的特别注意而赢得职位呢? 佛瑞迪沉思良久后想出了一个主意:他拿出一张纸,在上面写了几行字,然后把纸折得整整齐齐地交给秘书小姐,恭敬地说:"小姐,请你马上把这张纸条交给你的老板,非常重要!""好啊,先让我看看这张纸条",秘书小姐看了纸条上的字后不禁微笑起来,并立刻站起来走进老板的办公室。结果,老板看了也大声笑了起来。原来纸条上写着:"先生,我排在队伍的第 21 位。在您看到我之前,请不要做任何决定。"

最后,佛瑞迪如愿以偿地得到了这份工作。一个会动脑筋思考的人总能把握住机会,并妥善地解决问题,成功离不开睿智的创意。

想一想:佛瑞迪在 21 位求职者中脱颖而出的关键,打破了哪些常规求职思维? 试举出 1 个生活中类似的创意案例。

第一节 认识创新思维

人们常说:"不怕做不到,就怕想不到。"在面对问题束手无策时,我们的思维往往需要突破常规,寻求创新。因此,在实践生活中,我们需要一种全新的思考方式,以应对新的问题和挑战,这就是创新思维的重要性所在。

在创新的过程中,人们凭借创造性思维,不断提出新观念,形成新理论,完成新发明和新创造,这些成就不仅丰富了人类的知识宝库,更推动了人类社会的进步和个人的全面发展。可以说,创新思维是创新活动的核心,而能否掌握和获得创新思维能力,则是创新活动能否成功的关键所在。

---

① 郭万斌,李宁,韦志涵.创新思维能力训练方法与运用[M].北京:清华大学出版社,2023:10.

一、创新思维的概念

创新思维,作为人类思维的一种高级形态,是人们在积累了一定知识、经验和智力的基础上,为解决特定问题而运用的一种思维方式。它融合了逻辑思维和非逻辑思维,勇于突破旧的思维模式,以全新的思考方式产生新设想,并成功地将这些设想付诸实践。创新思维以超常规甚至反常规的方法或视角审视问题,体现了超越性的智慧。它追求与众不同,勇于探索未知领域,提出新颖、独到且具有社会意义的解决方案。因此,创新思维是抉异探新,另辟蹊径,敢于质疑常人所未疑,思考常人所未想,明晰常人所未明,创造常人所未创。简而言之,创新思维是思维中的瑰宝,是智慧的结晶。

二、创新思维的特征

创新思维作为一种超越性的智慧,其本质在于不断在思维中融入异质成分,推动思维的进化与革新。将创新思维视为一个历史过程,其本质就是不断在思维中引入新的元素,打破原有的思维框架。

人类的经验与普通动物截然不同,因为人类的经验可以通过积累产生质变。然而,简单的重复并不能带来创新。正如美国经济学家熊彼特所言:"不管你把多大数量的驿路马车或邮车连续相加,也绝不能得到一条铁路。"在修建铁路的过程中,传统的交通工具或许能给我们一些启示,但仅仅依靠这些启示是远远不够的。我们需要跳出传统交通工具的束缚,勇于探索新的模式,这才能想到铁路这一创新之举。这一过程就需要异质性的思考方式。人类交通工具速度的不断提升,正是我们在面对问题时,不断在思考中融入异质成分的结果。

为了充分发挥创新思维能力的潜力,我们需要为其提供一个适宜的舞台。这时,一个有利于创新的制度安排就显得尤为重要。传统的管理方式虽然仍有一定作用,但已无法满足创新的全部需求。需要在制度安排上超越传统,引入异质元素。在这个过程中,以知识为中心的组织形式需要向以智慧为中心的组织形式转变。原先的学习型组织模式也应实现超越,演变为适应智慧时代的创新型组织模式。

(一)独特性

独特性主要体现在与他人不同、独具卓识的方面。在思路探索、思维方法方式以及思维结论上,创新思维能够提出新的创意,揭示新的发现,实现新的突破。这种独特性不仅体现在对问题的独特见解上,更体现在对解决方案的创新设计上。创新思维能够打破常规,跳出传统思维的框架,以全新的视角审视问题,从而提出令人耳目一新的解决方案。

(二)能动性

创新思维不仅具有独特性,还表现出强大的能动性。能够对外界或内部的刺激或影响做出积极的、有选择的反应或回答。这种能动性是人与无机物、有机生命体以及其他高级动物的重要区别,被称为主观能动性。创新思维通过思维与实践的结合,主动地、自觉地、有目的地、有计划地反作用于外部世界。就像我们可以选择是在寒冷的冬季还是酷热的夏天去旅游一样，我们也可以对自己的思维境界进行选择，将解决问题的思维活动置于更高的境界。

创新思维的能动性还体现在对未知领域的探索上。不畏艰难，勇于挑战传统观念，敢于涉足前人未至的领域。正是这种能动性，使得创新思维能够不断推动人类社会的进步和发展，为人类带来前所未有的变革和突破。

（三）开放性

开放性要求我们在思考问题时，不仅要关注问题的本身，还要关注与问题相关的各个领域和方面。创新思维不局限于某一特定的领域或框架内，而是能够跨越不同的学科和领域，进行广泛的联想和想象。这种开放性使得创新思维能够汲取各种知识和智慧，为问题的解决提供更为广阔的思路和方案。

在开放性的思维模式下，能够更加全面地认识和理解问题，发现其中隐藏的规律和联系。同时，也能够更加灵活地运用各种知识和方法，对问题进行深入的分析和研究。这种开放性的思维方式不仅有助于我们更好地解决问题，还能够激发我们的创造力和想象力，为创新提供源源不断的动力。

（四）前瞻性

前瞻性作为创新思维的又一重要特征，体现了对未来发展趋势的敏锐洞察和准确预测。创新思维不仅能够关注当前的问题和挑战，还能够超越现有的框架和限制，预见未来的发展趋势和机遇。这种前瞻性使得创新思维能够引领时代潮流，推动人类社会的进步和发展。

前瞻性的思维，能够更加深入地理解未来的发展趋势和需求，从而提前做好准备和规划。同时，还能够更加准确地把握未来的机遇和挑战，为创新提供更为明确的方向和目标。这种前瞻性的思维方式不仅有助于我们更好地应对未来的变化和挑战，还能够激发我们的创造力和想象力，为未来的创新提供源源不断的动力。

（五）跳跃性

创新思维的跳跃性，如同量子理论中的量子跳跃，充满了不确定性和非连续性。它使我们能够跳出既定的思维框架和行为模式，以一种全新的视角审视问题，寻求思维的飞跃。这种跳跃性不仅体现在思维内容的转换上，更体现在思维方式的根本变革上。它鼓励我们打破常规，勇于尝试新的可能性，从一种思维状态迅速跳跃到另一种截然不同的思维状态。

创新思维的跳跃性，实质上是一种智慧的超越。它要求我们不仅要具备扎实的知识基础，更要有敏锐的洞察力和丰富的想象力。只有这样，我们才能在面对复杂多变的问题时，迅速捕捉到问题的本质，找到解决问题的新途径。跳跃性思维使我们能够跨越时空的限制，将看似无关的事物联系起来，创造出前所未有的新思想和新观念。

跳跃性不仅体现在创新思维的形成过程中，也贯穿于创新活动的始终。在创新的初期阶段，跳跃性思维帮助我们突破传统的思维定势，提出新颖的设想和假设。在创新的中期阶段，它促使我们不断调整和优化方案，寻求更加高效和可行的解决方案。在创新的后期阶段，跳跃性思维则帮助我们预见未来的发展趋势，为创新的持续发展提供动力。

（六）综合性

综合性是创新思维的另一大特征，它要求我们在认识事物时，不仅要关注事物的个别、部分和一般属性，更要将这些属性统一为一个整体，从而把握事物的本质和规律。综合性不是简单的拼凑或机械的相加，而是按照事物内在的、必然的、本质的联系，将整个事物在思维中完整地呈现出来。

创新思维的综合性体现在多个方面。首先，它要求我们在思考问题时，要具备全局观念，从整体上把握问题的来龙去脉。这需要我们综合运用各种知识和方法，对问题进行全面深入的分析和研究。其次，创新思维的综合性还体现在对已有知识和经验的借鉴与融合上。创新思维并不是凭空产生的，而是建立在已有知识和经验的基础之上的。通过借鉴他人的成果和智慧，我们可以站在巨人的肩膀上，看得更远、想得更深。最后，创新思维的综合性还要求我们在解决问题时，要能够灵活运用各种资源和手段，实现资源的优化配置和高效利用。

在创新实践中，综合性思维发挥着至关重要的作用。它帮助我们将零散的知识和经验整合为一个有机的整体，从而形成对问题的全面认识。同时，它还促使我们在解决问题时，能够综合考虑各种因素，找到最佳的解决方案。此外，综合性思维还能够帮助我们预见未来的发展趋势，为创新的持续发展提供有力的支持。

以历史上著名的科学家为例，无论是伽利略、爱迪生，还是弗洛伊德、爱因斯坦，他们的创新思维都体现出了鲜明的综合性特征。他们不仅在自己的领域内取得了卓越的成就，还广泛涉猎其他领域的知识和成果，将其融入自己的研究中。正是这种跨领域的综合性思维，使他们能够突破传统的思维界限，提出前所未有的新理论和新发现。

爱因斯坦的相对论公式就是一个典型的例子。在这个公式中，光的本质、质量、速度等范畴的内容早在爱因斯坦之前就已经被发现。然而，爱因斯坦却以广阔的视野和新颖的方式将这些已有的知识和成果融合起来，从而成就了划时代的伟大创新。他的成功不仅在于他个人的才华和努力，更在于他能够综合运用前人的智慧和成果，实现知识的集成与超越。

课堂实战

1. 用2个阿拉伯数字1组成的最大数字是什么？用3个阿拉伯数字1组成的最大数字是什么？用4个阿拉伯数字1组成的最大数字是什么？

2. 在一个村庄里，所有的居民要么总是说真话（诚实者），要么总是说假话（骗子）。你遇到了两个人A和B。A说："我们两个人里至少有一个是骗子。"请问，A和B分别是诚实者还是骗子？

3. 有三顶帽子，两顶是黑色的，一顶是白色的。将这三顶帽子随机分发给三个人（A、B和C），每个人都看不到自己的帽子颜色，但可以看到其他两个人的帽子颜色。他们不能互相交流。现在要求每个人猜自己头上帽子的颜色。A首先回答"我不知道"，接着B也回答"我不知道"。最后，C却能准确说出自己帽子的颜色。请问，C是怎么知道的？

一、单项选择题

1. 下列关于创新思维的表述,正确的是( )。

A. 创新思维仅指发明创造中的突破性思维

B. 创新思维的核心是突破常规、产生新颖解决方案

C. 创新思维与逻辑思维完全对立

D. 创新思维只适用于科技领域

2. 下列属于创新思维核心特征的是( )。

A. 重复性   B. 封闭性

C. 批判性   D. 单一性

3. ( )表现为"盲目遵循权威观点,不敢质疑"。

A. 经验型思维定势

B. 权威型思维定势

C. 从众型思维定势

D. 书本型思维定势

4. 创新思维的基础是( )。

A. 打破思维定势   B. 依赖直觉判断

C. 模仿已有成果   D. 遵循传统逻辑

5. 下列不属于创新思维类型的是( )。

A. 发散思维   B. 收敛思维

C. 惯性思维   D. 逆向思维

二、简答题

1. 简述创新思维的定义及其核心要素。

2. 列举三种常见的思维定势,并说明其对创新的阻碍作用。

3. 创新思维的主要特征有哪些?请至少列出 4 点。

4. 简述发散思维与收敛思维的区别与联系。

5. 为什么说"打破思维定势"是创新思维的前提?

三、分析题

1. 结合案例分析:某企业长期依赖传统经验生产产品,市场份额逐渐下降。试用"经验型思维定势"理论分析其问题,并提出破局思路。

2. 有人认为"创新思维就是天马行空的想象,不需要逻辑"。请结合创新思维的特征,分析这一观点的合理性与局限性。

3. 对比"从众型思维定势"和"权威型思维定势",说明二者在企业决策中可能导致的不同后果。

4. 以"智能手机的创新发展"为例,分析其如何通过突破传统思维定势(如"手机只能打电话")实现市场颠覆。

四、应用题

1. 设计一个"破除权威型思维定势"的训练方案,包含 3～5 个具体的练习任务。

2. 假设你是某创业团队成员,团队在产品设计中陷入"经验型思维定势",请制定一套激活创新思维的行动计划。

3. 针对"大学生创新创业比赛中方案同质化严重"的问题,运用创新思维理论,提出 3 条破局建议。

4. 结合自身经历,举例说明你曾突破何种思维定势,并描述创新思维带来的积极结果。

5. 为某传统制造业企业设计"创新思维培训课程",需包含理论讲解、案例分析和实战训练三个模块,简述各模块的核心内容。

第二节 发散思维

发散思维与
收敛思维

一、发散思维的概念

发散思维(divergent thinking)是一种能够从一个点出发,向多个方向探索和寻找多种可能性的思维方式。它不同于传统的线性或逻辑性的思考方式,而是鼓励个体突破常规,提出新颖而独特的观点或解决方案。这种思维方式强调"多角度思考",即当面对一个问题时,不是立即寻求最直接的答案,而是尝试从不同的视角去理解问题的本质,考虑各种可能的因素,并尽可能多地生成备选方案。这种方法不仅有助于发现隐藏的机会,还能帮助我们避免陷入思维定势,从而提高决策的质量。

发散思维的核心在于其开放性和创造性。它允许人们自由地联想、组合不同元素,甚至是从看似无关的事物中找到联系。通过这种方式,发散思维可以激发个人的创造力,促进创新成果的产生。在现代社会中,随着信息爆炸和技术快速发展,具备良好的发散思维能力对于解决复杂问题、推动科技进步和社会变革至关重要。

二、发散思维的类型

发散思维可以根据不同的维度进行分类,以下是几种主要的发散思维类型。

(一)功能发散

功能发散是指对某一对象的功能进行重新定义或扩展,以寻找新的用途或应用场景。例如,纸张最初是用来书写记录文字信息的材料,但后来人们发现了它的其他用途,如商品包装、装饰材料等。这种类型的发散思维可以帮助我们打破传统观念的束缚,探索更多潜在的价值。

(二)材料发散

材料发散关注的是如何改变现有材料的性质或利用新型材料来创造新产品或改进现有

产品。例如,塑料作为一种合成高分子材料,在 20 世纪被广泛应用于各个领域,从日常生活用品到工业制造。科学家们不断探索新材料的可能性,如开发具有自我修复能力的智能材料,或是研究更环保可降解的替代品。这类发散思维促使我们思考材料科学的进步将如何影响未来的生活方式和技术发展。

(三)结构发散

结构发散涉及改变物体内部结构的设计思路,旨在优化性能或实现特定功能。一个典型的例子是建筑领域中的模块化设计,通过预制构件的方式加快施工进度并降低成本;另一个实例则是机械工程里的轻量化设计,减少不必要的重量以提高效率。通过对结构进行创新设计,我们可以创造出更加高效、安全且美观的作品。

(四)方法发散

方法发散指的是针对某个具体任务或目标,寻找不同于传统做法的新途径或策略。这可能包括采用全新的工具、流程或者理论框架来解决问题。例如,在软件开发过程中引入敏捷开发模式,取代了以往瀑布式的项目管理方法;又或者是医疗行业中使用机器人辅助手术,提高了操作精度和患者安全性。这类发散思维鼓励我们在实践中勇于尝试新事物,持续改进工作方法。

三、发散思维的特点

美国心理学家吉尔福特认为发散思维是指从给定的信息中产生新信息的过程,重点是从单一信息源中衍生出各种各样的创意。根据他的研究,发散思维具有以下几个显著特点。

(一)流畅性

流畅性指的是快速产生大量想法的能力。一个拥有良好发散思维的人能够在短时间内提出许多不同的建议或方案,而不局限于少数几个选项。这种特质使得他们在面对挑战时能够迅速响应,灵活调整策略。流畅性的培养需要不断地练习和积累经验,同时也要保持开放的心态,愿意接受新的刺激和变化。

(二)灵活性

灵活性体现为能够在不同情境下灵活运用知识和技能,适应环境的变化。这意味着不仅要掌握丰富的背景知识,还要学会根据不同情况选择最合适的方法。例如,在解决问题的过程中,有时需要依靠直觉快速作出判断;而在其他时候,则可能需要进行详细的分析和规划。灵活性让个人能够在多样化的环境中游刃有余,始终保持竞争力。

(三)独特性

独特性指的是提出的解决方案往往是独一无二的,能够带来意想不到的效果。那些善于运用发散思维的人通常不会满足于表面层次的理解,而是深入挖掘问题背后的根本原因,试图找到更具创造性的答案。他们敢于质疑现状,挑战权威,追求真正的创新。独特性的价值在于它可以为组织和个人开辟新的增长点,引领潮流,树立品牌形象。

一、单项选择题

1. 发散思维的核心是( )。

A. 逻辑性思考   B. 多角度思考

C. 线性思考   D. 寻找直接答案

2. 下列属于功能发散的是( )。

A. 用新型材料制作家具   B. 改变建筑的结构设计

C. 发现纸张可用于折纸艺术   D. 采用新的教学方法

3. 吉尔福特认为发散思维不具有( )的特点。

A. 流畅性   B. 独特性   C. 逻辑性   D. 灵活性

二、简答题

1. 简述发散思维的概念,并举例说明在生活中的应用。

2. 分别阐述材料发散和方法发散的含义,并各举一个实际例子。

3. 结合实例,解释发散思维的流畅性和灵活性特点。

三、分析题

1. 分析在创意广告设计中,如何运用发散思维的不同类型(功能发散、材料发散、结构发散、方法发散)来吸引消费者的注意力,以某一具体产品的广告为例进行阐述。

2. 结合科技发展的实例,探讨发散思维的特点(流畅性、灵活性、独特性)是如何推动科技创新的,如智能手机的发展历程。

四、应用题

1. 以"环保"为主题,运用功能发散思维,至少列举出 5 种常见物品的新环保用途。

2. 假设你要设计一款新型的智能穿戴设备,运用材料发散和结构发散思维,描述该设备可能采用的新型材料和独特结构设计。

3. 学校举办"创意环保大赛",要求用废旧 T 恤进行创新改造。请运用发散思维,至少列举 3 种旧 T 恤的非服装用途(如抹布、购物袋),需说明用途的环保价值。

第三节　收敛思维

一、收敛思维的概念

收敛思维,也被广泛称作聚合思维、求同思维、辐集思维或集中思维,是创新思维体系中不可或缺的一环。在解决问题的复杂过程中,收敛思维发挥着举足轻重的作用。它要求我们在面对问题时,充分利用已有的知识和经验积累,将纷繁复杂的信息、线索以及多种可能的解题方案,引导至一个条理清晰、逻辑严密的序列中,最终得出一个既合乎逻辑又切实可行的结论。

与发散思维那种"由一到多"、追求思维广度和多样性的模式截然不同,收敛思维遵循的是"由多到一"的路径,它强调的是思维的聚焦、整合与深化。收敛思维不仅追求思维的缜密性和秩序性,更要求我们以实事求是的态度,从客观实际出发,深入揭示事物内部的规律和联系。而这一切,都需要通过大量的实验或实践来验证和检验,确保结论的可靠性和有效性。

收敛思维并不是简单地将信息堆砌或拼凑,而是一种高层次的思维活动。它要求我们在众多信息和可能性中,通过深入地分析和综合,发现事物之间的内在联系,进而提出有针对性的、切实可行的解决方案。这种思维方式不仅体现了对问题的深刻理解和全面把握,更展现了思维的严谨性和科学性。

小故事

追问到底[①]

在日本丰田汽车公司,曾经流行一种管理方法,叫作"追问到底"。也就是说,对公司新近发生的每一件事,都采用追问到底的态度,以便找出最终的原因。一旦找到了最终原因,也就有了解决问题的办法。比如,公司的某台机器突然停了,那就沿着这条线索进行追问。

问:"机器为什么不转了?"答:"因为保险丝断了。"

问:"为什么保险丝会断?"答:"因为超负荷而造成电流太大。"问:"为什么会超负荷?"答:"因为轴承干涩不够润滑。"

问:"为什么轴承干涩不够润滑?"答:"因为油泵吸不上来润滑油。"

问:"为什么油泵吸不上来润滑油?"答:"因为抽油泵产生了严重磨损。"

问:"为什么油泵会产生严重磨损?"答:"因为油泵未装过滤器而使铁屑混入。"

追问到此,最终的原因总算找到了。给油泵装上过滤器,再换上保险丝,机器就能正常运行了。如果不进行这一番追问找到最终原因,只是简单地换上一根保险丝,机器会立即转动,但过不了多久,机器又会停下来。

二、收敛思维的特征

收敛思维,作为创新思维的一种重要形式,具有一系列鲜明的特征。这些特征使得收敛思维在解决问题时显得尤为独特且高效,成为我们面对复杂问题时不可或缺的思维工具。

(一)封闭性

与发散思维的开放性、无拘无束的特点截然不同,收敛思维展现出一种内向的、集中的特性,即封闭性。它并不像发散思维那样四处发散、漫无边际,而是将众多发散思维的结果

---

① 吴兴华.创新思维方法与训练[M].2 版.广州:中山大学出版社,2022:71-72.

由四面八方汇聚起来,形成一个合理、完整且逻辑严密的答案。这种封闭性使得收敛思维能够聚焦于问题的核心,深入剖析问题的本质,从而得出更为准确、可靠的结论。

在收敛思维的过程中,会对各种信息进行筛选、整合和归纳,排除那些与问题无关或无关紧要的信息,确保思维的集中和高效。这种封闭性不仅有助于我们避免思维的分散和混乱,还能使我们在面对复杂问题时更加从容不迫,找到问题的关键所在。

(二)连续性

收敛思维与发散思维的跳跃性、间断性相比,收敛思维更加注重思维的连贯性和逻辑性。它要求我们在思考问题时,必须遵循一定的逻辑顺序,确保每一步的推理都是连贯的、有据可依的。这种连续性不仅使得收敛思维的过程更加清晰明了,还大大提高了问题解决的效率。

收敛思维的过程中,会根据问题的性质和需求,制定一个合理的思维流程。这个流程通常包括问题的定义、信息的收集、方案的设计、方案的评估以及最终决策等环节。每一个环节都紧密相连,环环相扣,形成一个完整的思维链条。这种连续性的思维方式有助于系统地分析问题,逐步逼近问题的本质,最终找到最佳的解决方案。

(三)求实性

收敛思维还表现出很强的求实性特征。它要求在面对问题时,必须实事求是,拒绝那些不切实际或过于虚幻的联想和想象。被选择出来的设想或方案应当是实用的、可行的,能够真正解决问题。这种求实性使得收敛思维能够更加贴近实际,为问题的解决提供更为可靠、可行的方案。

在收敛思维的过程中,我们会对各种设想和方案进行严格的筛选和评估。我们会考虑它们的可行性、实用性以及可能带来的后果和影响。只有那些经过充分论证和验证的设想和方案,才会被纳入最终的决策中。这种求实性的思维方式有助于我们避免盲目决策和浪费资源,确保我们的决策是基于实际情况和客观事实的。

三、收敛思维与发散思维的关系

收敛思维和发散思维是创新思维中两种截然不同的思维方式,但它们之间又存在着密切的联系和互补性。理解它们之间的关系,对于我们更好地运用这两种思维方式解决问题具有重要意义。

(一)二者的区别

思维指向相反:收敛思维是由四面八方指向问题的中心,它强调的是对信息的整合和聚焦;而发散思维则是由问题的中心指向四面八方,它追求的是思维的广度和多样性。这种思维指向的不同,使得收敛思维和发散思维在解决问题时呈现出截然不同的特点。

作用不同:收敛思维是一种求同思维,它通过对多种想法的筛选、理顺、综合和统一,寻求一种最有应用价值的结果;而发散思维则是一种求异思维,它要求在广泛的范围内搜索,尽可能地把各种不同的可能性都设想到。这种作用的不同,使得收敛思维和发散思维在创新过程中各自扮演着不同的角色。

（二）二者的辩证关系

尽管收敛思维和发散思维在思维方式和作用上有所不同，但它们之间并不是孤立存在的，而是相互依存、相互促进的。这种辩证关系体现在以下几个方面。

1. 相互依存

没有发散思维的广泛收集和多方搜索，收敛思维就失去了加工的对象和素材。发散思维为收敛思维提供了丰富的思维材料和可能性，使得收敛思维有物可思、有据可依。同时，没有收敛思维的认真整理和精心加工，发散思维的结果再多也只是零散的、无意义的。收敛思维将发散思维产生的各种可能性进行筛选、整合和提炼，最终形成一个完整、可行的解决方案。

2. 相互促进

在实际的创新过程中，收敛思维和发散思维往往是交替运用的。在解决问题的早期阶段，发散思维起主导作用，它帮助我们打开思路，探索各种可能性；而在解决问题的后期阶段，收敛思维则逐渐占据主导地位，它帮助我们整合信息、筛选方案，最终得出一个切实可行的结论。这种交替运用的过程，使得我们的思维既能够保持灵活性和创新性，又能够保持严谨性和实用性。

3. 分阶段推进

美国创造学学者 M.J.科顿曾指出，发散思维与收敛思维必须在时间上错开，分阶段推进。如果将它们混在一起使用，将会大大降低思维的效率。因此，在实际的创新活动中，应该根据问题的性质和阶段来合理地运用这两种思维方式。在问题的初期阶段，应该更多地运用发散思维来拓宽思路、探索可能性；而在问题的后期阶段，则应该更多地运用收敛思维来整合信息、做出决策。

四、收敛思维的类型

收敛思维，作为创新思维的重要组成部分，具有多种表现形式。其中，目标确定法和聚合显同法是两种尤为重要的类型。它们各自具有独特的思维方式和应用场景，能够帮助我们更有效地解决问题，提升创新能力。

（一）目标确定法

"一切问题都是目标设定和目标达成的问题。"这是管理大师德鲁克的一句名言，它深刻揭示了目标在问题解决中的重要性。目标确定法，正是基于这一理念而发展出来的一种收敛思维方式。

目标确定法要求我们在面对问题时，首先需要对主客观条件进行全面、正确、清醒的估计和认识。这是确定目标的前提和基础。只有当我们对问题的背景、现状、资源、限制等因素有了充分的了解，才能制定出合理、可行的目标。

在确定了目标之后，就需要围绕这一目标，以收敛思维进行认真的观察和判断。需要将注意力集中在与目标相关的关键性因素上，通过对这些因素的分析和比较，找出实现目标的有效途径和方法。

目标的设定应当具体而有效。具体的目标能够帮助我们更清晰地看到问题的本质和核心,从而更有针对性地进行思考和行动。同时,目标也可以分为不同的层次和类型,如近期目标、远期目标、大目标、小目标等。在运用目标确定法时,我们可以先从较小的、近期的目标开始,通过不断实践和熟练,再逐渐扩大目标的范围和难度。

在设定目标时应当避免过于理想化或不切实际。目标应当具有一定的挑战性,但同时也需要考虑到实现的可能性。只有那些既具有挑战性又具备实现可能性的目标,才能激发我们的积极性和创造力,推动我们不断前进。

一只小猫送了法军的命[①]

第一次世界大战期间,法国和德国交战时,法军在战争前线构筑了一座极其隐蔽的地下指挥部。指挥部的人员深居简出,行踪诡秘。但他们只注意了人员的隐蔽,却忽略了长官养的一只小猫。德军的侦察人员在观察战场时发现,每天早上八九点时,总有一只小猫在阵地的一个土包上晒太阳。

德军依此判断:

（1）这只猫不是野猫,野猫白天不出来,更不会在炮火隆隆的阵地上出没。

（2）猫的栖身处就在土包附近,很可能是一个地下指挥部,因为周围没有人居住。

（3）根据仔细观察,这只猫是相当名贵的波斯品种,在打仗时还有兴趣养这种猫的绝不会是普通的下级军官。

据此,他们判定附近一定是法军高级指挥部所在地。随后,德军集中六个炮兵营的火力,对那里实施猛烈轰炸。事后查明,他们的判断完全正确,这个法军地下指挥部的人也因此全部阵亡。

（二）聚合显同法

聚合显同法又称辕合显同法。"辕合显同",这一术语源自古代对车轮结构的描述,原指车轮辐集于毂上,后来引申为聚集、整合的意思。在收敛思维中,聚合显同法是一种将感知到的对象依据一定的标准聚合起来,以显示出它们的共性和本质的方法。

聚合显同法是一种富有创造性的思维活动。它要求我们在面对大量杂乱无章、模糊不清的材料时,能够运用收敛思维,将这些材料聚合在一起,并从中抽象出它们共同的本质特征。这一过程不仅需要我们对材料进行深入的观察和分析,还需要我们具备高度的抽象和概括能力。

徐光启在撰写《除蝗疏》时,巧妙地运用了聚合显同法。他通过对大量关于蝗灾的史料进行细致的分析,敏锐捕捉到蝗灾在发生时间与地点上呈现的规律性特征。为进一步探究这些共性,他采用分类归纳的方法,分别从时间维度考察蝗灾高发的季节规律,从空间维度总结蝗灾频发的地理环境特点,最终得出"蝗虫多生水涸草积之处,暴发于春夏之交"等重要结论,为古代蝗灾防治提供了科学依据。

在研究中,徐光启采用了有层次的统计方法,对每一个特征进行了详细的记录和分类。通过这种方式,他逐渐揭示了每一个特征的本质,为后续的综合考察和分析研究奠定了坚实

① 吴兴华.创新思维方法与训练[M].2版.广州：中山大学出版社,2022：74.

的基础。

聚合显同法的应用不仅限于科学研究领域,它同样适用于商业、管理、教育等多个领域。在商业领域,企业可以通过收集和分析市场数据,找出消费者需求的共性,从而制定出更符合市场需求的营销策略。在管理领域,公司可以通过对员工绩效的评估和分析,找出影响员工工作表现的关键因素,进而提出有效的改进措施。在教育领域,教师可以通过对学生学习情况的调查和分析,找出学生学习上的共性问题和难点,从而调整教学方法和策略,提高教学效果。

聚合显同法的核心在于聚合和抽象。聚合是将看似无关的材料或信息整合在一起,找出它们之间的内在联系和共性;而抽象则是从这些整合后的材料中提炼出本质特征,形成对问题的深刻理解和认识。通过聚合显同法,我们能够更加深入地了解问题的本质和规律,为解决问题提供更为有效的思路和方法。

在实际应用中,需要灵活运用聚合显同法。首先,需要明确研究的目的和问题,确定需要聚合的对象和范围。其次,需要选择合适的聚合标准和抽象方法,确保能够准确地揭示出对象的共性和本质。最后,需要对聚合和抽象的结果进行验证和应用,确保它们能够真正解决问题并产生实际价值。

课堂实战

1. 请回答下列问题。

(1) 请说出家中既发光又发热的东西。

(2) 请写出海水与湖水的共同之处,至少10条。

(3) 鸽子、蝴蝶、蜜蜂与苍蝇有什么相同之处?

(4) 铜、铁、铝、不锈钢等金属有什么共同的特点?

2. 请在括号内填上合适的数字。

(1) 2、6、10、14、(　　　)。

(2) 7、11、8、12、9、(　　　)、(　　　)。

3. 邮票的四周要打上齿孔,以便于撕下。请你想一想,这个办法还能用在什么地方。

本节练习

一、单项选择题

1. 收敛思维又被称作(　　　)。

A. 求异思维　　　　B. 发散思维　　　　C. 集中思维　　　　D. 创新思维

2. 收敛思维的过程强调(　　　)。

A. 思维的广度　　　　　　　　　　B. 思维的聚焦与整合

C. 思维的跳跃性　　　　　　　　　D. 思维的无拘无束

3. 收敛思维的封闭性是指(　　　)。

A. 对外界信息完全排斥　　　　　B. 将思维结果由四面八方汇聚起来

C. 思维过程不与外界交流　　　　D. 只关注问题的表面

4. 收敛思维与发散思维的思维指向（　　）。

A. 相同　　　　B. 相反　　　　C. 部分相同　　　　D. 没有关系

5. 目标确定法中，确定目标的前提是（　　）。

A. 随意设定　　　　　　　　　B. 对主客观条件的估计和认识

C. 参考他人意见　　　　　　　D. 追求理想化

二、简答题

1. 简述收敛思维的概念，并举例说明其在生活中的应用。

2. 阐述收敛思维的连续性特征，并分析其在解决问题过程中的重要性。

3. 对比收敛思维和发散思维的作用有何不同。

4. 解释聚合显同法的含义，并举例说明在科学研究或生活中的应用。

5. 结合实例，说明收敛思维和发散思维是如何相互依存、相互促进的。

三、分析题

1. 分析在新产品研发过程中，收敛思维和发散思维分别在哪些阶段发挥作用，以及它们是如何协同工作的。

2. 以解决城市交通拥堵问题为例，运用收敛思维的目标确定法，阐述如何确定解决问题的目标和关键因素，并提出相应的解决方案。

3. 从收敛思维的角度，分析历史上某一重大科学发现（如牛顿发现万有引力定律）的思维过程，探讨收敛思维在其中的体现和作用。

四、应用题

1. 假设你要组织一场校园文化节，运用收敛思维的方法，确定活动的主题、目标，并制定具体的活动方案，包括活动内容、参与人员、时间安排等。

2. 一家企业发现产品销量下降，运用收敛思维中的聚合显同法，分析可能的原因，并提出相应的改进措施。要求详细描述分析过程和措施内容。

3. 为提高某品牌手机在市场上的竞争力，运用收敛思维和发散思维相结合的方式，提出至少三个创新的营销策略，并说明每个策略是如何体现两种思维方式的协同作用的。

第四节　横向思维

横向思维与
纵向思维

一、横向思维的概念

横向思维（lateral thinking），这一术语所描绘的是一种超越常规、打破框架的思考方式。它不拘泥于问题的直接结构或传统解决路径，而是鼓励思维向更宽广的领域延伸，从那些看似与问题无关的事物或事实中汲取灵感，进而孕育出新的设想和解决方案。这种思维方式的核心在于其创新性,它通过改变解决问题的常规思路,尝试从不同的角度或方向入手,极大地拓宽了思维的广度,使得从其他领域寻找解决问题的方式成为可能。

在运用横向思维时,需有意识地悬置那些在认知中根深蒂固、占据主导地位的常规思路,转而探索被惯性思维遮蔽的替代性路径。这种思维模式并非遵循"直取核心"的传统解题逻辑,而是采用迂回、旁通的"间接注意"策略——通过暂时偏离问题焦点,从看似不相关的领域或非常规角度切入,重新组织问题要素。其核心在于打破线性思维定势,挖掘隐藏在问题表象下的潜在关联与深层规律,进而开辟解决问题的创新通道。

举个例子。所罗门国王面对两个妇女争夺婴儿母亲身份的难题时,他没有选择传统的调查或询问方式,而是下了一道看似残忍却实则巧妙的命令:将婴儿切成两半,分给两个妇女。这一命令的初衷并非真的要伤害婴儿,而是要通过这种方式迫使真正的母亲为了孩子的安全而站出来。因为真正的母亲,无论面临何种困境,都宁愿自己承受痛苦,也不愿看到孩子受到任何伤害。最终,所罗门国王凭借这一横向思维的策略,成功判断了谁是婴儿的真正母亲。

横向思维的概念由英国学者爱德华·德·博诺(Edward de Bono)率先提出。他指出,在运用横向思维时,首先要做的是突破问题的结构范围,以一种更加开放的心态去审视问题。要将事物置于更广泛的事物关系中进行比较和分析,从其他领域的事物中汲取灵感和启示。通过这种方式,能够打破传统思维的局限,发现那些隐藏在事物背后的新联系和新规律,从而得出更加理想、更加创新的解决方案。

二、横向思维的特征

横向思维,作为一种与传统逻辑思维截然不同的思考方式,其独特之处在于它打破了常规的思维框架,以一种更加开放、灵活和创新的视角去审视和解决问题。横向思维有几个显著特征。

(一)开放性

横向思维的首要特征是其开放性。这种思维方式要求我们摒弃固有的偏见和局限,以一颗开放的心态去接受和审视各种信息,无论这些信息是否来自我们的已知的领域或经验范畴。它鼓励我们跳出传统的思维框架,勇于探索那些未知或尚未被充分发掘的领域,从而拓宽我们的认知边界。

在横向思维中,没有绝对的"对"与"错",只有不断尝试和探索。它提倡的是一种"试错"的文化,即鼓励我们在不断尝试中发现问题、解决问题,进而推动知识的进步和创新的发展。这种开放性的态度,使得横向思维者能够更加敏锐地捕捉到那些被传统思维所忽视的信息和机会,为问题的解决提供新的视角和思路。

(二)跨界性

跨界性是横向思维的又一重要特征。它强调从不同领域、不同学科中汲取灵感和启示,认为即使看似毫不相关的领域之间,也可能存在着某种潜在的联系或规律。通过跨界思考,我们能够打破学科之间的壁垒,将不同领域的知识和经验进行融合,从而发现那些隐藏在事物背后的新联系和新规律。

例如,在科技创新领域,许多重大的突破都是跨界思维的结果。像互联网与金融的结合催生了金融科技的兴起,人工智能与医疗的结合推动了智慧医疗的发展等。这些跨界融合不仅为相关行业带来了新的发展机遇,也为社会带来了更加便捷、高效的服务和产品。

横向思维的跨界性要求我们具备广泛的知识储备和敏锐的洞察力,能够迅速捕捉到不同领域之间的关联点,并将其转化为创新的源泉。同时,它也需要我们具备跨领域合作的能力,能够与不同背景、不同专业的人进行有效的沟通和协作,共同推动问题的解决和创新的发展。

（三）创新性

创新性是横向思维的核心特征。它要求我们打破常规的思维方式,尝试从不同的角度或方向入手,以寻找新的解决方案。这种创新性的思考方式能够激发我们的创造力和想象力,使我们能够创造出更加独特、更加有价值的成果。

在横向思维中,创新并不是一种偶然的结果,而是一种必然的追求。它鼓励我们不断挑战现有的知识和经验,勇于提出新的假设和猜想,并通过实践来验证其可行性。这种勇于探索、敢于创新的精神,使得横向思维者能够在面对复杂问题时,更加灵活地调整自己的思考策略,找到更加有效的解决方案。

创新性不仅体现在对新事物的探索和创造上,还体现在对传统事物的改进和优化上。横向思维者善于从日常生活中发现问题、提出问题,并尝试用新的方法和技术去解决这些问题。他们不拘泥于传统的解决方案,而是勇于尝试新的思路和方法,以期达到更好的效果。

（四）灵活性

横向思维要求我们要能够灵活地调整思考方向,随时准备接受新的信息和观点。在横向思维中,没有一成不变的思考模式或解决方案,只有根据问题的变化而不断调整的思考策略。

这种灵活性使得横向思维者能够在面对复杂多变的问题时,更加迅速地做出反应和调整。他们不会被传统的思维框架所束缚,而是能够根据问题的实际情况和变化,灵活地运用不同的思考方法和技巧来解决问题。这种随机应变的能力,使得横向思维者在面对挑战时更加从容不迫、游刃有余。

灵活性的实现需要我们有足够的耐心和毅力去不断尝试和调整自己的思考策略。同时,它也需要我们具备敏锐的洞察力和判断力,能够准确地识别问题的本质和关键所在,从而制定出更加有效的解决方案。

（五）间接性

间接性是横向思维的另一个独特特征。它强调不直接面对问题本身,而是通过迂回、包抄的方式去解决问题。这种思考方式要求通过间接的注意和观察,去发现那些隐藏在问题背后的联系和规律,从而找到解决问题的新途径。

在横向思维中,往往不直接针对问题进行思考,而是从与之相关或相似的其他事物入手,通过类比、联想等方式来寻找解决问题的线索和灵感。这种间接性的思考方式能够帮助跳出问题的直接框架,从一个更加宽广的视角去审视和解决问题。

例如,在解决某个技术难题时,我们可能会发现直接攻克这个难题非常困难。但是,如果我们能够从与之相关的其他技术领域寻找灵感和启示,或许就能够找到一种更加简单、有效的解决方案。这种间接性的思考方式不仅能够帮助找到新的解决方案,还能够激发创造力和想象力,能够更加深入地理解和把握问题的本质。

三、横向思维的类型

横向思维,作为一种多维度、多角度的思考方式,其应用广泛且形式多样。根据不同的应用方式和特点,可以将横向思维进行细致的分类,以便更好地理解和运用它。以下是对横向思维几种主要类型的详细阐述:

（一）类比思维

类比思维,顾名思义,是通过比较两个或多个事物之间的相似之处,来发现它们之间的潜在联系和规律。这种思维方式如同搭建起一座智慧的桥梁,让我们能够跨越不同领域、不同事物之间的界限,从已知的事物中汲取经验,将其巧妙地应用到未知或新的问题中去。

类比思维的核心在于"相似性原则"。它要求我们在面对新问题时,不是孤立地看待这个问题,而是积极寻找与之相似或类比的情境、事物或经验。通过比较这些相似点,可以发现它们之间的共通之处,进而推断出新问题可能的解决方案或发展趋势。

例如,在科学研究中,科学家们常常利用类比思维来探索未知领域。他们通过比较已知的自然现象或实验结果,来推测未知现象的可能性质或规律。这种"由已知推未知"的方法,不仅加速了科学研究的进程,还推动了人类知识的不断进步。

类比思维的应用不仅限于科学研究,它还广泛存在于我们的日常生活中。当我们遇到一个新问题或新挑战时,不妨尝试寻找与之相似的情境或经验,从中汲取灵感和启示。这样,我们往往能够发现解决问题的新途径或新方法。

（二）逆向思维

逆向思维,顾名思义,是指从问题的反面或对立面进行思考,以寻找新的解决方案。这种思维方式要求打破常规的思维方式,勇于挑战传统的认知框架,从相反的角度去审视问题。通过这种方式,能够发现那些被忽视或未被充分利用的资源、机会或可能性,从而开辟出解决问题的新路径。

逆向思维的核心在于"反转原则"。它鼓励我们在面对问题时,不要仅仅局限于问题本身或传统的解决方案,而是要敢于"反其道而行之"。通过反转问题的视角或条件,可以揭示出隐藏在问题背后的新信息或新关系,进而找到更加独特、更加有效的解决方案。

逆向思维的应用范围非常广泛。在商业领域,许多企业都通过逆向思维来寻找市场机会或创新产品。例如,一些企业会故意打破行业规则或传统做法,以独特的视角来审视市场需求和消费者心理,从而开发出更加符合消费者需求的产品或服务。这种"反常规"的做法往往能够给企业带来巨大的商业成功。

除了商业领域外,逆向思维还广泛应用于科学、艺术、教育等多个领域。在科学研究中,逆向思维可以帮助科学家们发现新的科学现象或原理;在艺术创作中,逆向思维可以激发艺术家的创造力和想象力;在教育领域,逆向思维可以帮助学生更好地理解和掌握知识,培养他们的创新思维和解决问题的能力。

（三）联想思维

联想思维是通过将不同的事物或概念进行联想和组合，来产生新的想法和解决方案。这种思维方式如同点燃了一束创意的火花，能够激发我们的创造力和想象力，使我们能够创造出更加独特、更加有价值的成果。

联想思维以"关联性原则"为核心要义，强调突破问题的固有边界与单一认知框架。在解决问题时，该思维模式要求我们主动探寻与目标问题存在潜在关联、相似性或互补性的事物、概念及经验。通过对这些表面上互不相关元素的创造性联结与重组，挖掘隐藏在事物表象之下的深层联系与逻辑脉络，进而催生出具有创新性和突破性的解决方案。这种思维方式不仅拓展了认知维度，更打破了常规思维的路径依赖，为问题解决开辟出全新的可能性。

联想思维的应用非常灵活且广泛。在创意产业中，如广告、设计、文学等领域，联想思维是产生创意和灵感的重要来源。通过巧妙的联想和组合，创意人员可以创造出独特且引人注目的作品，从而吸引观众的注意力和兴趣。此外，在科学研究、技术创新等领域，联想思维也发挥着重要作用。科学家们常常通过联想思维来发现不同领域之间的潜在联系和规律，进而推动科学研究的进步和技术的发展。

除了专业领域外，联想思维还广泛应用于我们的日常生活中。当我们面临一个问题或挑战时，不妨尝试运用联想思维来寻找解决方案。通过将与问题相关的事物或概念进行联想和组合，我们可能会发现一些意想不到的关联和启示，从而帮助我们更好地解决问题或应对挑战。

联想思维的培养需要有丰富的知识储备和敏锐的洞察力。因此我们需要不断拓宽自己的视野和知识面，积极接触和了解不同领域的事物和概念。同时，我们还需要具备敏锐的洞察力，能够迅速捕捉到事物之间的关联和联系，并将其转化为有价值的创意和想法。

横向思维的类型多种多样，每种类型都有其独特的应用方式和特点。类比思维通过比较相似之处来发现潜在联系和规律；逆向思维通过反转视角来寻找新的解决方案；联想思维通过联想和组合来产生新的想法和解决方案。这些思维方式相互补充、相互促进，共同构成了横向思维的丰富内涵和广阔应用。

本节练习

一、单项选择题

1. 横向思维的核心在于（　　　）。

A. 遵循传统思路解决问题　　　　　　　B. 从正面直接突破问题

C. 改变常规思路，创新思考　　　　　　D. 局限于问题的直接结构

2. 下列体现横向思维开放性特征的是（　　　）。

A. 只接受符合自己观点的信息　　　　　B. 拒绝尝试新的思考方向

C. 勇于探索未知领域的信息　　　　　　D. 按照固定模式解决问题

3. 互联网与金融结合产生金融科技，这体现了横向思维的（　　　）。

A. 类比思维　　　　B. 跨界性　　　　C. 间接性　　　　D. 逆向思维

4. 从问题的反面进行思考以寻找解决方案，这属于（　　　）。

A. 类比思维　　　　B. 联想思维　　　　C. 逆向思维　　　　D. 发散思维

5. 联想思维的核心原则是(　　)。

A. 相似性原则　　　B. 反转原则　　　　C. 关联性原则　　　D. 开放性原则

二、简答题

1. 简述横向思维的概念,并举例说明其与传统思维的区别。

2. 阐述横向思维创新性特征的具体表现,并结合实际案例进行分析。

3. 解释横向思维中类比思维的运作方式,并举例说明类比思维在生活中的应用。

4. 以一个具体问题为例(如提高城市公共交通的利用率),说明如何运用逆向思维来寻找解决方案。

5. 简述联想思维在创意产业中的作用,并举例说明如何培养联想思维。

三、分析题

1. 结合学习拖延现象(如作业拖延、复习低效等),分析横向思维的类比、逆向与联想类型,如何为优化学习方法提供创新策略。

2. 以智能手机的发展为例,探讨横向思维的不同类型(类比思维、逆向思维、联想思维)是如何推动其创新发展的。

3. 结合当前社会热点问题(如环境保护、老龄化问题等),分析横向思维的跨界性特征,如何为解决这些问题提供新的思路和方法。

四、应用题

1. 假设你是一家传统书店的老板,面对线上阅读的冲击,运用横向思维,提出至少三个创新的经营策略,并详细说明每个策略所运用的横向思维类型及实施步骤。

2. 为解决城市停车难的问题,运用横向思维中的类比思维和联想思维,设计一个创新的解决方案,包括具体的方案内容、实施过程以及预期效果。

3. 一家饮料公司想要推出一款新口味饮料,运用横向思维中的逆向思维和联想思维,设计一份营销推广方案,包括目标受众定位、推广渠道选择和创意活动策划等方面。

第五节　纵向思维

一、纵向思维的概念

在人类探索知识、解决问题的漫长征程中,思维方式犹如指引方向的明灯,而纵向思维(vertical thinking)便是其中一盏璀璨的灯塔。纵向思维是一种沿着特定方向对问题进行多层次、递进式深入分析的思维方式。它宛如一位执着的探险家,不满足于问题的表面现象,而是不断向问题的深处挖掘,试图探寻到问题的本质内核。

纵向思维的哲学基础源于黑格尔辩证法的"否定之否定"规律。黑格尔认为,事物的发展是一个不断否定自身、螺旋上升的过程。在纵向思维中,这种规律体现为对问题的层层剖析。每一次对现有认知的否定，都是向更深层次理解的迈进。就像在挖掘一座宝藏，每挖去一层泥土，就离宝藏更进一步。纵向思维要求通过不断地质疑、追问，打破原有的认知局限，从而更全面、更深入地认识问题。

以丰田汽车公司为例，他们运用"5W分析法"追溯生产线故障的根本原因。在丰田的生产线上，当出现一个故障时，工作人员不会仅仅停留在表面的修复上，而是会连续追问"为什么"。比如，发现汽车某个零件装配不合格，他们会问："为什么这个零件装配不合格？"得到回答可能是"因为工人操作失误"。接着再问："为什么工人会操作失误？"也许是"因为培训不到位"。继续追问："为什么培训不到位？"可能是"因为培训计划不完善"。再问："为什么培训计划不完善？"可能是"因为缺乏对新设备操作的培训内容"。最后问："为什么缺乏对新设备操作的培训内容？"可能是"因为没有及时更新培训资料"。通过这样连续的追问，丰田汽车公司最终找到了生产线故障的根本原因，进而对质量管控体系进行革新，提高了产品质量和生产效率。这一案例充分展示了纵向思维在实际应用中的强大威力，它能够帮助企业从纷繁复杂的现象中找到问题的根源，从而采取有效的解决措施。

在当今竞争激烈的商业环境中，纵向思维对于企业的发展至关重要。企业面临着各种各样的问题，如市场份额下降、产品质量问题、成本过高，等等。如果仅仅从表面上解决这些问题，往往只能取得暂时的效果，问题还会反复出现。而运用纵向思维，深入分析问题的本质，企业就能够制定出更加有效的战略和解决方案，从而在市场中立于不败之地。

在科学研究领域，纵向思维也是推动科学进步的重要力量。科学家们在探索自然规律的过程中，往往需要对一个现象进行深入的研究和分析。例如，在研究天体物理学时，科学家们通过对天体的观测和数据分析，不断追问天体运动的原因和机制。从最初对天体表面现象的观察，到深入研究天体内部的物理过程，再到探索宇宙的起源和演化，每一步都离不开纵向思维。正是通过这种多层次、递进式的分析，科学家们才能够不断揭示自然界的奥秘，推动科学技术的发展。

在日常生活中，纵向思维也有着广泛的应用。当我们面临决策时，如选择职业、购买商品等，运用纵向思维可以帮助我们更全面地了解各种因素，做出更明智的选择。例如，在选择职业时，我们不能仅仅考虑工资待遇，还应该深入分析职业的发展前景、自身的兴趣和能力、行业的发展趋势等因素。通过层层追问，我们能够找到最适合自己的职业方向。

二、纵向思维的特征

（一）深度拓展性

深度拓展性是纵向思维的一个重要特征。它通过层级化追问建立逻辑链条，就像搭建一座高楼大厦，每一层都有其特定的作用，并且层层递进，最终形成一个完整的体系。以"城市交通拥堵"问题为例，这是一个困扰着许多城市居民的难题。从表面上看，城市交通拥堵就是车辆行驶缓慢、道路堵塞的现象。但运用纵向思维进行分析，我们可以将其分解为多个递进层级。

首先是道路规划层面。城市的道路布局是否合理，直接影响着交通的流畅性。如果道路狭窄、交叉口设计不合理、缺乏足够的停车场等，都会导致交通拥堵。例如，一些老城区的道路由于历史原因，宽度有限，无法满足日益增长的车辆通行需求。而且，道路的交叉口可能存在信号灯设置不合理、车道划分不科学等问题，导致车辆在交叉口处频繁停车和启动，浪费了大量的时间。

其次是车辆密度层面。随着经济的发展和人们生活水平的提高,城市中的车辆数量不断增加。如果车辆密度超过了道路的承载能力,就必然会导致交通拥堵。车辆密度不仅与车辆的保有量有关,还与车辆的使用频率、出行时间分布等因素有关。例如,在上下班高峰期,大量的车辆同时涌上道路,使得道路的交通压力急剧增大。

再次是信号系统层面。交通信号系统是控制交通流量的重要手段。如果信号系统的设置不合理,如信号灯的时长、相位设置不当等,就会导致车辆在路口等待时间过长,影响交通效率。例如,一些路口的信号灯时长设置没有根据实际的交通流量进行调整,导致在交通流量小的时段,车辆也需要较长时间等待信号灯,而在交通流量大的时段又无法及时放行车辆。

最后是驾驶行为层面。驾驶员的驾驶习惯和行为也会对交通拥堵产生影响。一些驾驶员存在违规驾驶、随意变道、加塞等行为,不仅会影响其他车辆的正常行驶,还容易引发交通事故,进一步加剧交通拥堵。例如,在高速公路上,一些驾驶员为了赶时间,频繁变道超车,导致后方车辆的行驶速度受到影响,甚至引发连环追尾事故。

通过对"城市交通拥堵"问题进行层级化追问,可建立起一个完整的逻辑链条,深入了解问题的各个方面,为解决交通拥堵问题提供更有针对性的方案。

在运用纵向思维进行深度拓展时,每个层级都需要形成闭合的因果链,避免逻辑断层。这就好比一条链条,如果其中有一个环节断裂,整个链条就会失去作用。在对"城市交通拥堵"问题的分析中,每个层级之间都应该存在明确的因果关系。例如,道路规划不合理会导致车辆行驶不畅,进而增加车辆密度;车辆密度过大又会对信号系统的运行产生影响;而驾驶行为不规范则会进一步加剧交通拥堵的程度。只有每个层级的因果关系都清晰明确,形成一个闭合的链条,我们才能准确地把握问题的本质,制定出有效的解决方案。

在实际应用中,验证因果链的闭合性需要我们进行深入的调查研究和数据分析。我们不能仅仅凭借主观臆断来判断因果关系,而应该通过收集大量的实际数据,运用科学的方法进行分析和验证。例如,在研究道路规划与交通拥堵的关系时,我们可以收集不同道路布局的城市的交通流量数据、车辆行驶速度数据等,通过对比分析,找出道路规划对交通拥堵的影响规律。同时,还可通过实地观察、问卷调查等方式,了解驾驶员的行为习惯和对交通状况的看法,进一步验证因果链的合理性。

（二）系统关联性

系统关联性是纵向思维的另一个重要特征。它要求我们识别表层现象与深层结构的关联性,就像透过水面看到水下的冰山一样,深入了解事物的本质。在现代社会,各种现象之间往往存在着复杂的联系,不能仅仅停留在表面现象的观察上,而应该深入挖掘其背后的深层结构。

以电商平台用户流失率上升为例,这是一个电商平台运营中常见的问题。从表面上看,用户流失率上升可能是由于竞争对手推出了更有吸引力的产品或服务,或者是用户对平台的某个功能不满意等原因。但运用纵向思维进行分析,能发现这一现象可能关联到供应链响应速度、算法推荐精准度等底层系统问题。

供应链响应速度是影响电商平台用户体验的重要因素之一。如果供应链响应速度慢,用户下单后长时间收不到商品,就会导致用户满意度下降,从而增加用户流失的风险。例如,一些电商平台在促销活动期间,由于供应链的准备不足,导致商品发货延迟、物流速度慢等问题,使得用户对平台的信任度降低。

算法推荐精准度也对用户的留存率有着重要的影响。电商平台通过算法推荐为用户提供个性化的商品推荐,如果算法推荐不准确,用户看到的商品并非自己感兴趣的,就会降低用户在平台上的浏览时间和购买意愿,进而导致用户流失。例如,一些电商平台的算法推荐过于注重商品的销量和价格,而忽略了用户的个性化需求,使得用户无法找到自己真正需要的商品。

识别表层现象与深层结构的关联性,能够从根本上解决问题。对于电商平台来说,要提高用户留存率,就需要优化供应链管理,提高供应链响应速度,同时改进算法推荐系统,提高算法推荐的精准度。

在企业管理中,系统关联性的思维路径也非常重要。企业是一个复杂的系统,各个部门之间、各个环节之间都存在着密切的联系。一个部门的问题可能会影响到整个企业的运营效率和效益。例如,生产部门的生产进度延迟可能会导致销售部门无法按时交付产品,从而影响企业的市场信誉和销售收入。因此,企业管理者需要运用纵向思维,识别各个部门之间的关联性,从系统的角度出发,制定出全面的解决方案。

(三)动态演化性

动态演化性是纵向思维的又一个重要特征。它要求我们分析事物随时间推移的演变规律,就像观察一颗种子从发芽、生长到开花结果的过程一样,了解事物的发展变化趋势。在当今快速发展的时代,各种事物都在不断地变化和发展,我们不能用静止的眼光看待问题,而应该运用纵向思维,分析事物的动态演化过程。

以技术迭代周期对产品生命曲线的影响预测为例。在科技领域,技术的发展日新月异,产品的更新换代速度也越来越快。不同的技术迭代周期会对产品的生命曲线产生不同的影响。一般来说,产品的生命曲线包括引入期、成长期、成熟期和衰退期四个阶段。

如果技术迭代周期较短,产品的更新换代速度就会加快。在这种情况下,产品的引入期和成长期可能会相对较短,而成熟期和衰退期则会来得更快。例如,智能手机市场就是一个典型的例子。随着技术的不断进步,智能手机的功能不断升级,新机型不断推出。一款智能手机从上市到被市场淘汰的时间越来越短。消费者对智能手机的需求也越来越倾向于最新的技术和功能。因此,手机厂商需要不断地进行技术创新和产品升级,以适应市场的变化。

如果技术迭代周期较长,产品的生命曲线则会相对平缓。产品的引入期和成长期可能会相对较长,而成熟期也会持续较长的时间。例如,一些传统的家电产品,如冰箱、洗衣机等,由于技术相对成熟,技术迭代周期较长,这些产品的生命曲线相对较为稳定。消费者对这些产品的需求主要集中在质量、性能和价格等方面,而对技术创新的要求相对较低。

通过分析技术迭代周期对产品生命曲线的影响,企业可以更好地制定产品战略。在技术迭代周期较短的市场中,企业需要加大研发投入,加快产品更新换代的速度,以保持市场竞争力。在技术迭代周期较长的市场中,企业则可以注重产品质量和品牌建设,提高产品的性价比,以满足消费者的需求。

在社会发展、经济运行等领域,动态演化性的思维方式也有着广泛的应用。例如,在分析经济形势时,需要考虑到宏观经济政策的变化、市场需求的波动、技术创新的影响等因素,以预测经济的发展趋势。在研究社会问题时,需要关注人口结构的变化、社会观念的更新、科技进步的推动等因素,以探索解决社会问题的有效途径。

三、纵向思维训练方法

（一）深度追问训练

深度追问训练是培养纵向思维基础能力的重要方法之一。它通过给定初始问题，要求连续提出多层追问，形成树状分析图，深入挖掘问题的本质。以"共享单车损坏率高"这一问题为例，对此进行深度追问训练。

首先，从材料强度层面追问。共享单车通常是露天停放和使用的，会受到各种自然环境和人为因素的影响。如果共享单车的材料强度不够，就容易在使用过程中出现损坏。例如，车架的钢材质量不好，容易生锈和断裂；车轮的轮毂材质不坚固，容易变形。接着，从运维响应机制层面追问。共享单车企业需要建立完善的运维体系，及时对损坏的共享单车进行维修和更换。如果运维响应机制不健全，损坏的共享单车不能及时得到修复，就会导致损坏率进一步上升。例如，企业的维修人员数量不足、维修设备落后、维修流程繁琐等，都会影响运维效率。

其次，从用户行为引导层面追问。用户的使用行为也会对共享单车的损坏率产生影响。一些用户存在不文明使用的行为，如乱停乱放、恶意破坏、超载骑行等。企业需要通过宣传教育、奖惩机制等方式引导用户文明使用共享单车。例如，企业可以通过 APP 推送文明使用提示、对文明使用的用户给予奖励、对恶意破坏的用户进行处罚等。

然后，从企业成本结构层面追问。共享单车企业的成本结构会影响到共享单车的质量和运维投入。如果企业为了降低成本，选择了质量较差的共享单车配件，或者减少了运维投入，就会导致共享单车的损坏率升高。例如，企业在采购共享单车配件时，为了追求低价，选择了一些小厂家生产的质量不稳定的共享单车配件；在运维方面，为了节省成本，减少了维修人员的数量和维修设备的投入。

最后，从行业监管体系层面追问。政府和相关部门需要建立健全共享单车行业的监管体系，规范企业的经营行为，保障用户的合法权益。如果行业监管体系不完善，企业可能会为了追求利润最大化而忽视共享单车的质量和运维，导致共享单车市场秩序混乱。部分城市引入共享单车初期，因未明确企业资质、车辆标准及投放上限，车辆质量参差不齐，甚至过度投放占用公共空间。企业倒闭时缺少退出机制和押金保障，遗留缺维护的"僵尸车"，推高损坏率。

通过连续的四层以上追问，我们可以形成一个树状分析图，清晰地展示出"共享单车损坏率高"这一问题的各个方面及其相互关系。在这个思维过程中，我们能够学会从不同的角度深入分析问题，提高纵向思维能力。

（二）因果链重构训练

因果链重构训练是培养纵向思维基础能力的重要方法之一，是指将一个现象重构为包含多个因素的因果网络，并标注强关联节点，厘清事物之间的因果关系。以"大学生就业难"现象为例，可以将其重构为包含教育供给、产业需求、技能匹配度、职业认知偏差的四级因果网络。

教育供给是影响大学生就业的重要因素之一。高校的专业设置、课程体系、教学质量等都会影响大学生的知识和技能水平。如果高校的专业设置与市场需求脱节，课程体系陈旧，教学方法落后，就会导致大学生所学的知识和技能无法满足企业的需求，从而增加就业难度。例如，一些高校的某些专业招生人数过多，而市场对这些专业的人才需求有限，就会导致毕业生供过于求。

产业需求也对大学生就业有着重要的影响。不同的产业对人才的需求不同,随着经济结构的调整和产业升级,企业对人才的要求也在不断提高。如果大学生所学的专业和技能与产业需求不匹配,就会面临就业困难。例如,随着互联网和人工智能技术的发展,市场对相关领域的人才需求旺盛,而一些传统专业的毕业生就容易面临就业压力大的问题。

技能匹配度是衡量大学生就业能力的重要指标。大学生不仅需要具备扎实的专业知识,还需要具备良好的实践技能和综合素质。如果大学生在学校里只注重理论学习,缺乏实践锻炼,就会导致技能匹配度不高,难以适应企业的工作要求。例如,一些企业在招聘时,更看重毕业生的实际动手操作能力和项目经验,而一些大学生在这方面存在明显不足。

职业认知偏差是影响大学生就业选择的关键因素。部分大学生因自我职业定位模糊、对就业市场动态缺乏系统性认知,陷入盲目追逐高薪岗位、热门行业的误区。这种认知偏差不仅导致他们在求职过程中错失与自身能力、职业发展相匹配的机会,更加剧了结构性就业矛盾。例如,部分毕业生过度聚焦一线城市与大型企业,对基层单位、中小企业的职业发展潜力与社会价值认识不足。党的二十大报告强调"实施就业优先战略,强化就业优先政策",鼓励青年深入基层、投身实体经济建设。大学生若能以更务实的态度规划职业发展,主动了解中小企业的创新活力与成长空间,将个人职业规划与国家产业发展需求相结合,既能拓宽自身就业渠道,也能为社会经济高质量发展贡献力量。

在重构这个四级因果网络时,需要分析每个因素之间的因果关系,并标注强关联节点。例如,教育供给与技能匹配度之间存在较强的关联,因为高校的教育质量直接影响大学生的技能水平;产业需求与技能匹配度之间也存在较强的关联,因为企业的需求决定了大学生需要具备的技能。通过这样的因果链重构训练,可以更加清晰地认识到"大学生就业难"现象的本质原因,提高纵向思维能力。

本节练习

一、单项选择题

1. 纵向思维的哲学基础源于(　　)。

A. 黑格尔辩证法的"否定之否定"规律　　　B. 马克思主义唯物辩证法

C. 亚里士多德的逻辑思维　　　D. 康德的先验哲学

2. 以下体现纵向思维深度拓展性的是(　　)。

A. 从多个角度看待问题　　　B. 对问题进行多层次、递进式分析

C. 寻求问题的多种解决方案　　　D. 关注问题的表面现象

3. 在分析城市交通拥堵问题时,考虑驾驶员驾驶行为对交通的影响,这属于纵向思维中的(　　)。

A. 深度拓展性分析　　　B. 系统关联性分析

C. 动态演化性分析　　　D. 横向思维分析

4. 以电商平台用户流失率上升为例,分析供应链响应速度对其的影响,这体现了纵向思维的(　　)。

A. 深度拓展性　　　B. 系统关联性　　　C. 动态演化性　　　D. 创新性

5. 因果链重构训练要求人们(　　　)。

A. 找出问题的单一原因

B. 将现象重构为包含多个因素的因果网络

C. 忽略因素之间的关联

D. 只关注强关联节点

二、简答题

1. 简述纵向思维的定义,并举例说明纵向思维在日常生活中的应用。

2. 结合具体案例,阐述纵向思维深度拓展性的特征以及如何避免逻辑断层。

3. 以某一社会现象(如青少年近视率上升)为例,分析纵向思维系统关联性的体现及其作用。

4. 解释纵向思维动态演化性的含义,并说明纵向思维动态演化性在技术创新领域的应用。

5. 简述深度追问训练的步骤,并以"某品牌手机销量下降"为例进行说明。

三、分析题

1. 分析在企业产品研发过程中,纵向思维的三个核心特征(深度拓展性、系统关联性、动态演化性)是如何发挥作用的,结合具体产品案例进行阐述。

2. 从纵向思维的角度,分析互联网行业的发展历程,阐述技术迭代周期对行业内企业发展的影响,以及企业应如何运用纵向思维应对这些影响。

四、应用题

1. 假设你是一家餐厅的经理,发现餐厅近期顾客流量减少。运用纵向思维的深度追问训练方法,分析可能的原因,并制定相应的改进措施,至少进行五层追问。

2. 针对当前环境污染问题,运用纵向思维的因果链重构训练,构建一个包含至少四个因素的因果网络,并标注强关联节点,同时提出相应的解决建议。

3. 一家传统制造业企业面临市场份额下降的问题,运用纵向思维的系统关联性和动态演化性,为企业制定一份发展战略规划,包括对现状的分析、未来趋势的预测以及具体的战略措施。

第六节　第一性思考

一、第一性思考的概念

第一性思考的哲学渊源可追溯至古希腊哲学家亚里士多德的"本源论"。在古希腊思辨精神勃兴的时代背景下,亚里士多德提出万物皆有其"第一原理",即事物存在、运动与变化的根本原因和本质属性。他强调,唯有探寻到这一终极本源,方能实现对事物的本质性理解,这恰似树木生长依赖于根系汲取养分,认知的深化亦需扎根于对本源的探究。例如,在其《物理学》中，亚里士多德通过分析物体运动的"四因说"（质料因、形式因、动力因、目的因），摒弃对自然现象的表面观察，转而深入追问事物运动的内在逻辑与根本动力，为后世科学与哲学研究奠定了追本溯源的思维范式。

另一位对第一性思考产生重要影响的是法国哲学家笛卡尔的"怀疑主义"。笛卡尔生活在一个思想变革的时期，当时的人们对于传统的权威和知识深信不疑。然而，笛卡尔却敢于质疑一切，他认为只有通过彻底的怀疑，才能找到那些不可怀疑的、确定的真理。他的名言"我思故我在"就是这种怀疑精神的体现，通过对自己思考这一行为的确认，找到了知识的基石。

第一性思考正是继承了这种从根本出发、追求本质的精神。它是一种通过剥离表象与经验假设，回归事物本质规律，并基于不可再分的底层逻辑重构解决方案的思维方式。与传统的基于经验归纳的思维方式不同，第一性思考强调从公理性前提进行逻辑推演。经验归纳往往是基于过去的经验和观察，总结出一些规律和方法，但这些规律可能存在局限性，因为它们只适用于特定的情境和条件。而第一性思考则是深入事物的本质，找到那些不受时间和空间限制的基本原理，从而构建出更加可靠和具有创新性的解决方案。

例如，在科学研究中，许多伟大的发现都是基于第一性思考。牛顿发现万有引力定律，并不是简单地根据苹果落地的现象进行经验总结，而是深入思考物体之间相互作用的本质，从基本的物理原理出发，通过严谨的逻辑推演得出了这一伟大的定律。

小故事

SpaceX 的可回收火箭革命

2002 年，科技狂人马斯克怀揣着一个宏伟的愿景——火星移民。火星，这颗神秘而遥远的星球，一直以来都是人类探索宇宙的梦想之地。然而，要实现火星移民，面临着诸多巨大的挑战，其中火箭制造成本高昂是一个关键问题。

在当时的航天领域，传统火箭制造成本高达 6 500 万美元，而且火箭大多遵循"一次性使用"的行业惯例。这种惯例是在长期的发展过程中逐渐形成，被认为是一种既定的模式，很少有人去质疑。但马斯克并没有被这种传统思维所束缚，他以第一性思考的方式，对火箭进行了深入的剖析。

他将火箭拆解为三个基础维度：燃料（占比 2%）、原材料（占比 10%）和系统整合（占比 88%）。这种拆解方式打破了以往对火箭的整体认知，深入火箭制造的各个环节。然后，他从物理学定律出发，尤其是齐奥尔科夫斯基方程。齐奥尔科夫斯基方程是航天领域的一个基本原理，它描述了火箭在飞行过程中的速度变化与燃料质量、火箭结构等因素之间的关系。

基于这个方程，马斯克的团队对火箭的设计进行了重构。他们不再局限于传统的设计思路，而是大胆创新。例如，在火箭的回收技术上进行了大量的研究和试验。传统的火箭在完成任务后就会坠毁在大气层中，成为太空垃圾，而马斯克的团队通过精确的计算和先进的控制技术，让火箭能够在完成任务后安全地返回地面，实现重复使用。

经过不懈的努力，SpaceX 最终取得了巨大的成功，将火箭发射成本降低了 90%。这一成就不仅为火星移民计划奠定了坚实的基础，也对整个航天行业产生了深远的影响。它打破了传统的行业格局，让更多的人看到了航天领域创新的可能性，推动了整个行业向更加高效、低成本的方向发展。

二、第一性思考的特征

(一)本质性

在我们的日常生活和工作中,很多问题往往被复杂的表象所掩盖,我们常常只看到问题的表面现象,而忽略了其背后的本质规律。第一性思考的本质性特征就在于能够穿透这些表象,直达问题的核心。其方法论之一是"五层追问法"。这种方法通过连续不断地追问,逐步剥离问题的表象,找到其本质原因。例如,当我们遇到"电池成本高"这个问题时,大多数人可能会认为是供应链的问题,比如原材料的采购渠道、运输成本等。但通过"五层追问法",我们可以深入挖掘。

第一层追问:为什么电池成本高?回答可能是原材料价格高。第二层追问:为什么原材料价格高?可能是因为市场供需关系不平衡。第三层追问:为什么会出现市场供需关系不平衡?可能是因为技术限制导致产量无法满足需求。第四层追问:为什么技术会有限制?可能是研发投入不足或者技术难题尚未攻克。第五层追问:如何解决研发投入和技术难题?通过这样层层深入的追问,我们会发现,电池成本高的本质原因可能是原材料价格而非供应链限制。

特斯拉开发更加高效的电池生产工艺就是运用这种方法的典型案例。特斯拉在电动汽车领域的发展过程中,面临着电池成本高的问题。他们没有满足于表面的分析,而是将电池成本拆解为钴、镍等金属市场价格。从材料化学的本质出发,他们对电池的生产工艺进行了重构。通过深入研究金属材料的物理和化学性质,开发出了更加高效的电池生产工艺,最终将电池成本降低了 56%。这一成就不仅提高了特斯拉电动汽车的市场竞争力,也推动了整个电动汽车行业的发展。

> **课堂实战**
>
> 选择一款日常产品,如电热水壶。可以通过五层追问法来分析其功能实现的底层物理原理。

(二)系统性

第一性思考的系统性特征强调将复杂系统进行解耦和重构,形成一个逻辑闭环。在面对复杂的问题时,我们往往会感到无从下手,因为这些问题包含了众多相互关联的因素。而解耦与重构的方法可以帮助我们将复杂系统分解为一个个独立的部分,然后再进行重新组合和优化。

其方法论运用了 MECE(mutually exclusive, collectively exhaustive,相互独立、完全穷尽)原则。MECE 原则要求我们在分解复杂系统时,确保各个部分之间相互独立,没有重叠,同时又要完全穷尽,涵盖系统的所有方面。例如,将生物体解耦为细胞、能量代谢、遗传信息三个方面。细胞是生物体的基本结构和功能单位,能量代谢是生物体维持生命活动的基础,遗传信息则决定了生物体的遗传特征和发育过程。这三个方面相互独立,但又共同构成了生物体这个复杂系统。

门捷列夫通过元素原子量排序揭示元素周期律就是一个经典的案例。在门捷列夫之前,人们对元素的认识是零散的,没有一个系统的理论来描述元素之间的关系。门捷列夫运用系统性思维,将元素按照原子量进行排序。他发现,随着原子量的增加,元素的性质呈现出周期性的变化。通过这种方式,他建立了元素性质的系统性关联,绘制出了元素周期表。元素周期表的出现,不仅为化学研究提供了一个统一的框架,也为新元素的发现和研究提供了重要的指导。

> **课堂实战**
>
> 以"大学教育体系"为对象,运用第一性思考的系统性特征对其进行解耦。

(三)批判性

在我们的认知中,存在着许多隐性假设和经验教条,这些往往会限制我们的思维和创新能力。第一性思考的批判性特征要求我们敢于挑战这些传统认知,打破思维的枷锁。

"假设重置"作为一种重要的创新方法论,核心在于对传统认知体系中的隐含假设进行系统性质疑与重构,从而解锁新的认知维度和实践可能性。以"水的沸点为100℃"这一常识为例,该认知实则基于"标准大气压(101.325 kPa)"这一特定条件的隐含假设。当突破这一默认前提,将气压变量纳入考量时,便会发现:在海拔较高的高原地区,由于大气压强显著低于标准值(如海拔3 000米处气压约为70 kPa),水的沸腾温度可降至88℃左右。这一发现对烹饪工艺优化(如高压锅的发明)、工业蒸馏流程设计等领域产生了深远影响,印证了通过假设重置突破思维定势、推动技术革新的重要价值。

历史上,许多伟大的科学发现都是基于对传统认知的挑战。哥白尼日心说打破了"地球中心论"。在哥白尼之前,"地球中心论"是被广泛接受的宇宙观,人们认为地球是宇宙的中心,其他天体都围绕地球旋转。但哥白尼通过长期的观测和研究,对这一传统观念提出了质疑。他认为太阳才是宇宙的中心,地球和其他行星围绕太阳旋转。这一理论的提出,引发了天文学的一场革命,改变了人们对宇宙的认识。

量子力学的发展也颠覆了经典物理的确定性思维。在经典物理中,物体的运动状态和位置是可以精确预测的。但量子力学发现,在微观世界中,粒子的状态是不确定的,存在着概率性。这一发现挑战了人们对物理世界的传统认知,为现代物理学的发展开辟了新的道路。

> **课堂实战**
>
> 批判性辩论训练示例:分组辩论"实体店必须有人值守"的隐含假设。

三、第一性思考的类型

(一)目标导向法

目标导向法是第一性思考的一种重要类型,它通过设定终极目标,然后从物理极限出发倒推实现目标的路径。在面对复杂的问题和宏大的目标时,这种方法可以帮助我们理清思路,找到关键的突破点。

其方法论是设定终极目标,然后将其拆解为最小可行性单元。例如,火星移民是一个极具挑战性的终极目标。要实现这个目标,需要解决众多复杂的问题。我们可以将其拆解为火箭可回收、生命维持系统、能源供给等最小可行性单元。火箭可回收是降低火星移民成本的关键,只有实现火箭的重复使用,才能使大规模的太空运输变得经济可行。生命维持系统则是保障宇航员在火星上生存的必要条件,它需要提供氧气、水、食物等基本生存资源。能源供给是维持整个火星基地运行的动力来源,需要开发高效、可持续的能源系统。

中国航天通过"物理极限倒推＋最小单元拆解",将载人登月目标转化为可量化的技术路径:从化学火箭推力上限到月壤物理特性,从封闭生态循环效率到量子通信距离衰减,每个环节均以第一性原理为起点,避免经验主义陷阱。这种思维模式使中国在2013年嫦娥三号软着陆(当时美俄40年未进行月面软着陆)、2020年嫦娥五号采样返回(全球首个无人月面采样返回任务)等工程中实现跨越式突破,印证了第一性思考在航天领域的实践价值。

课堂实战

为"偏远山区医疗覆盖"设计目标导向方案。

(二)要素解耦法

要素解耦法是将复杂系统抽象为数学模型,通过对独立变量的分析和重组,找到解决问题的新方法。在科学研究和工程实践中,许多复杂系统都可以用数学模型来描述,通过对模型中独立变量的研究,可以揭示系统的内在规律。

其方法论是将复杂系统抽象为数学模型,如麦克斯韦方程组统一电磁现象。在19世纪,人们对电和磁的认识是分开的,认为它们是两种不同的物理现象。但麦克斯韦通过深入研究,将电和磁的现象统一起来,建立了麦克斯韦方程组。这个方程组用数学语言描述了电场和磁场的相互关系以及它们与电荷、电流之间的关系。通过对麦克斯韦方程组的研究,人们不仅深入理解了电磁现象的本质,还为现代通信技术、电力工程等领域的发展奠定了基础。

美国数学家、信息论创始人克劳德·香农将通信系统解耦为信源、信道、编码三要素,奠定了现代通信理论基础。在香农之前,人们对通信系统的认识比较模糊,缺乏系统的理论指导。香农通过对通信过程的深入分析,将通信系统抽象为信源、信道、编码三个要素。信源是信息的产生者,信道是信息传输的通道,编码是将信息转换为适合在信道中传输的形式。通过对这三个要素的研究和优化,可以提高通信系统的效率和可靠性。

课堂实战

1. 本质追问

(1)为什么手机电池续航难以突破一天?(追问至锂电池能量密度极限与电子元件功耗)

（2）如何将城市交通拥堵降低80%？（解耦为道路容量、车辆密度、信号系统三要素）

2. 要素重构

（1）给定碳纤维、太阳能电池、AI芯片，设计可持续能源系统。（提示：从能量转化效率与存储本质出发）

（2）将学校解耦为知识传递、社交培养、人格塑造系统，提出革新方案。

3. 批判实践

列举三个你认为"理所当然"的日常现象（如"水的沸点为100℃"），尝试用第一性思考挑战其隐含假设。

本节练习

一、单项选择题

1. 第一性思考的哲学根源不包括（　　）。

A. 亚里士多德的"本源论"　　　　　B. 笛卡尔的"怀疑主义"

C. 柏拉图的"理念论"　　　　　　　D. 上述选项都包括

2. 运用"五层追问法"分析问题是为了（　　）。

A. 寻找表面原因　　　　　　　　　B. 穿透表象直达规律

C. 增加问题的复杂性　　　　　　　D. 遵循传统经验

3. 第一性思考系统性特征中，解耦与重构运用的原则是（　　）。

A. 二八原则　　　　B. MECE原则　　　　C. 墨菲定律　　　　D. 帕金森定律

4. 目标导向法的方法论是（　　）。

A. 设定终极目标并拆解为最小可行性单元

B. 从经验出发设定目标

C. 忽略目标的可行性

D. 只关注目标不考虑过程

5. 香农信息论将通信系统解耦为（　　）。

A. 信源、信道、编码　　　　　　　B. 发送端、传输介质、接收端

C. 信息、信号、噪声　　　　　　　D. 硬件、软件、用户

二、简答题

1. 简述第一性思考的定义，并说明它与传统经验归纳思维的区别。

2. 以"某品牌运动鞋销量下滑"为例，运用"五层追问法"分析可能的本质原因。

3. 解释第一性思考系统性特征中解耦与重构的逻辑闭环，并结合一个具体案例（如电商平台的运营系统）进行说明。

4. 举例说明第一性思考批判性特征中"假设重置"的应用，并阐述其对创新的意义。

5. 简述目标导向法在解决实际问题中的作用，以"实现城市垃圾分类高效处理"为例进行阐述。

三、分析题

1. 分析在人工智能发展过程中，第一性思考的三个特征（本质性、系统性、批判性）是如何发挥作用的，结合具体的技术突破或应用案例进行深入探讨。

2. 从第一性思考的角度，分析传统制造业在面临数字化转型时，应如何运用目标导向法制定转型策略，包括设定终极目标、拆解最小可行性单元以及规划实现路径等方面。

四、应用题

1. 假设你要设计一款新型智能家居产品（如智能厨房助手），运用第一性思考的方法，从本质性、系统性和批判性三个方面阐述你的设计思路，包括对产品功能的定位、系统的构建以及对传统家居产品观念的突破等内容。

2. 针对城市停车难问题，运用第一性思考的目标导向法和要素解耦法，制定一套详细的解决方案。要求明确终极目标、拆解最小可行性单元，对停车系统进行要素解耦与重组，并说明实施步骤和预期效果。

3. 一家传统服装企业想要拓展线上业务，运用第一性思考的相关方法，为其制定一份线上业务拓展战略规划。包括分析线上业务的本质需求，运用系统图绘制方法分析相关要素及关系，提出批判性的创新思路以及基于目标导向法的具体实施步骤等内容。

第七节　升维思考

一、升维思考的概念

升维思考定义

在当今这个信息爆炸且复杂多变的时代，传统的思维方式往往难以应对各种复杂问题。升维思考应运而生，它为我们提供了一种全新的视角和方法。升维思考，简单来说，是指通过突破原有认知维度限制，将问题置于更高维度或更复杂系统中进行重构的思维方式。这种思维方式的出现，源于人们对解决复杂问题的迫切需求。在过去，我们习惯了用线性逻辑去分析和解决问题，局限于局部优化，然而这种方式在面对复杂的系统和问题时，往往显得力不从心。

升维思考的核心在于摆脱线性逻辑与局部优化的局限，通过建立跨层次、跨领域的关联网络实现认知跃迁。它就像是一把神奇的钥匙，能够打开我们思维的枷锁，让我们看到更广阔的世界。在传统的思维模式中，我们往往只关注问题的表面现象，或者仅仅从单一的角度去分析问题，而升维思考则要求我们打破这种局限，从多个层面、多个领域去综合考虑问题。

在科学研究领域，很多重大的发现和突破都离不开升维思考。下面我们通过一个具体的案例故事来深入了解升维思考的魅力——比亚迪新能源汽车的崛起。

当市场陷入"燃油车与电动车性能竞争"的维度时，比亚迪通过升维思考跳出技术参数之争。从产品到生态：将竞争维度从"汽车制造"升至"能源生态"，布局光伏储能（比亚迪太阳能）、轨道交通（云轨）与电池回收体系，构建闭环能源网络；从硬件到标准：主导制定电动汽车安全标准（如刀片电池针刺测试），将竞争维度升至行业规则制定层面；从本土到全球：将市场维度从"国内价格战"升至"全球碳中和需求"，借势欧洲禁售燃油车政策抢占海外高端市场(如挪威市占率超 10%)。2023 年比亚迪新能源汽车全球销量反超特斯拉,验证升维重构竞争逻辑的有效性。

二、升维思考的特征

(一) 系统性突破

在科学研究和认知发展的过程中,系统性突破是升维思考的一个重要特征。它强调从孤立现象到整体规律的逻辑闭环,让我们能够更全面、更深入地理解事物。这种系统性突破的思维方式,源于人们对世界本质的追求和对复杂问题解决的需要。

以达尔文提出进化论为例。在达尔文所处的时代,人们对物种的认识往往是孤立的、片面的。当时的研究主要集中在对单个物种的观察和描述上,缺乏对物种之间关系以及物种演变规律的深入探究。然而,达尔文并没有满足于这种局部的认知,他进行了长达五年的环球航行考察。在这期间,他收集了大量关于地质变迁、物种分布、化石记录等多维度的数据。

达尔文发现,不同地区的物种存在着明显的差异,而且这些差异与当地的地质环境和生态条件密切相关。同时,化石记录也显示出物种在不同地质年代的演变过程。通过对这些多维度数据的整合和分析,达尔文逐渐构建起了一个关于物种进化的整体逻辑框架。他认识到,物种并不是一成不变的,而是在自然选择的作用下不断进化和演变的。

达尔文的进化论不仅仅是对生物学领域的一次重大突破,更是一次系统性的认知跃迁。它将原本孤立的地质、生物等学科知识有机地结合在一起,形成了一个完整的理论体系。这种从孤立现象到整体规律的逻辑闭环,让我们对生命的起源和发展有了更深刻的理解。它也启示我们,在面对复杂问题时,不能仅仅局限于表面现象和局部信息,而要从多个维度去收集数据、分析问题,从而构建起一个全面、系统的认知体系。

(二) 跨维度整合

跨维度整合是升维思考的另一个重要特征,它通过嫁接不同领域的知识建立新范式,为解决问题提供了新的思路和方法。在当今这个知识爆炸的时代,各个学科之间的界限越来越模糊,跨学科研究成为一种趋势。跨维度整合正是这种趋势的体现,它能够将不同领域的优势和特色结合起来,创造出全新的价值。

香农将布尔代数引入通信工程,创立信息论,就是一个典型的跨维度整合案例。在香农之前,通信工程主要关注信号的传输和处理,但缺乏一种有效的理论来描述和度量信息。而布尔代数是一种用于逻辑运算的数学工具,主要应用于计算机科学和逻辑学领域。香农敏锐地意识到,布尔代数的逻辑运算规则可以与通信信号的传输和处理相结合。他将布尔代数中的二进制逻辑与通信信号的两种状态(如高电平与低电平)进行类比,从而建立起了信息的量化模型。通过这种跨维度的整合,香农创立了信息论,为通信工程的发展奠定了坚实的理论基础。信息论不仅改变了通信工程的研究方向,还对计算机科学、密码学、统计学等多个领域产生了深远的影响。

香农的这一创新,让我们看到了跨维度整合的巨大潜力。它告诉我们,不同领域的知识并不是孤立存在的,而是可以相互借鉴、相互融合的。在解决问题时,我们应该打破学科之间的壁垒,积极寻找不同领域知识的结合点,从而建立起新的范式和方法。

（三）范式重构性

范式重构性是升维思考的又一重要特征，它要求我们突破行业惯例与经验教条，以全新的视角和方式去看待问题和解决问题。在传统的行业发展过程中，往往会形成一些固定的模式和惯例，这些模式和惯例在一定时期内可能是有效的，但随着时代的发展和环境的变化，它们可能会成为阻碍行业进步的枷锁。

美国奈飞公司（Netflix）（以下简称"奈飞"）从 DVD 邮寄租赁转向流媒体服务的商业模式变革，堪称范式重构的经典案例。在创立初期，奈飞依托传统物流体系，通过邮寄 DVD 光盘为用户提供影视租赁服务，这种基于物理介质交付的商业模式在 20 世纪末的音像市场占据主流地位。然而，随着互联网带宽技术的迭代升级与数字内容消费需求的爆发式增长，奈飞敏锐洞察到传统模式在时效性、便捷性及内容供给上的局限性——用户需等待邮寄、光盘存在损耗风险，且库存物理空间限制了内容丰富度。

为此，奈飞于 2007 年启动战略转型，全面布局流媒体业务。通过搭建数字化内容分发平台，将影视资源转化为可实时传输的数据信号，用户只需借助智能终端连接网络，即可实现影视内容的"即点即看"。这一转变不仅涉及云计算、CDN（内容分发网络）等技术革新，更从根本上重构了娱乐产业的价值链条：打破了物理介质对内容传播的时空限制，催生了"订阅制＋个性化推荐"的新型盈利模式，同时推动行业从"库存管理"思维转向"数据驱动"思维。这场范式重构不仅重塑了奈飞的企业命运，更引领全球娱乐产业迈入数字化消费的新纪元。

奈飞的成功转型，让我们看到了范式重构的重要性。它告诉我们，在面对行业变革和发展时，我们不能被传统的模式和经验所束缚，而要敢于突破常规，勇于尝试新的商业模式和方法。只有不断地进行范式重构，才能在激烈的市场竞争中立于不败之地。

三、升维思考的类型

（一）系统层级跃迁

系统层级跃迁是升维思考的一种重要类型，它通过提升系统层级实现问题转化，让我们能够从更高的层面去解决问题。在实际生活和工作中，我们常常会遇到一些复杂的问题，这些问题如果仅仅从局部或低层级去解决，往往效果不佳。而通过系统层级跃迁，我们可以将问题置于一个更大的系统中，从整体的角度去分析和解决问题。

以城市交通优化为例。在传统的城市交通规划中，当遇到交通拥堵问题时，人们往往首先想到的是增加车道。这是一种基于物理层的解决方案，通过增加道路的承载能力来缓解交通压力。然而，这种方法存在一定的局限性。一方面，城市的土地资源是有限的，不可能无限制地增加车道；另一方面，仅仅增加车道并不能从根本上解决交通流量的分配和管理问题。于是，一些城市开始尝试从系统层的角度去优化交通。例如引入智能调度系统和共享出行模式。智能调度系统可以通过实时监测交通流量，对信号灯进行智能控制，优化车辆的行驶路线，从而提高道路的使用效率。共享出行模式鼓励人们采用拼车、共享单车等方式出行，减少私家车的使用数量，降低交通拥堵。通过将交通问题从"增加车道"（物理层）跃迁至"智能调度＋共享出行"（系统层），城市交通得到了更有效的优化。

为了更好地理解和应用系统层级跃迁的思维方式，我们可以通过一个实训题目来进行练习。假设图书馆借阅率下降,按照传统的思维方式,我们可能会想到增加藏书量,认为这样可以提供更多的选择,吸引读者借阅。然而,从系统层级跃迁的角度来看,我们可以将问题升级至"知识服务生态系统"维度来设计解决方案。图书馆可以不仅仅是一个藏书的地方,还可以成为一个知识交流和共享的平台。例如,图书馆可以举办各种讲座、研讨会等活动,邀请专家学者和读者进行交流和分享;可以建立线上知识服务平台,提供电子书籍、在线课程等资源,方便读者随时随地获取知识;还可以与学校、企业等机构合作,开展知识服务项目,满足不同人群的需求。通过构建一个知识服务生态系统,图书馆可以提升自身的服务质量和影响力,从而提高借阅率。

(二)范式转换创新

范式转换创新是升维思考的另一种重要类型,它打破学科边界建立新方法论,为我们解决问题提供了全新的视角和方法。在科学技术不断发展的今天,各个学科之间的交叉融合越来越频繁,范式转换创新也越来越受到人们的关注。

以生物学与计算机交叉的 DNA 存储技术为例。在传统认知里,生物学侧重于探索生命的结构组成、生理功能以及物种的进化演变等方面,而计算机科学主要聚焦于信息的高效处理、传输以及存储等环节。然而,随着科技的进步,学科交叉融合趋势日益显著,科学家们发现可以将生物学中的 DNA 与计算机科学中的二进制数据体系有机结合。DNA 是生物体中携带遗传信息的分子,它由四种碱基对构成,分别是腺嘌呤(A)、胸腺嘧啶(T)、鸟嘌呤(G)、胞嘧啶(C)。科学家们通过将碱基对映射为二进制数据(如 A 和 T 表示 0,G 和 C 表示 1),实现了将数字信息存储在 DNA 分子中的目标。这种 DNA 存储技术具有存储密度高、保存时间长等优点,为数据存储领域带来了新的突破。

(三)跨域嫁接重组

1. 跨域嫁接重组的概念

跨域嫁接重组是升维思考的又一种类型,它通过异质元素组合创造新价值。在不同的领域中,往往存在着各种独特的技术、方法和资源。通过将这些异质元素进行组合和嫁接,我们可以创造出全新的产品、服务或商业模式。

以航天材料民用化为例。科学家在航天领域进行了大量的研究和开发,积累了许多先进的技术和材料。其中,航天服相变材料技术就是一项非常有价值的成果。相变材料可以在温度变化时吸收或释放热量,从而起到调节温度的作用,帮助宇航员保持舒适的体温。后来,人们将这项航天材料技术进行了跨域嫁接重组,应用到了滑雪服温控系统中。通过在滑雪服中加入相变材料,可以根据环境温度的变化自动调节服装的温度,为滑雪爱好者提供更舒适的体验。这种跨域嫁接重组不仅将航天领域的先进技术应用到了民用领域,创造了新的市场需求,还为两个领域的发展带来了新的机遇。

课堂实战

以"智能手表"和"空气净化器"为原型,尝试跨域嫁接重组,提出 3 个创新产品构想。

2. 跨学科矩阵(嫁接训练)

跨学科嫁接是跨域嫁接重组在学科领域的具体表现。而跨学科矩阵是一种用于跨学科嫁接训练的有效工具,它通过构建学科-问题矩阵,强制建立非逻辑关联,打破学科之间的壁垒,培养跨学科思维能力。在传统的学习和研究中,往往按照学科的划分进行学习和思考,不同学科之间的交流和融合较少。而跨学科矩阵可以为我们提供一个平台,让我们将不同学科的知识和方法应用到同一个问题中,创造出全新的解决方案。

例如,针对"垃圾分类"这一社会议题,构建一个学科-问题矩阵,如表 2-1 所示。

表 2-1 跨学科-问题矩阵

学 科	研究视角与解决方案
生物学	微生物分解机制研究
经济学	碳交易定价机制应用
美 学	色彩识别系统设计

在该矩阵中,针对"垃圾分类"议题,可从多学科视角展开协同研究。

生物学领域可通过探究微生物代谢特性,解析不同菌种对有机垃圾(厨余、植物残体等)和有害垃圾(电池、化学品容器)的降解机制。例如,芽孢杆菌属可高效分解厨余垃圾中的碳水化合物,而特定真菌菌株能处理含重金属的废弃物,基于此类研究可优化垃圾分类后的生物处理工艺。

经济学层面可引入碳交易市场机制,将垃圾分类全流程(收集、运输、处理)产生的碳排放纳入量化核算体系。通过建立企业与个人的碳积分账户,对分类达标者给予碳积分奖励,允许其在碳交易平台进行积分交易,形成"减碳获利"的市场激励机制,从而驱动全社会参与垃圾分类的积极性。

美学维度则可通过视觉传达设计提升分类效率,运用色彩心理学原理,为不同类型垃圾桶赋予特定颜色编码:如绿色代表厨余垃圾、蓝色代表可回收物、红色代表有害垃圾。同时,在垃圾投放点设置标准化色彩识别标识系统,通过色彩对比与图形符号的结合,降低公众认知门槛。这种兼具功能性与艺术性的设计,既能规范垃圾分类行为,又能美化城市公共空间,实现实用价值与美学价值的统一。

本节练习

一、单项选择题

1. 升维思考的核心是( )。

A. 遵循线性逻辑分析问题

B. 突破原有认知维度限制,建立跨层次、跨领域关联

C. 进行局部优化

D. 依赖传统经验解决问题

2. 达尔文提出进化论体现了升维思考的（   ）特征。

A. 系统性突破　　　　B. 跨维度整合　　　　C. 范式重构性　　　　D. 以上都不是

3. 香农将布尔代数引入通信工程创立信息论，这属于（   ）。

A. 系统层级跃迁　　　　　　　　B. 范式转换创新

C. 跨域嫁接重组　　　　　　　　D. 五维追问法的应用

4. 从 DVD 租赁转向流媒体的商业模式重构，体现了升维思考的（   ）。

A. 系统性突破　　　　　　　　　B. 跨维度整合

C. 范式重构性　　　　　　　　　D. 跨域嫁接重组

5. 五维追问法的目的是（   ）。

A. 增加问题的复杂性　　　　　　B. 深入挖掘问题的本质

C. 建立非逻辑关联　　　　　　　D. 打破学科壁垒

二、简答题

1. 简述升维思考的定义，并结合一个具体案例说明其在解决问题中的作用。

2. 解释跨维度整合的含义，并举例说明在科技创新领域的应用。

3. 简述范式重构性的概念，以及奈飞的案例对其他行业的启示。

4. 结合实际生活中的一个问题（如城市噪声污染），说明如何运用五维追问法分析问题根源。

三、分析题

1. 分析在新能源汽车发展过程中，升维思考的不同类型（系统层级跃迁、范式转换创新、跨域嫁接重组）是如何发挥作用的，结合具体技术或商业模式进行阐述。

2. 从升维思考的角度，探讨人工智能与医疗行业结合所带来的变革，分析其中体现的升维思考特征和类型，并预测未来的发展趋势。

3. 以传统零售行业面临电商冲击为例，运用升维思考的相关知识，分析传统零售企业可以采取哪些创新策略来实现转型发展，说明这些策略所运用的升维思考原理。

四、应用题

1. 假设你要设计一个新型的城市公园，运用升维思考的方法，从系统层级跃迁、范式转换创新和跨域嫁接重组三个方面阐述你的设计思路，包括具体的设计方案和预期效果。

2. 给定"大数据＋旅游业"要素，设计一个旅游服务创新项目的框架，运用升维思考的理念，包括项目的目标、主要功能、可能面临的挑战及应对措施，并用图表（如思维导图或架构图）展示项目的大致结构。

第三章

形 象 思 维

知识目标

1. 理解形象思维的本质与核心特征。
2. 系统掌握形象思维的核心要素与类型。
3. 掌握形象思维的实践工具与生物限制。
4. 理解 AI 时代形象思维的延伸与挑战。

能力目标

1. 具备形象思维类型辨识与场景匹配能力。
2. 具备形象思维工具的实操与创新应用能力。
3. 具备突破思维限制与创新实践能力。
4. 具备案例分析与方法迁移能力。

素养目标

1. 培养创新意识与视觉化思维习惯。
2. 具有开放多元的跨维度思维心态。
3. 培养敏锐的观察力与文化敏感性。
4. 培养技术时代的终身学习素养。

案例导入

贝聿铭与卢浮宫金字塔的形象思维奇迹

一、挑战降临：古典与现代的碰撞

卢浮宫，这座位于法国巴黎的艺术殿堂，不仅是无数艺术珍品的汇聚之地，更是法国古典建筑的杰出代表，承载着深厚的历史文化底蕴。其建筑风格典雅庄重，每一处细节都彰显着过去时代的辉煌与荣耀。当著名建筑设计师贝聿铭接到为卢浮宫设计新入口的任务时，他面临着一个极具挑战性的难题。在这样一个被古典建筑环绕的环境中，如何融入现代设计元素，同时又能确保新设计与周边的历史建筑相协调，不破坏整体的和谐与美感，成为摆在他面前的首要任务。这不仅是对他建筑技术的考验，更是对他创新思维和文化理解能力的重大挑战。

二、思维启航：形象思维的探索之旅

面对这一难题，贝聿铭没有局限于传统的设计思路，而是充分发挥了形象思维的力量。他开始深入研究卢浮宫的整体布局，细致分析每一座建筑的位置、朝向和功能，试图从中找到设计的灵感和突破口。同时，他也沉浸在巴黎的城市氛围中，感受着这座城市独特的浪漫与艺术气息。在他的脑海中，逐渐浮现出一个简洁、通透的金字塔造型。这个造型既具有现代建筑的简洁美感，又能够在视觉上与周边的古典建筑形成鲜明的对比，吸引人们的目光。

三、设计亮点：对比与和谐的完美融合

贝聿铭设计的卢浮宫金字塔，其外观采用了玻璃材质，这种透明的材质使得金字塔在白天能够反射出周围的建筑和天空，与周边的古典建筑相互映衬，形成了一种独特的视觉效果。金字塔的简洁线条与古典建筑的复杂装饰形成了鲜明的对比，但这种对比并没有破坏整体的和谐，反而增添了一份现代艺术的气息。在功能上，玻璃材质的运用让光线能够充分进入地下空间，不仅解决了地下空间的采光问题，还营造出一种明亮、通透的氛围，使游客在进入卢浮宫时能够感受到一种独特的艺术体验。

四、创新典范：形象思维的伟大成就

贝聿铭运用形象思维，成功地将抽象的设计理念转化为了一座震撼世界的建筑作品。卢浮宫金字塔不仅成为卢浮宫的新标志，也成为巴黎城市景观的重要组成部分。它的成功不仅在于其独特的外观设计和实用的功能，更在于它所体现的创新精神和文化价值。贝聿铭通过形象思维，找到了古典与现代的平衡点，为建筑设计领域树立了一个新的典范。这个案例也充分证明了形象思维在创新设计中的强大力量，它能够帮助设计师突破传统思维的束缚，创造出更加富有创意和价值的作品。

想一想：贝聿铭设计卢浮宫金字塔时，如何通过形象思维打破"古典建筑与现代设计对立"的思维定势？试举1个类似的跨文化创新案例。

第一节　认识形象思维

形象思维

一、形象思维的特征

（一）右脑主导的视觉化认知模式

形象思维主要由右脑负责运作，它把接收到的信息转化为视觉图像、图形或者场景等形式来进行认知处理。右脑在处理图像、感知空间关系方面有着天然的优势。例如，当我们回忆童年居住的老房子时，脑海中会立刻浮现出房子的外观，红色的砖瓦、倾斜的屋顶，院子里那棵枝繁叶茂的大树，还有连接屋子与大门的石板小路。这些生动的画面就是右脑主导的形象思维在发挥作用。在摄影艺术中，摄影师凭借右脑的形象思维，提前在脑海中构思画面构图、光线运用以及色彩搭配，再通过相机将脑海中的画面定格为现实，创作出具有艺术感染力的摄影作品。与侧重于逻辑推理的左脑思维不同，形象思维更强调直观感受和对事物整体的把握，能够快速整合大量视觉信息，构建出一个鲜活、可感的认知形象。

（二）与逻辑思维的互补关系

逻辑思维依靠严谨的推理、细致的分析和有力的论证，借助概念、判断和推理来揭示事物的内在本质与规律。而形象思维则以具体形象作为思维的载体，更注重对事物的直观体验和整体认知。两者相互补充，共同助力我们全面认识世界。在医学研究领域，科研人员在研发新药物时，需要运用逻辑思维进行大量的实验设计、数据统计分析以及理论推导，以确定药物的有效性和安全性。但在最初提出新的药物研发思路时，形象思维就发挥了重要作用。例如，科学家可能通过观察细胞的形态、病变的过程，联想到某种可能的治疗方式，从而提出新的研究假设。在日常生活中，我们规划一次旅行，需要逻辑思维来制定预算、安排行程路线，但在选择旅行目的地、想象旅途中可能遇到的美好风景时，形象思维让旅行充满期待。

课堂实战

花园想象训练

同学们找一个舒适的位置坐下，闭上眼睛。听老师缓缓引导："现在，想象自己走进了一个美丽的花园。花园里阳光明媚，微风轻轻拂过脸颊。仔细看看，五颜六色的花朵竞相绽放，有娇艳欲滴的玫瑰，花瓣层层叠叠，红的似火，粉的如霞；还有清新淡雅的雏菊，白色的花瓣围绕着黄色的花蕊，在微风中轻轻摇曳。高大的树木枝叶繁茂，有的树干粗壮笔直，有的树枝蜿蜒曲折。仔细听，鸟儿在枝头欢快地歌唱，不远处还有潺潺的流水声。再闻一闻，空气中弥漫着花朵的芬芳和泥土的清香。现在，请大家睁开眼睛，和旁边的同学分享自己脑海中的花园景象。"通过这个练习，锻炼右脑主导的形象思维能力，提升对视觉信息的想象和描述能力。

数学问题思维转换

有一道简单的数学应用题，如："小明去商店买文具，铅笔每支2元，橡皮每块3元，他买了5支铅笔和4块橡皮，一共花了多少钱？"运用逻辑思维，按照常规的计算方法列出算式并得出答案。然后，运用形象思维来解决问题，例如，在纸上画出5支铅笔和4块橡皮，给铅笔标注每支2元，橡皮标注每块3元，通过数钱的方式，直观地计算出总花费。最后，讨论两种思维方式在解题过程中的不同体验，感受逻辑思维与形象思维的差异与互补。

二、形象思维的三大作用

（一）突破语言局限

语言虽为人类交流思想的重要工具，但存在一定局限性。一些复杂微妙的情感、高度抽象的概念，很难用语言精准表述。而形象思维能够借助图像、符号等非语言形式表达和传递信息，突破语言束缚。在音乐创作中，作曲家通过音符、旋律和节奏的组合，传达出如激昂奋进、舒缓柔情、深沉忧郁等丰富情感，这些情感难以用语言完整描述，但听众却能在音乐中深切感受。在国际商务交流中,不同国家的人语言不通,但通过展示产品图片、图表等形象化资料,能够让对方快速理解产品的功能、特点,有效减少沟通障碍。

（二）加速知识记忆

相较于抽象的文字信息,形象化的内容更容易被大脑记住。形象思维能够把知识转化为生动的图像、有趣的场景或精彩的故事,加深记忆效果。例如,在学习物理中的电流知识时,单纯记忆电流的定义、公式比较枯燥且容易遗忘。若将电流想象成水流,电线如同水管,电流在电线中流动就像水流在水管中流淌,电压如同水压,推动着电流流动。通过这样形象的类比,能够更轻松地理解和记忆电流相关知识。在记忆英语单词时,利用联想记忆法,将单词与形象的画面联系起来。比如"pest"（害虫）这个单词,发音类似"拍死它",可以想象看到害虫时,人们想要拍死它的场景,从而加深对单词的记忆。

（三）激发跨界创新

形象思维能够跨越不同领域的界限,促进知识与创意的融合,激发创新灵感。它让我们从不同角度审视问题,将看似毫无关联的事物建立联系。在环保领域,科学家受荷叶表面的自清洁特性启发,研发出具有自清洁功能的建筑材料。荷叶表面的微观结构使得水滴在上面滚动时能够带走灰尘,科学家通过模仿这种结构,在建筑材料表面制造特殊的纹理,实现了建筑材料的自清洁功能,减少了清洁成本和环境污染。在时尚设计中,设计师从中国传统京剧服饰的色彩和图案中汲取灵感,将京剧元素融入现代服装设计,设计出兼具传统韵味与现代时尚感的服装系列,受到市场的广泛欢迎。

课堂实战

抽象概念形象化表达

给出"希望""压力"等抽象概念,分小组,每个小组选择一个概念,用绘画、手工制作或角色扮演等方式将其形象化表达出来。比如,选择"希望"的小组,用彩纸制作一艘扬帆起航的小船,寓意着在希望的海洋中前行;选择"压力"的小组,通过角色扮演,一个同学扮演被书籍、工作文件等重重包围的人,表现出压力下的状态。各小组展示作品后,分享创作思路,以切实体会形象思维如何突破语言局限,将抽象概念直观呈现。

课文知识形象化记忆

选择一篇语文课文,如《桂林山水》。运用形象思维,将课文中的内容转化为图像或故事。例如,绘制一幅桂林山水的画卷,将课文中描写的山水景色一一呈现在画面上;或把课文改编成一个简短的故事,通过讲述故事来记忆课文内容。在课堂上,互相分享自己的作品和记忆方法,比较不同方法的效果,进一步掌握利用形象思维加速知识记忆的技巧。

跨界创新项目实践

班级同学分小组,以科技、艺术、农业三个领域的元素,如3D打印技术（科技）、剪纸艺术（艺术）、农作物种植（农业）开展讨论。要求小组通过形象思维，将这些元素组合起来，提出创新的想法或设计方案。其中一个小组提出利用 3D 打印技术制作具有剪纸艺术风格的农作物种植模具，既美观又能满足农作物特定的生长需求。各小组展示方案后，进行讨论和评价，激发跨界创新思维。

三、形象思维的生物限制

（一）认知负荷陷阱

人类大脑的认知资源有限，当形象思维处理的信息过于繁杂或数量过多时，就容易陷入认知负荷陷阱。例如，观看一部特效密集、情节复杂且画面快速切换的科幻电影时，观众需要同时处理大量的视觉特效、人物关系和情节线索，大脑负担过重，可能导致观影后感到疲惫不堪，对电影的情节和主题理解模糊。在课堂教学中，如果老师为了讲解一个知识点，短时间内展示过多的图片、播放多个视频，学生可能会因为要同时处理这些大量的形象化信息，而无法充分理解和吸收知识。这就提醒我们在运用形象思维时，要合理把控信息的数量和复杂程度，避免给大脑造成过大压力。

（二）文化滤镜效应

不同的文化背景会对形象思维产生影响，形成文化滤镜效应。人们在运用形象思维时，会受到自身文化背景的影响，对同一形象可能有不同的理解和解读。例如，在日本文化中，樱花象征着生命的短暂与美好，人们看到樱花飘落会联想到生命的无常，进而产生一种淡淡的哀愁。但在其他文化中，樱花可能仅仅被视为一种美丽的花卉，并没有如此深刻的文化内涵。在国际广告设计中，如果不了解不同文化对形象的不同理解，就可能导致广告在不同地区的传播效果大打折扣。例如，一个以白色为主色调的产品广告，在西方文化中，白色代表纯洁、高雅，可能会受到欢迎；但在一些东方文化中，白色与丧葬等场合相关联，可能会引起负面反应。

课堂实战

视频信息处理讨论

播放一段时长 5 分钟的视频，视频中包含快速切换的复杂画面、多种特效以及多条情节线索。播放结束后，同学之间互相分享观看后的感受，比如是否感到疲惫、是否理解了视频的主要内容。讨论：在观看过程中大脑遇到的困难，以及如何避免认知负荷陷阱。例如，可以通过控制视频播放速度、减少同时出现的信息元素数量、增加停顿和解释等方式，让大脑能够更好地处理信息。

文化形象对比分析

选取颜色（如绿色）、图案（如圆形）等具有代表性的形象，不同文化背景的同学或对不同文化有深入了解的同学组成小组的情况下。每个小组围绕所选形象,讨论其在各自文化中的含义。例如,在西方文化中,绿色与环保、自然相关联,代表生机与希望;而在一些阿拉伯文化中,绿色具有宗教神圣的意义。各小组展示讨论结果后,全班共同探讨文化滤镜效应对形象思维的影响,以及在跨文化交流中如何避免因文化差异产生的误解。

本节练习

一、单项选择题

1. 形象思维主要由( )负责运作。

A. 左脑　　　　　　B. 右脑　　　　　　C. 大脑皮层　　　　　D. 小脑

2. 下列体现形象思维突破语言局限的是( )。

A. 用数学公式推导物理问题

B. 画家通过画作表达内心感受

C. 用逻辑推理解决生活难题

D. 背诵历史事件发生的时间

3. 在记忆英语单词"elephant"(大象)时,想象大象庞大的身躯和长长的鼻子,这运用了形象思维的( )作用。

A. 突破语言局限　　　　　　　　B. 加速知识记忆

C. 激发跨界创新　　　　　　　　D. 以上选项都不是

4. 观看一部画面复杂、情节紧凑的电影后感到疲惫,是因为形象思维可能陷入了( )。

A. 文化滤镜效应　　　　　　　　B. 认知负荷陷阱

C. 逻辑思维冲突　　　　　　　　D. 以上选项都不对

5. 在日本文化中,樱花象征着生命的短暂与美好,这体现了形象思维的( )。

A. 右脑主导的视觉化认知模式　　B. 与逻辑思维的互补关系

C. 文化滤镜效应　　　　　　　　D. 激发跨界创新作用

二、简答题

1. 简述形象思维的本质特征,并举例说明。

2. 请阐述逻辑思维与形象思维的互补关系,结合具体学科知识学习进行说明。

3. 举例说明形象思维在加速知识记忆方面的作用,并解释其原理。

4. 什么是形象思维的文化滤镜效应?以一种常见的动物形象为例进行分析。

三、分析题

1. 分析在艺术创作(如绘画、音乐、文学等)中,形象思维是如何发挥作用的,结合具体的艺术作品案例进行深入探讨。

2. 论述形象思维在科技创新中的重要性,以某一项具体的科技创新成果(如无人机、虚拟现实技术等)为例,说明形象思维在其研发过程中的体现以及对创新突破的推动作用。

3. 结合当前跨文化交流日益频繁的社会现象,探讨如何利用形象思维的特点促进跨文化交流的有效性,同时分析可能面临的挑战及应对策略。

四、应用题

1. 选择一篇古诗词,运用形象思维将其描绘的场景画出来,并在旁边标注出每一处画面对应的诗句内容,然后讲解自己的创作思路。

2. 设计一个以"未来城市交通"为主题的创意作品,可以是绘画、手工模型或简单的动画。要求运用形象思维,展现未来城市交通的创新之处,并在作品展示时介绍创作过程中如何运用形象思维。

3. 假设你要向小学生讲解"光合作用"这一概念,运用形象思维编写一个简短的故事或设计一个简单的游戏,帮助他们理解光合作用的过程。请详细描述故事内容或游戏规则。

第二节　想象思维

一、想象思维的三种形态

(一)再造想象

想象思维

再造想象是根据语言的描述或图样的示意,在人脑中形成相应的新形象的过程。它并非完全创造全新的事物,而是基于既有信息的重组构建。例如,当我们阅读《红楼梦》中对大观园的描写:"只见佳木茏葱,奇花熻灼,一带清流,从花木深处曲折泻于石隙之下。再进数步,渐向北边,平坦宽豁,两边飞楼插空,雕甍绣槛,皆隐于山坳树杪之间。"读者便能依据这些文字,在脑海中构建出大观园的大致模样,亭台楼阁、山水花草的布局,都在读者的再造想象中得以呈现。在建筑领域,设计师根据客户提供的需求和大致构想,通过绘制图纸,让客户能够在房屋建造之前,就借助图纸在脑海中再造出未来居住空间的形象,提前感受房屋的布局和风格。

(二)创造想象

创造想象是不依据现成的描述,而在大脑中独立地创造新形象的过程。这需要创作者具备丰富的知识储备、敏锐的观察力和大胆的创新精神。像科幻作家刘慈欣创作《三体》时,书中三体文明的世界架构、黑暗森林法则、降维打击等独特概念,完全是他在大脑中创造出的全新景象,突破了现实世界的限制。在产品设计中,苹果公司的设计师们创造出 iPhone 手机,在当时功能机盛行的时代,他们凭借创造想象,打破传统手机的设计模式,将多点触控、智能操作系统等全新理念融入手机设计,创造出了具有划时代意义的产品形象。

（三）预见想象

预见想象是对未来事物的形象进行预见的思维活动。它基于对现有事物发展趋势的分析和判断,提前在脑海中构建出未来可能出现的场景。例如,早在 20 世纪,科学家们就预见到了人类对清洁能源的需求以及传统能源的局限性,从而预见出未来大规模利用太阳能、风能等清洁能源的场景,如今这些预见正在逐步变为现实。在商业领域,企业家通过对市场趋势、消费者需求变化的研究,预见想象出未来某类产品的市场走向,从而提前布局研发和生产。如特斯拉的创始人埃隆·马斯克预见了电动汽车在未来交通领域的巨大潜力,提前布局电动汽车产业,引领了全球汽车行业的变革。

课堂实战

给出《巴黎圣母院》中对巴黎圣母院外观的描写,根据描述在脑海中进行再造想象,然后用自己的语言描述出脑海中的画面,锻炼再造想象能力。

设定一个主题,如"未来的校园",抛开现有的校园模式,运用创造想象,在纸上画出自己心目中未来校园的样子,思索设计思路,激发创造想象能力。

对一些当下社会热点问题,如全球气候变暖、人工智能发展等进行分组讨论,基于这些问题进行预见想象,推测未来5~10年可能出现的相关场景,并以小组为单位进行汇报展示,培养预见想象能力。

二、想象力训练方法

（一）感官唤醒训练

通过刺激各种感官,激活大脑的想象力。例如,闭上眼睛,听一段充满自然音效的音乐,如鸟鸣声、流水声、风声等,在音乐的引导下,用嗅觉想象自己身处森林中,闻到树木的清香、泥土的气息;用触觉想象自己触摸到树叶的纹理、溪水的清凉。在美术课堂上,触摸不同材质的物品,如丝绸、砂纸、木头等,然后闭上眼睛,通过回忆触觉感受,在脑海中构建出与这些材质相关的画面,如丝绸可能联想到华丽的礼服,砂纸可能联想到老旧的家具等。

（二）概念具象化挑战

将抽象的概念转化为具体的形象。比如对于"勇敢"这个概念,可以通过绘画、雕塑或者编写故事等方式将其具象化。可以画一个在暴风雨中依然坚守岗位的消防员形象,或者雕刻一个手持盾牌、勇敢面对敌人的战士造型,抑或编写一个青年勇敢救助受伤小动物的故事。在语文学习中,对于一些抽象的词语,如"希望""悲伤"等,用具体的场景或形象来表现,加深对概念的理解和对想象力的锻炼。

（三）反常识组合游戏

将原本不相关或者不符合常规逻辑的事物组合在一起,创造出新奇的形象或场景。

例如,想象"如果汽车长了翅膀""当猫和老鼠成为朋友""树木会说话"等反常识的情景,并描述可能出现的画面和情节。在创意写作中,给定几个看似毫无关联的词语,如"月亮""勺子""机器人",将这些词语组合进一个故事中,通过这种方式打破常规思维,激发想象力。

课堂实战

感官唤醒课堂活动

课堂上准备多个装有不同气味(如花香、果香、香料味等)的小瓶子,同学们闭上眼睛,依次闻不同瓶子的气味,然后描述自己脑海中浮现出的画面和场景,训练感官唤醒能力。

开展抽象概念具象化挑战活动时,可将"公平""和谐"等一系列抽象概念分配至各小组,每组任选一个概念,通过制作蕴含象征符号的海报(如用天平图形表现"公平"、握手图案诠释"和谐")或编排情景短剧(如以"班级事务民主表决"演绎"公平"、"邻里互助故事"展现"和谐")等形式进行具象化呈现。各小组完成创作后,需在全班展示成果并讲解设计逻辑,重点阐述抽象概念与具体形象的映射关系(如"天平平衡对应公平的价值内核")。锻炼将抽象概念转化为具体形象的能力。

组织反常识组合游戏,在黑板上写下一些随机的事物,如"雨伞""恐龙""气球",同学们分组在 10 分钟内将这些事物组合成一个新奇的故事,并推选一名代表进行讲述,培养打破常规、创新组合的想象力。

三、AI 时代的想象延伸

(一) Midjourney 提示词工程

Midjourney 是一款强大的 AI 绘画工具,提示词工程在其中起着关键作用。通过精心设计提示词,能够引导 AI 生成符合预期的高质量图像。例如,想要生成一幅梦幻森林的画面,输入"奇幻的森林,巨大的蘑菇像房子一样,发光的萤火虫在树木间飞舞,神秘的雾气弥漫,色彩鲜艳且柔和"这样详细且富有想象力的提示词,AI 就能根据这些描述生成相应的精美图像。在设计领域,设计师可以利用 Midjourney,通过输入与设计主题相关的提示词,快速获取设计灵感,如设计一款未来风格的汽车,输入"未来感十足的汽车,流线型车身,悬浮式车轮,车身带有炫酷的灯光效果",AI 生成的图像可以为设计师提供创意参考,延伸设计师的想象空间。

(二) 警惕算法茧房

在 AI 时代,算法会根据用户的浏览历史、偏好等信息,为用户推送个性化的内容。这虽然提高了信息获取的效率,但也可能导致用户陷入算法茧房。例如,用户经常浏览科技类信息,算法就会不断推送科技相关内容,用户接触其他领域信息的机会减少,思维逐渐被局限在科技领域,想象力也会受到限制。在社交媒体平台上,用户只看到自己感兴趣的内容,对于不同观点、不同领域的信息缺乏了解,这不利于想象力的拓展。因此,我们需要主动突破算法茧房,定期浏览不同类型的信息,参加多元化的讨论,拓宽自己的视野和思维边界。

课堂实战

在 Midjourney 实践课上,使用这款软件,围绕"童话世界""科幻城市"等主题编写提示词,尝试生成图像。完成后,一起交流各自的提示词和图像效果,讨论怎样优化提示词才能获得更理想的画面,体验 AI 时代延伸想象的新方式。

在算法茧房讨论课中,请分享自己使用互联网时是否遇到过陷入算法茧房的情况,比如在短视频平台总是刷到相似类型的视频。接着分组探讨避免陷入算法茧房的方法,每组至少提出三条可行建议,并在全班汇报,加深对算法茧房的认识和警惕。

本节练习

一、单项选择题

1. 下列属于"创造想象"的是(   )。

A. 根据小说描写在脑中还原古代城池样貌

B. 设计师凭空画出无轮毂概念自行车

C. 看到云朵联想到棉花糖

D. 按图纸拼装模型飞机

2. 科幻作家构思"反重力城市"时运用的主要想象类型是(   )。

A. 无意想象　　　　　　　　　B. 再造想象

C. 创造想象　　　　　　　　　D. 记忆表象重组

3. 预见想象的基础是(   )。

A. 突破常识逻辑　　　　　　　B. 分析现有趋势

C. 复制既有图样　　　　　　　D. 唤醒五感体验

4. "手触摸砂纸联想到老家具"属于(   )训练。

A. 反常识组合　　　B. 概念具象化　　　C. 感官唤醒　　　D. 再造想象

二、简答题

1. 简述"再造想象"与"创造想象"的核心区别。

2. 列举 3 种培养想象思维的日常方法。

3. 为什么说"想象思维是科学创新的基础"? 请举例说明。

4. 请结合实例说明"感官唤醒训练"如何激发想象力,并分析其作用机制。

三、分析题

1. 现象分析:儿童绘画中"会飞的汽车"。5 岁儿童画汽车时添加翅膀,解释为"堵车时能飞起来"。这属于哪种想象类型？反映了想象思维的什么功能？

2. 广告案例分析：某洗发水广告中"发丝如丝绸飘动"的画面。广告通过 CGI 技术将头发想象为流动的丝绸，营造柔滑质感。该创意运用了想象思维的哪种跨感官转换？有何营销价值？

四、应用题

1. 用想象思维优化台灯功能。要求：① 运用"组合想象"设计 1 种非传统台灯（如与植物结合）；② 说明设计中突破了哪些常规功能限制。

2. 用想象思维构思"防近视书桌"。请通过"夸张想象"和"功能想象"各提 1 条创新点。

3. 创意写作：用"创造想象"续写故事。

开头："当城市所有电子设备突然失灵，小明在抽屉里发现了爷爷留下的青铜钥匙……"

要求：运用创造想象构思 2 个后续情节转折点。

第三节　联想思维

一、联想思维的定义

联想思维

　　联想思维是人脑记忆表象系统里，因特定诱因促使不同表象间产生关联的一种无固定思维走向的自由思维活动。在创新实践领域，它通过概念语义关联、属性衍生联想及意义相似性联结，极大激发创新思维活力，广泛渗透于日常思维活动之中。生活里，联想思维的例子随处可见。当我们路过花店，看到娇艳欲滴的玫瑰，脑海中可能瞬间浮现出浪漫的约会场景、恋人间互赠礼物的温馨画面，以及爱情的甜蜜与美好。这种从"玫瑰"这一事物自然过渡到其他相关事物或场景的思维过程，就是联想思维在发挥作用。联想思维就像一把神奇的钥匙，能够打开我们思维的宝库，突破思维定势的禁锢，将看似毫无关联的信息串联起来，为创新活动提供源源不断的灵感与丰富素材，成为推动创新的强大动力。

二、联想的类型

（一）接近联想

　　接近联想指个体感知或回忆某一事物时，会不由自主地联想到在时间或空间上与之相近的其他事物。从时间维度看，提及"元旦"，人们往往会联想到新年前夕的跨年狂欢，以及元旦过后紧接着的新年工作计划。清晨起床，刷牙、洗脸、吃早餐等一系列在时间上紧密相连的日常活动便会浮现在脑海。在空间层面，提到"北京"，故宫、天安门、长城、鸟巢等标志性建筑与场所立刻会在脑海中呈现。当我们身处校园，教学楼里传来的琅琅读书声、操场上同学们运动的身影、食堂里饭菜的香气，这些空间上相邻的场景都会因"校园"这一事物被唤起。在文学创作领域，许多经典作品都巧妙运用了接近联想。例如柳永的"杨柳岸，晓风残月"，诗人将杨柳岸边这一空间场景，与拂晓时分的微风、残缺的月亮这些在时间上接近的元素相联系，营造出一种凄清、孤寂的氛围。

　　教师在教室前方的电子白板上展示一幅"火车站"的高清图片,图片中包含熙熙攘攘的人群、列车轨道、候车大厅等元素。在 10 分钟时间,同学们尽可能多地写下与火车站在时间或空间上接近的事物。结束后,同学们通过电子白板的批注功能,在图片上指出自己联想到的事物并阐述联想逻辑。例如,有的人可能会圈出候车大厅的时钟,解释因为在火车站候车时,人们常常关注时间,时钟与火车站在时间感知和空间上紧密相关;还有人可能会在列车轨道旁写下"列车时刻表",说明列车时刻表决定了列车在轨道上运行的时间,与火车站的运营在时间和空间上都有直接联系。接着,全班共同参与讨论,进一步拓展和完善关于火车站的接近联想,从不同角度深入思考接近联想的多样性与丰富性。

（二）相似联想

　　相似联想基于事物之间在形状、结构、性质、作用等一个或多个方面的相似特征,由一事物引发对另一事物的联想。在科技发展历程中,相似联想发挥了关键作用。人们观察到蜻蜓在飞行时能够通过翅膀的振动实现稳定飞行与灵活转向,进而联想到发明直升机。直升机的螺旋桨与蜻蜓的翅膀在形状和产生升力实现飞行的功能上具有相似性,通过模仿蜻蜓的飞行原理,直升机得以问世,为人类的交通与救援等领域带来了极大的便利。在艺术创作方面,画家们常常借助相似联想赋予作品独特魅力。例如,达·芬奇在绘制《蒙娜丽莎》时,对人物面部表情的细腻刻画,尤其是蒙娜丽莎那似有若无的微笑,与生活中人们在经历美好瞬间时流露出的微妙情感变化相似,画家通过捕捉这种相似性,赋予画作永恒的艺术感染力。科学家们在研究过程中也频繁运用相似联想。从蝙蝠利用超声波定位的原理,联想到发明雷达用于探测目标。蝙蝠发出超声波,通过接收反射波来确定周围物体的位置和距离,雷达则是通过发射和接收电磁波来实现对目标的探测,二者在利用波的反射获取信息这一原理上极为相似。

　　教师手持一个乒乓球展示乒乓球的圆形外观、弹性材质以及能够滚动的特性。随后,在 15 分钟内,从生活、科技、艺术等不同领域,找出与乒乓球在形状、材质或功能上具有相似性的事物。同学们可以借助手机查阅资料、与小组成员交流讨论。时间结束后,每个人或派代表依次上台展示自己的联想成果,除了口头讲解,还可以通过展示实物、播放视频或展示图片等方式辅助说明。例如,有同学带来一个弹珠,将弹珠与乒乓球放在一起,对比二者在形状上的相似性,都呈现为标准的圆形,且都具有良好的滚动性能;还有同学通过手机展示一段关于机械手表擒纵机构中摆轮的工作视频,解释摆轮与乒乓球在结构上有相似性:均为圆形且能围绕中心轴做往复运动,只是摆轮运动更规律精密,用于控制手表走时精度。最后,通过这一实践,理解相似联想在跨领域创新中的重要性,在今后的学习和生活中学会善于运用相似联想发现新事物、解决新问题。

（三）对比联想

对比联想是由对某一事物的感知或回忆，引发对具有相反特点事物的联想。生活中，这样的对比联想屡见不鲜。由繁华热闹、灯火辉煌的城市夜景，我们会联想到宁静祥和、星光点点的乡村夜晚，城市的喧嚣与乡村的静谧形成鲜明反差。从夏日骄阳似火、酷热难耐的高温天气，自然联想到冬日冰天雪地、寒风凛冽的寒冷季节，温度上的巨大差异凸显了对比联想。在商业创新领域，对比联想也发挥着重要作用。传统的台式电脑体积庞大、重量较重，且需要连接各种外部设备，使用起来不够便捷。随着技术的不断进步，一些厂商通过对比联想，研发出轻薄便捷、易于携带的笔记本电脑，满足了消费者在移动办公、旅行等场景下对电脑的使用需求。在文学作品中，对比联想更是被广泛运用以深化主题。如"朱门酒肉臭，路有冻死骨"，将富贵人家酒肉飘香、奢侈浪费的生活场景，与穷苦百姓饥寒交迫、濒临死亡的悲惨境遇进行强烈对比，深刻地反映出社会的不平等与阶级差异。

课堂实战

对"现代科技"四个大字，进行对比联想，思考并写下与现代科技形成对比的事物或场景。可以独立思考，也可以与同桌交流讨论。之后，分组进行讨论，每组推选一名代表进行发言。代表们在发言时，不仅要说出对比联想的内容，还要阐述对比的依据和所反映的不同概念。例如，可能会提到"传统手工艺"，阐述现代科技的高效、批量生产与传统手工艺的精雕细琢、手工制作之间的对比，现代科技注重效率和标准化，而传统手工艺更强调匠心和个性化。通过讨论，深入理解对比联想在揭示事物本质、发现创新机会方面的作用，鼓励从不同角度思考现代科技与其他事物的对比关系，培养批判性思维和创新意识。

（四）关系联想

关系联想依据事物之间存在的各类关系，如因果关系、从属关系、整体与部分关系等，由一事物联想到另一事物。以因果关系为例，当我们看到道路上车辆拥堵不堪，交通陷入瘫痪，便会联想到可能是前方发生了交通事故，交通事故是导致道路拥堵的直接原因。在科学史上，奥斯特发现电流的磁效应正是基于关系联想。当他在实验中偶然发现通电导线周围的小磁针发生了偏转（现象），通过深入思考电流与磁场之间可能存在的因果关系，经过反复研究，最终揭示了电流能够产生磁场这一重要规律。在企业管理中，管理者经常运用关系联想进行决策。若企业产品市场份额下降（结果），管理者会从产品质量、竞争对手策略、市场需求变化、营销策略有效性等诸多可能与之相关的因素（原因）去分析和联想，寻找提升市场份额的有效办法。在从属关系方面，提及"水果"，我们会联想到苹果、香蕉、橙子、草莓等各种属于水果类别的具体品种。在整体与部分关系上，看到一辆汽车，自然会联想到车身、发动机、轮胎、方向盘等汽车的各个组成部分，这些部分共同构成了汽车这个整体，它们之间相互依存、协同工作。

通过投影仪展示一辆汽车的拆解图,图中清晰呈现了汽车的各个组成部分以及它们之间的连接关系。要求从关系联想的不同角度进行分析,时间为15分钟。可以从因果关系(如汽车发动机性能影响汽车动力,动力不足可能导致汽车加速慢、爬坡困难等)、从属关系(如汽车的品牌属于汽车产业的一部分,不同品牌在市场定位、消费者群体等方面存在差异)、整体与部分关系(如轮胎是汽车行驶系统的重要组成部分,轮胎的磨损程度会影响汽车的行驶安全和操控性能)等方面进行联想,并记录在笔记本上。之后,每个小组选择一个关系角度,制作简单的PPT向全班汇报。PPT中要包含具体的联想内容、分析过程以及相关案例或数据支持。汇报结束后,全班共同进行讨论,对各小组的汇报内容进行补充和完善,进一步拓宽思维视野,加深对关系联想在不同领域应用的理解。

（五）自由联想

自由联想是一种不受特定规则限制,由某一事物自发引发对其他各类事物联想的思维方式,具有高度的开放性与随机性。例如,给出"气球"一词,有的人可能自由联想到童年时在公园里参加生日派对的欢乐场景,五颜六色的气球装点着派对现场,孩子们围绕着气球嬉笑玩耍,气球承载着童年的美好回忆;有的人可能联想到节日庆典中,人们放飞气球的壮观画面,气球缓缓升向天空,象征着美好的愿望和对未来的憧憬;还有人可能联想到街头艺人用气球制作各种可爱造型的情景,气球在艺人手中变幻出小狗、花朵、宝剑等造型,吸引着孩子们好奇的目光。在心理学治疗领域,自由联想是一种重要的治疗手段。精神分析学派的医生让患者在放松、舒适的环境中,对某一刺激词进行自由联想,通过分析患者的联想内容,深入挖掘其潜意识中的情感冲突、心理创伤、未解决的矛盾等问题,从而为心理治疗提供依据。在创意写作中,自由联想也能极大地激发作者的灵感。作者从"一把旧椅子"这一简单意象出发,自由地联想与之相关的人物故事、岁月变迁、情感记忆等,可能会联想到一位老人常常坐在这把椅子上,回忆往昔的点点滴滴,椅子见证了家庭的兴衰、时代的更迭,从而创作出充满情感与想象力的文学作品。

教室中央放置了一个装满各种物品的大箱子,箱子里的物品包括玩偶、书籍、乐器、工具、饰品等,种类丰富多样。一名同学上台从箱子中随机抽取一个物品,比如一个旧玩偶。有2分钟时间,站在讲台上自由阐述由这个旧玩偶联想到的一切事物、经历或情感。在阐述过程中,要尽可能详细地描述联想的内容和过程。例如,可能会说看到这个旧玩偶,想起了自己小时候在幼儿园的时光,这个玩偶和幼儿园里的一个玩具很相似,当时自己和小伙伴们经常一起抱着这样的玩偶玩耍,有一次不小心把玩偶的胳膊扯坏了,还难过了好久。之后,其他同学依次上台抽取物品并进行自由联想分享。分享结束后,回顾各自的联想过程,总结自由联想的特点与激发灵感的方式,在今后的学习与生活中学会大胆运用自由联想,培养创新思维和丰富的想象力。

（六）强制联想

强制联想是将那些看似毫无关联的事物强行关联在一起，以此获取全新的创意与想法。在产品设计领域，强制联想常常带来意想不到的创新。例如，在设计一款新型灯具时，将灯具与植物进行强制联想，设计师可能会设计出一种模拟植物光合作用原理的灯具。这种灯具配备特殊的材料，在白天能够像植物的叶子一样吸收光能，并将其转化为电能储存起来，到了夜晚则释放出柔和的光亮，既节能环保又充满创意，为人们的生活带来全新的体验。在食品创新方面，某企业将巧克力与辣椒这两种看似不搭的食材进行强制联想，开发出辣味巧克力。这种独特口味的巧克力，将巧克力的浓郁醇厚与辣椒的辛辣刺激巧妙融合，创造出一种全新的味觉体验，吸引了追求新奇口味的消费者，开拓了新的市场空间。在艺术表演中，艺术家运用强制联想突破传统。将戏剧与魔术进行强制联想，创造出一种融合戏剧情节与魔术奇幻效果的新型舞台表演形式。在表演中，演员们通过精彩的戏剧表演推动情节发展，同时巧妙融入魔术元素，如演员在舞台上突然消失又在另一个地方出现，或者将一件普通物品瞬间变成另一件意想不到的东西，给观众带来强烈的视觉冲击和惊喜，展现出独特的艺术魅力。

课堂实战

班级所有人分成若干小组，每组发放两张写有不同事物的卡片，如"耳机"和"宠物"。各小组有 25 分钟时间，通过强制联想设计出一种新产品或新服务，并制作简单的设计方案进行展示。设计方案展示可以采用多种形式，如绘制设计草图、制作简易模型、制作 PPT 等。方案中需包含产品或服务的名称、详细功能介绍、设计草图（或模型展示）以及设计思路说明，解释如何将两个看似无关的事物通过强制联想融合在一起。时间到后，每组派代表上台展示自己小组的创意成果，并进行详细讲解。其他小组的成员可以提出问题、发表自己的看法和建议。例如，有小组设计出一种"宠物健康监测耳机"，他们解释说耳机通常用于人们听音乐、接听电话，获取声音信息，而宠物的健康状况也可以通过一些声音特征来反映，如呼吸声、叫声等。于是他们设想将耳机的声音监测功能与宠物健康监测相结合，通过特殊的传感器和算法，能够实时监测宠物的呼吸频率、心率等健康指标，并将数据传输到手机 APP 上，方便主人随时了解宠物的健康状况。最后，通过讨论各小组的优缺点和改进方向，理解强制联想在突破常规、激发创新思维方面的强大作用，在今后的学习和实践中学会运用强制联想进行创新探索。

三、联想训练

（一）词语接龙联想训练

为了强化快速联想与语言反应能力，可以开展词语接龙联想训练。准备一套精心制作的词语卡片，卡片内容涵盖各类学科知识、生活常识以及文化艺术等领域，以确保联想的多样性与深度。随机抽取一名同学抽取一张卡片作为起始词（假设抽到"苹果"）。该同学需以"苹果"的尾字"果"为开头联想新词语，如"果实"，并阐述逻辑："苹果属于果实的一种，果实是包含种子的可食用植物器官，因此由'苹果'联想到'果实'。"下一位同学以"实"字开头继续联想,如"实际",解释:"果实是自然界中实际存在、可被感知利用的物体,'实际'表示真实存在而非虚构,二者在'真实可感'属性上具有关联。"依次类推,设定 15 分钟的时间限制,看哪个小组能完成最多合理且富有创意的词语接龙。在接龙过程中,鼓励从不同学科、生活场景以及抽象概念等角度进行联想,如从"实际"联想到物理学科中的"实际功率",从"实际功率"又可联想到"电器设备",因为电器设备在运行时会涉及实际功率的概念。通过这种训练,不仅能锻炼思维的敏捷性,还能拓宽知识视野,提升对不同领域知识关联的理解。

（二）故事续写联想训练

给出一个充满悬念与想象空间的故事开头,例如"在一个遥远的森林里,住着一只奇怪的小兔子,它的耳朵特别长,长到可以听到森林深处最细微的声音"。根据这个开头,运用联想思维续写故事,要求故事中自然且巧妙地体现多种联想类型。在续写过程中,可运用接近联想,如描述小兔子居住的树洞周围,有一条清澈的小溪,溪水潺潺流淌,这是基于森林中树木与水源在空间上的接近关系展开联想;运用相似联想,将小兔子超长的耳朵比作信号接收器,它能像接收器捕捉信号一样,精准地捕捉到森林里动物们的动静,赋予耳朵新的功能相似性;还可运用对比联想,讲述森林中白天的热闹与夜晚的寂静,小兔子在白天利用耳朵与伙伴们欢快嬉戏,夜晚则凭借耳朵警惕潜藏的危险。限定 30 分钟时间进行创作,完成后,在小组内分享故事。各小组推选一个最具创意、联想运用丰富且故事连贯、情节引人入胜的故事在全班进行展示。在展示过程中,讲述者要详细说明故事中不同联想类型的运用之处以及对故事发展的推动作用,如相似联想如何为小兔子的耳朵赋予独特能力,使故事更具奇幻色彩;对比联想怎样营造氛围,增强故事的张力。通过这种训练,可使综合联想能力、故事创作能力以及口头表达能力都能得到有效提升,同时培养在创作中灵活运用多种思维方式的习惯。

（三）图片联想训练

展示一系列精心挑选、风格迥异的不同主题图片,包括气势磅礴的风景图,如雄伟的山脉在云雾中若隐若现,茂密的热带雨林充满生机;生动鲜活的人物图,如热闹集市中人们的各种神态与动作,舞台上舞者优美的身姿;抽象神秘的艺术图,如毕加索富有创意的立体派画作,康定斯基色彩斑斓、线条灵动的抽象画。要求在观察图片后,15 分钟内,从图片中的元素、色彩、氛围等多个维度入手,写下由图片所引发的各种联想。例如,看到一幅秋天枫叶飘落的风景图,可联想到时光的流逝,因为枫叶从翠绿到金黄再飘落,如同生命的历程,这是基于元素变化与时间概念的关联进行联想;看到一幅色彩鲜艳、人物表情欢快的节日庆典图,可能联想到欢乐、团聚的情感,这是从氛围与情感体验的角度展开联想。之后,上台分享自己的联想内容,并深入阐述联想的依据,通过分享与交流,激发视觉联想能力,丰富想象力与思维广度,学会从不同视角解读图片,挖掘图片背后隐藏的多元信息与情感内涵。

四、帮助联想的方法

（一）思维导图法

在进行联想时,思维导图是一种极为有效的工具。以一个核心主题为中心节点,从该节点向外辐射出众多分支,每个分支代表与核心主题相关的一类联想内容。例如,以"旅游"为核心主题,一个分支可以是"旅游目的地",在此分支下再细分出"海边""山区""历史文化名城"等小分支。对于"海边"小分支,还能进一步拓展,如联想到沙滩上的贝壳、海边的椰子树、适合海边的水上运动等;另一个分支可以是"旅游准备",进一步细分出"预订机票酒店""准备行李""了解当地文化习俗"等。在绘制思维导图过程中,用不同颜色的笔标注不同层级的分支,用简单的图形或符号代表重要的联想点,如用飞机图标代表预订机票,用行李箱图标代表准备行李。通过绘制思维导图,能够清晰地呈现联想的脉络与层次,梳理不同联想之间的内在联系,有效拓展思维的广度与深度,为创新方案的构思提供系统框架,能在面对复杂问题或创意需求时,能够有条理地展开联想,避免思维的混乱与遗漏。

（二）头脑风暴法

头脑风暴法是激发联想的高效方法,尤其适用于小组合作场景。在小组中,成员们围绕一个主题,自由地提出各种联想和想法,其间不对任何想法进行批评或评价。例如,在讨论如何设计一款新型环保玩具时,小组成员通过头脑风暴,从玩具的功能、外观、材质等多方面展开联想。有的成员从功能角度提出,玩具可以具备自动回收垃圾的功能,当孩子在玩耍过程中遇到垃圾时,玩具能像现实中的清洁车一样将垃圾"收纳"起来,培养孩子的环保意识;有的成员从外观方面联想,设计出一款外形像地球的玩具,玩具表面用不同颜色代表地球的陆地与海洋,通过玩耍让孩子直观了解地球的地貌;还有成员从材质角度出发,提出使用可降解的植物纤维制作玩具,减少对环境的污染。在这个过程中,一个人的想法往往能触发其他人更多的联想,通过思想的碰撞,产生大量新颖且富有创意的设计思路。最后,对所有想法进行整理与筛选,将具有可行性和创新性的想法进一步完善,形成具体的设计方案。这种方法能够充分调动团队成员的智慧,在短时间内汇聚丰富的创意资源,培养团队协作能力与创新思维。

（三）逆向思考法

在联想过程中,尝试从相反的方向进行思考,往往能收获独特的联想结果。比如,通常人们认为杯子是用来装液体的容器,通过逆向思考,我们可以联想杯子如果不能装液体,那它还能有什么其他用途。从装饰角度看,杯子可以作为艺术品,在杯子表面绘制精美的图案,如中国传统的山水画、西方的油画风格图案,将其挂在墙上或摆放在展示架上作为装饰品;从收纳角度,杯子可以用来收纳小物件,如将回形针、图钉、小珠子等放入杯子中,既方便收纳又能起到一定的装饰作用;甚至可以将多个杯子组合起来,制作成创意灯具,在杯子内部安装 LED 灯,通过不同杯子的排列组合,营造出独特的灯光效果。这种逆向思考的联想方法能够打破常规思维定势,从全新视角审视事物,发现隐藏在常规背后的创新机会,为解决问题与创新设计提供新思路,培养批判性思维与创新能力。

课堂实战

1. 接近联想练习

运用接近联想,以"图书馆"为主题,写出至少 10 个与之在时间或空间上接近的事物,并详细阐述联想的依据。

2. 相似联想练习

选择一种日常生活中的常见物品,如"鞋子",运用相似联想,设计一款新型产品。画出产品草图,并撰写一份不少于300字的设计思路说明,阐述新设计与鞋子在哪些方面具有相似性,以及如何通过相似联想实现功能创新。

3. 对比联想练习

给出主题"成功",运用对比联想,写一篇短文,描述成功与失败的不同表现、原因及影响,字数不少于300字。

4. 关系联想练习

从关系联想的角度,分析"互联网"与"教育"之间的各种关系,如因果关系、从属关系、整体与部分关系等,形成一篇分析报告,字数在500字左右。

5. 自由联想练习

进行一次自由联想的创作,可以选择一个词语、一幅画或一段音乐作为出发点,将联想到的内容以诗歌、散文或故事的形式呈现出来,展现自由联想的独特魅力。

6. 强制联想练习

随机抽取两个词语,如"手表"和"厨房",运用强制联想,设计一个全新的商业概念或服务模式,撰写一份简要的商业计划书,包括项目概述、目标客户、商业模式、营销策略等内容,字数在800字左右。

本节练习

一、单项选择题

1. 联想思维的核心是(　　)。

A. 逻辑推理　　　　　　　　　　B. 事物间的关联性

C. 批判性思考　　　　　　　　　D. 直觉判断

2. 看到"天空"联想到"飞鸟",这种联想属于(　　)。

A. 接近联想　　　B. 相似联想　　　C. 对比联想　　　D. 强制联想

3. 由"寒冷"联想到"温暖的阳光",这种联想属于(　　)。

A. 接近联想　　　B. 相似联想　　　C. 对比联想　　　D. 强制联想

4. 瓦特通过观察水壶盖被蒸汽顶起,发明了蒸汽机,这体现了(　　)。

A. 接近联想　　　B. 强制联想　　　C. 相似联想　　　D. 对称联想

5. 联想思维在创新中的主要作用是(　　)。

A. 固化思维模式　　　　　　　　B. 激发创意灵感

C. 限制思维发散　　　　　　　　D. 依赖经验判断

二、简答题

1. 简述联想思维的定义及核心特征。

2. 列举联想思维的四种主要类型并各举一例。

3. 如何通过联想思维突破思维定势？

4. 联想思维与想象思维的主要区别是什么？

5. 简述联想思维在创新实践中的应用步骤。

三、分析题

1. 某饮料公司发现"运动后口渴"与"补充电解质"存在关系联想，进而开发出功能饮料。请分析该案例中联想思维的类型及创新逻辑。

2. 在产品设计中，接近联想与相似联想的应用场景有何不同？请举例说明。

3. 为什么缺乏联想训练会导致创新思维受限？结合思维定势理论说明。

4. 生物学家通过"萤火虫发光"联想到"冷光源技术"，这属于哪种联想类型？分析其对创新的启示。

5. 某团队在头脑风暴中运用"随机词语联想"（如随机抽取"沙漠""钟表""音乐"进行关联），这种方法如何提升创新效率？

四、应用题

1. 请运用相似联想，设计一款类似以"荷叶自清洁原理"为灵感的新型建筑材料，说明设计思路。

2. 如何通过对比联想解决"城市共享单车乱停乱放"问题？提出至少两个方案。

3. 为某新能源汽车品牌设计广告，要求运用关系联想突出"环保"卖点，写出创意脚本。

4. 某企业员工积极性低，尝试用接近联想设计激励方案，该如何操作？

第四节　直觉思维

一、直觉思维的概念

直觉思维是一种未经逐步分析，凭借已有的知识经验，迅速对问题的答案作出合理推测、设想或突然领悟的思维。它不依赖于严格的逻辑推理过程，而是以一种跳跃性、直接性的方式，快速洞察问题的本质。例如，医生在面对复杂病症时，凭借多年临床经验，可能一眼就能大致判断出患者的病情方向；棋手在对弈时，瞬间就能感知到下一步棋的最佳落子位置。这种快速的判断和决策并非毫无依据，而是大脑在长期积累的知识和经验基础上，进行的一种自动化、高效化的信息处理。直觉思维常常表现为一种灵感闪现，能瞬间照亮问题的解决路径，为人们提供创新的思路和方法。

二、直觉思维的心理学基础

（一）直觉思维的心理机制

从心理学角度看，直觉思维的产生源于大脑的潜意识加工机制。人类在日常生活中积累的海量信息，一部分存储于显意识层面，可被清晰回忆与主动调用；另一部分则沉淀于潜意识,形成未被自觉激活的经验图式。当面临问题时,显意识通常先通过逻辑推理尝试解决。然而在复杂情境或紧急状态下,显意识的线性推理可能无法及时得出结论。此时,潜意识会启动自动化信息处理程序:快速检索并整合长期记忆中的相关经验片段,跳过显意识的逐层分析过程,以模式匹配或特征关联的方式直接生成直觉判断。

以品酒师为例,其品尝葡萄酒时,潜意识会自动将酒液的色泽、香气分子结构、口感质地等多维特征,与过往存储的数千种葡萄酒信息进行非意识层面的高速比对,瞬间完成产地、葡萄品种、陈年时间等属性的匹配,最终以直觉形式呈现判断结果。这一过程中,品酒师往往无法清晰追溯推理步骤,却能凭借潜意识的高效整合获得精准结论,体现了直觉思维"快速性""非逻辑性""自动性"的典型特征。

(二)直觉思维的发展历程

直觉思维并非与生俱来就十分完善,它有一个逐渐发展的过程。在儿童时期,直觉思维开始萌芽。儿童凭借简单的感知和本能反应,对周围世界做出一些直观的判断。例如,幼儿看到红色的苹果,会直觉地认为它是甜的,这是基于日常生活中对苹果的简单认知。随着年龄增长和知识经验的积累,个体的直觉思维能力不断提升。青少年在学习过程中,通过对不同学科知识的掌握和大量练习,开始在某些领域展现出更具深度的直觉判断。比如在数学学习中,对一些几何图形问题,能凭借直觉快速找到解题思路。到了成年阶段,丰富的生活阅历和专业领域的深入研究,使得直觉思维更加成熟和精准。在各自的专业领域,成年人能够基于长期积累的经验,迅速对复杂问题作出准确的直觉判断,为解决问题提供方向。

> **课堂实战**
>
> 课堂上对一系列不同风格的绘画作品进行展示,包括抽象画、写实画等。在5分钟内,凭借直觉判断这些画作的创作年代,是现代作品还是古典作品。例如,可能会觉得某幅画色彩鲜艳、风格大胆,直觉上认为是现代作品,因为现代艺术更倾向于突破传统,追求创新的色彩和表现形式;而另一幅画技法细腻、题材传统,直觉判断为古典作品。通过这个实战,初步感受直觉思维在艺术鉴赏中的运用,以及直觉判断背后可能蕴含的知识经验关联。

三、直觉思维的类型

(一)直觉思维的主要分类

1. 感知直觉

感知直觉是基于个体的感官知觉,对事物的外在特征、整体形象等进行直觉判断。它依赖于视觉、听觉、嗅觉、味觉、触觉等感官信息的获取和快速处理。例如,我们在逛街时,远远看到一个人的走路姿势,无须看清面容,就能凭借感知直觉判断出这是我们熟悉的朋友。这是因为我们的大脑通过长期观察和记忆,对朋友独特的走路姿势形成了一种感官上的直觉认知。在产品设计领域,设计师通过观察消费者对产品外观的第一反应,利用感知直觉来判断产品外观设计的吸引力。如果大多数消费者看到产品外观时,眼神中流露出惊喜或愉悦,设计师就能直觉地认为这款产品外观设计可能较为成功。

2. 理性直觉

理性直觉并非完全脱离理性，而是在理性知识和经验的基础上，对问题进行快速的、直接的洞察。它超越了简单的感知层面，深入到事物的本质和内在规律。科学家在研究过程中，常常会运用理性直觉。例如，爱因斯坦在提出相对论时，并非通过传统的实验数据逐步推导得出，而是凭借他深厚的物理学知识和对宇宙规律的深刻理解，产生了一种理性直觉。他直觉地认为时间和空间并非绝对，而是相互关联、可弯曲的。这种直觉在后续的科学研究中得到了验证。在商业领域，企业家凭借对市场趋势的长期研究和理性分析，积累了丰富的经验，有时能凭借理性直觉作出重大决策。如在新兴市场崛起初期，企业家通过对行业动态、技术发展趋势的理性直觉判断，提前布局，抢占市场先机。

课堂实战

1. 准备丝绸、棉布、砂纸、金属片等不同材质的物品。班级学员分组后，小组成员闭眼触摸物品，凭借感知直觉快速判断材质，并在组内分享判断依据。例如，摸到光滑柔软且带光泽的物品，可能直觉判断为丝绸，这是因为日常生活中积累的丝绸触感与外观印象，会在触摸瞬间触发直觉反应。

2. 理性直觉实战：给出一道复杂的数学逻辑推理题，如"有一个数列，1，1，2，3，5，8，13……请根据规律，直觉地判断下一个数字是多少"。在短时间内凭借自己对数学规律的理解和以往学习经验，运用理性直觉给出答案，并解释自己的直觉思路，例如，通过观察发现从第三项起，每一项都是前两项之和，所以直觉判断下一个数字是21。

（二）不同类型的直觉思维在实际中的应用

1. 科学发现中的直觉思维

在科学史上，许多重大发现都离不开直觉思维。例如，凯库勒在研究苯的分子结构时，长时间陷入困境。一天晚上，他在梦中看到一条蛇咬住自己的尾巴，形成一个环状。这个奇特的梦境激发了他的直觉思维，他突然意识到苯的分子结构可能是环状的，从而解决了长期困扰科学界的难题。这种感知直觉与理性直觉相结合的思维方式，让他从一个看似无关的梦境形象中，洞察到了苯分子结构的本质。在物理学中，普朗克在研究黑体辐射问题时，凭借对物理规律的深刻理解和理性直觉，大胆提出了量子假说。当时，传统物理学理论无法解释黑体辐射现象，普朗克突破常规思维，凭借直觉提出能量量子化的概念，为量子力学的发展奠定了基础。

2. 艺术创作中的直觉思维

艺术创作是直觉思维的广阔舞台。画家在创作时，常常凭借感知直觉捕捉瞬间的灵感。例如，莫奈在观察日出时，被天空中瞬息万变的色彩和光影所触动，凭借感知直觉迅速将这些美妙的瞬间通过画笔记录在画布上，创作出了经典的《印象·日出》。在文学创作中，作家也会运用直觉思维。托尔斯泰在创作《安娜·卡列尼娜》时，最初可能只是凭借一种对人性、社会现象的直觉感受，确定了故事的大致方向和人物的基本性格。随着创作的深入，理性直觉不断发挥作用，他对人物命运、社会矛盾的洞察更加深刻，使得作品成为文学史上的经典之作。

四、提升直觉思维能力的策略

(一)增强自我意识

增强自我意识是提升直觉思维的重要基础。个体需要更加关注自己内心的感受、想法和情绪变化。通过日常的反思和自我观察,了解自己在面对不同情境时的第一反应。例如,每天花 15～20 分钟进行自我反思,回顾当天遇到的事情,思考自己在处理问题时最初的直觉判断是什么,以及这种判断背后的原因。可以通过写日记的方式,记录下这些直觉反应和思考过程。长期坚持,能够让个体更加敏锐地捕捉到自己的直觉信号,提高直觉思维的敏感度。

(二)练习冥想和放松技巧

冥想和放松技巧有助于平静思绪,减少外界干扰,使潜意识能够更好地发挥作用,从而提升直觉思维能力。每周安排 3～4 次,每次 20～30 分钟的冥想练习。在冥想过程中,选择一个安静舒适的环境,闭上眼睛,专注于自己的呼吸,排除杂念。当思绪飘走时,轻轻地将注意力拉回到呼吸上。通过这种训练,让大脑进入一种放松、宁静的状态,此时潜意识更容易浮现出一些直觉灵感。此外,渐进性肌肉松弛、深呼吸等放松技巧也能帮助个体缓解紧张情绪,为直觉思维的产生创造良好的心理环境。

(三)具体的直觉思维训练活动

1. 观察练习

每周进行 2～3 次观察练习。选择一个观察对象,可以是公园里的人群、街头的店铺,或者是一幅复杂的绘画作品。在观察过程中,给自己设定一个较短的时间限制,如 5～10 分钟。在这段时间内,快速观察对象的各种细节,包括人物的表情、动作、穿着,店铺的装修风格、商品陈列等。观察结束后,闭上眼睛,凭借直觉回忆观察到的内容,尽可能详细地在脑海中重现。然后,再次观察,对比自己直觉回忆与实际情况的差异。通过不断练习,提高自己的观察力和凭借直觉快速捕捉信息、回忆信息的能力。

2. 创意写作和绘画

每月进行 2～3 次创意写作或绘画活动。在创意写作中,给定一个主题,如"未来的城市",然后在 15～20 分钟,凭借直觉快速写下脑海中浮现的关于未来城市的各种想象,不要过于在意语法和逻辑,重点是将直觉想法快速记录下来。绘画练习同样如此,给定一个简单的图形,如圆形,在 10～15 分钟,凭借直觉将圆形拓展成一幅完整的画作,可以添加各种元素,如将圆形画成太阳,围绕太阳添加云朵、飞鸟、山脉等。通过这些活动,激发潜意识的创造力,锻炼直觉思维在创意表达方面的能力。

3. 团队合作游戏

定期组织团队合作游戏,如"直觉猜词"游戏。班级学员分成若干小组,每组推选一名学员作为猜词者,其他学员通过动作、表情等非语言方式向猜词者传达一个词语。猜词者需要凭借直觉快速猜出词语。在游戏过程中,猜词者要专注于队友传达的信息,迅速调动直觉思维做出判断。通过这种团队互动游戏,不仅能训练个体的直觉思维,还能增强团队成员之间的默契和沟通能力。

一、单项选择题

1. 直觉思维的核心特征是(   )。

A. 逻辑性强,需经过严密推理

B. 快速判断,基于经验或潜意识

C. 依赖数据统计与分析

D. 完全脱离理性思维独立存在

2. (   )不属于直觉思维的特点。

A. 非逻辑性

B. 快速性

C. 清晰性

D. 或然性

3. 直觉思维与灵感思维的主要区别在于(   )。

A. 直觉是瞬间闪现的创意,灵感是长期积累的爆发

B. 直觉依赖理性分析,灵感依赖潜意识

C. 直觉是对问题的直接判断,灵感是创造性突破

D. 两者没有本质区别

4. 在创新过程中,直觉思维的主要作用是(   )。

A. 提供系统的解决方案

B. 快速识别问题本质或潜在机会

C. 验证创意的可行性

D. 积累大量背景知识

5. 下列案例中,主要体现直觉思维的是(   )。

A. 门捷列夫通过元素周期律推导新元素

B. 阿基米德在洗澡时发现浮力定律

C. 乔布斯凭直觉推出 iPhone 触屏设计

D. 爱迪生通过千次实验发明电灯

二、简答题

1. 简述直觉思维的定义及其在创新中的作用。

2. 直觉思维有哪些主要特点?请结合实例说明其中一个特点。

3. 直觉思维与逻辑思维的关系是什么?二者如何互补?

4. 培养直觉思维需要哪些基础条件?

5. 举例说明直觉思维在商业决策中的应用场景。

三、分析题

1. 分析"直觉思维虽然快速,但容易受个人经验局限"这一观点的合理性,并提出避免经验偏差的方法。

2. 结合科学史上的案例(如居里夫人发现放射性元素),说明直觉思维在突破性创新中的关键作用。

3. 某企业家在面对市场不确定性时,常依赖直觉决策。请分析这种决策方式的优势与潜在风险。

4. 为什么说直觉思维是"理性思维的压缩版"?请从认知心理学角度解释。

5. 对比分析直觉思维与数据分析在创新中的不同价值,举例说明二者如何结合使用。

四、应用题

1. 设计一个训练直觉思维的日常练习方案,包括 3～5 项具体方法(如快速判断、意象联想等)。

2. 假设你是某产品经理,面对用户需求模糊的新产品开发任务,如何运用直觉思维捕捉核心痛点?请写出具体步骤。

3. 某初创公司计划进入一个新兴领域,现有数据有限。请说明如何通过直觉思维辅助战略决策,并设计验证直觉的方法。

4. 在团队头脑风暴中,如何避免直觉思维被逻辑批判压制?请提出促进直觉表达的规则或技巧。

5. 结合自身经历,描述一次直觉引导你解决问题的真实案例,分析直觉背后的经验支撑和潜在风险。

第五节 灵感思维

书籍复制的灵感

约翰内斯·古登堡是一位金匠,一直致力于改进书籍的制作方式。当时,书籍的复制主要依靠人工抄写,效率极低且成本高昂。有一天,古登堡在观察葡萄压榨机工作时,突然灵感闪现。他发现葡萄压榨机通过施加压力,能将葡萄汁均匀挤出。他想,是否可以利用类似原理,将墨水均匀地压印到纸张上,从而实现文字的批量复制呢?基于这一灵感,古登堡经过反复试验和改进,最终发明了铅活字版机械印刷术。这一发明彻底改变了书籍的制作方式,极大地提高了知识传播的效率,对人类文明的发展产生了深远影响。这个故事生动地展现了灵感思维在创新过程中的关键作用,它能在看似不相关的事物之间建立联系,带来突破性的成果。

一、灵感思维的基本概念

(一)灵感思维的起源与发展

灵感思维伴随人类的诞生而萌芽,在漫长的历史演进中不断发展。原始人类在日常的劳作与生活里,偶然间的发现常常源于灵感。比如,他们在击打石头时,意外发现了火花,进而逐渐掌握了取火的方法,这一灵感开启了人类文明进步的新纪元。在古代文明中,灵感思维在艺术创作和学术研究领域大放异彩。古希腊的哲学家们在对世界本质的思考中,凭借灵感提出了诸多影响深远的哲学观点。在艺术方面,中国古代的诗人墨客,如王维,在游历山川美景时,灵感突发,创作出大量意境深远的山水田园诗。随着时代的推进,到了工业革命时期,灵感思维促使发明家们不断创新,像瓦特受到水壶烧水时水蒸汽顶起壶盖的启发,发明了蒸汽机,推动了工业生产方式的巨大变革。在现代,灵感思维更是在科技、文化、商业等各个领域发挥着不可或缺的作用,成为推动社会快速发展的核心动力之一。

（二）灵感思维在不同领域的体现

在艺术领域，灵感是创作的灵魂。画家毕加索在创作《格尔尼卡》时，西班牙内战中格尔尼卡小镇遭受纳粹轰炸的惨状深深触动了他。他凭借内心涌起的强烈灵感，用独特的立体主义手法，创作出这幅震撼世界的反战巨作，以极具冲击力的画面表达了战争暴行的控诉。在文学创作中，灵感赋予作品鲜活生命力。莫言在创作《红高粱家族》时，家乡高密的风土人情、历史故事以及儿时的记忆等诸多元素在他脑海中不断碰撞，灵感如泉涌，让他创作出这部具有浓郁地域特色和深刻思想内涵的文学佳作。在科学领域，灵感常常是重大突破的关键。伦琴在研究阴极射线时，敏锐捕捉到实验中出现的异常荧光现象。凭借科研直觉与灵感，他意识到这一现象背后可能隐藏新的物理规律，经深入研究后，最终发现了 X 射线。这一发现不仅革新了医学诊断手段，更为物理学研究开辟了全新维度。在商业领域，灵感能催生创新商业模式。Airbnb 创始人观察到旅行者面临住宿成本高、选择单一的痛点，受"共享闲置资源"灵感启发，创建了在线房屋租赁平台。该模式打破传统酒店行业格局，通过连接房东与旅客，将闲置房源转化为个性化住宿产品，重塑了全球旅行住宿体验。

二、灵感思维的特点

（一）突发性与不可预测性

灵感往往毫无预兆地突然降临。德国数学家高斯曾经花费数年时间试图证明一个数学定理，但一直没有进展。有一天，他在毫无准备的情况下，突然灵感闪现，瞬间找到了证明方法。他后来回忆道："像闪电一样，谜团一下子解开了。我自己也说不清楚是什么线索把我原先的知识和使我成功的东西连接起来。"这种突发性使得灵感难以被人为控制，它可能在人们从事日常活动（如散步、做家务甚至睡眠）时突然闪现，带来意想不到的惊喜。

（二）创造性与独特性

灵感思维产生的成果通常具有创新性和独特性。以苹果公司的产品设计为例，乔布斯对产品设计有着独特的灵感。他追求简洁、美观与易用性的完美结合，从苹果电脑到 iPhone、iPad 等产品，都以其独特的设计风格和创新的功能改变了全球消费者对电子产品的认知和使用习惯。在建筑设计领域，悉尼歌剧院的设计堪称灵感思维的杰作。设计师约恩·乌松从橙子瓣的形态中获得灵感，设计出了独特的贝壳形屋顶，使悉尼歌剧院成为世界建筑史上的经典之作，其独特的造型和创新的设计理念在建筑领域独树一帜。

（三）跨领域融合性

灵感思维常常跨越不同领域，融合多种知识和经验。例如，生物学家受到蜘蛛网结构的启发，研发出了高强度的新型材料。蜘蛛丝具有出色的强度和韧性，科学家们通过研究蜘蛛网的结构和蜘蛛丝的成分，将生物学知识与材料科学相结合，成功开发出具有类似性能的人造纤维材料，可应用于航空航天、医疗等多个领域。在音乐创作中，也常常体现跨领域融合的灵感。一些音乐家从自然声音，如鸟鸣、风声、水流声中获取灵感，将这些自然元素融入音乐创作中，创造出独特的音乐风格。他们把对自然的感知与音乐理论知识相融合，创作出富有自然韵味的音乐作品，给听众带来全新的听觉体验。

三、灵感思维的类型

（一）基于经验的灵感

1. 如何从过往经验中获得灵感

过往经验是灵感的一座宝藏。例如，一位资深的汽车修理工，在遇到一辆发动机故障的汽车时，他会回忆过去修理类似故障的经历。他可能记得曾经有一辆车也是出现类似的异常声音，当时是因为某个零件磨损导致的。基于这个经验，他会首先检查这个零件是否有问题，这一经验启发他找到了排查故障的方向。在烹饪领域，厨师在开发新菜品时，会借鉴以往对食材特性、烹饪技巧和口味搭配的经验。比如，他知道某种香料与肉类搭配能产生独特的风味，当尝试制作新的肉类菜肴时，就可能从这个经验出发，思考如何将这种香料以新的方式运用到新菜品中，从而为菜品增添独特的味道。

2. 经验积累对灵感激发的作用

丰富的经验积累能显著提高灵感出现的概率。以医生为例，随着临床经验的不断增加，面对复杂病症时，医生能从过往相似病例的诊断和治疗经验中快速获得灵感。一位在皮肤科工作多年的医生，遇到一种罕见的皮肤疾病时，凭借对多种皮肤病症状、治疗方法的长期经验积累，可能会突然联想到曾经治疗过的一个类似病例，从而找到诊断和治疗的新思路，成功治愈患者。在艺术创作方面，摄影师通过长期的拍摄实践，积累了丰富的构图、光影运用和捕捉瞬间的经验。在拍摄新的场景或主题时，这些经验会在潜意识中发挥作用，激发灵感，使摄影师能够迅速找到独特的拍摄角度和表现手法，创作出优秀的摄影作品。

课堂实战

班级学员分成若干小组，举例一个生活中的常见问题，如"如何改善房间的收纳空间"。每个小组回顾自己在生活中关于收纳的经验，如曾经使用过的收纳工具、整理物品的方法等。小组内学员交流分享后，尝试基于这些经验提出解决当前问题的创新方案。例如，有的小组可能根据以往使用多层置物架的经验，提出定制一个可调节高度的多层收纳架，以适应不同物品的存放需求；有的小组可能借鉴将衣物分类收纳的经验，设计出一种按功能分区的房间收纳布局。每个小组推选一名代表，向全班展示小组讨论得出的方案，并阐述方案中灵感来源于哪些过往经验。

（二）基于知识的灵感

1. 深厚的知识背景如何促进灵感产生

深厚的知识背景为灵感提供了丰富的素材和广阔的视野。例如，物理学家爱因斯坦在提出相对论之前，深入研究了经典力学、电磁学等多个领域的知识。他对这些知识的深刻理解和融会贯通，使他在思考时间与空间的关系时，能够从不同理论的矛盾和联系中获得灵感。他意识到经典力学中关于时间和空间的绝对观念存在局限性，通过对不同知识的整合与创新思考，最终提出了相对论，彻底改变了人们对时空的认知。在文学创作中，作家对历史、哲学、心理学等多领域知识的掌握，有助于激发创作灵感。例如，俄罗斯作家托尔斯泰在创作《战争与和平》时,凭借对历史事件的深入研究以及对人性的哲学思考,灵感不断涌现。托尔斯泰将历史知识与对人物心理的刻画相结合,塑造出众多生动鲜活的人物形象,构建起宏大而深刻的文学世界。

2. 学科交叉点上的灵感爆发

在学科交叉领域,不同学科知识相互碰撞,极易引发灵感爆发。在生物医学工程领域,医学与工程学的交叉融合催生了许多创新成果。例如,在研发心脏起搏器时,工程师运用电子工程学知识设计电路和芯片,以实现对心脏节律的精准控制;同时,结合医学对心脏生理功能的了解,确保起搏器能够安全有效地植入人体并发挥作用。这种跨学科的知识融合,让科学家们在学科交叉点上获得灵感,解决了医学领域的难题。在计算机科学与艺术的交叉领域,数字艺术更加蓬勃发展。艺术家利用计算机编程知识,结合自身的艺术创作灵感,创造出互动艺术作品、虚拟现实艺术体验等新颖的艺术形式。例如,通过编程实现观众与艺术作品的互动,观众的行为能够实时影响作品的呈现效果,这种创新的艺术形式正是学科交叉带来的灵感结晶。

课堂实战

举例两个不同学科的概念,如"物理学中的光学原理"和"服装设计",思考如何将这两个看似不相关的学科知识结合起来,产生新的设计灵感。班级学员分组进行讨论,尝试从光学原理中的光的反射、折射等知识出发,思考如何应用到服装设计中,如设计出具有反光效果的服装,以提高夜间出行的安全性;或者利用光的折射原理,设计出在不同角度下呈现不同颜色的服装面料。每个小组在讨论后,绘制出简单的设计草图,并向全班解释设计思路,说明是如何从学科交叉中获得灵感的。

(三)基于直觉的灵感

1. 直觉与灵感之间的关系探讨

直觉与灵感紧密相连,直觉是灵感产生的基础。例如,在商业谈判中,谈判者凭借直觉感知对方的意图和底线。这种直觉可能基于对方的表情、语气、肢体语言等微妙信号。在后续谈判过程中,这种直觉可能激发灵感,促使谈判者提出巧妙的谈判策略。比如,谈判者直觉感觉到对方对某个条款比较敏感,于是灵感突发,提出一个折中的方案,既满足了对方的部分需求,又保障了己方的利益。在科学研究中,科学家对某一研究方向的直觉判断,可能引导他们在研究过程中获得灵感。例如,化学家在研究新化合物时,凭借直觉选择某一合成路径。在实验过程中,基于这一选择,可能会观察到一些意外现象,从而获得灵感,对合成方法进行优化,最终成功合成新化合物。

2. 提升直觉能力以增强灵感

提升直觉能力有助于增强灵感。可以通过日常的观察与思考训练直觉。比如,每天观察周围环境的细微变化,像观察街边店铺的招牌更换、行人的穿着风格变化等,并思考这些变化背后的原因。在面对问题时,尝试快速做出直觉判断,然后再进行理性分析,对比直觉与理性分析的结果,不断总结经验。同时,学习冥想等放松技巧,让大脑处于平静状态,有利于直觉的发挥。例如,设计师在进行设计前,通过冥想放松,排除杂念,凭借直觉捕捉内心对设计主题的第一感受。假设设计一张环保主题的海报,设计师在冥想后,可能直觉地认为以绿色作为主色调,搭配简洁的图形能够突出环保理念,以此为基础激发灵感,创作出更具创意的海报作品。

课堂实战

在讲台上放置一些物品,包括文具、小饰品、生活用品等。随机抽取一人上台,上台观察者要闭上眼睛,然后,凭借直觉描述这些物品的特征、摆放位置等,限定时间为 30 秒。之后,其他人补充观察到的细节,与上台观察者的直觉描述进行对比。

设计一个小型的多功能收纳盒,所有小组成员先进行 1 分钟的冥想放松,然后凭借直觉在纸上快速画出收纳盒的大致形状和可能的功能设计。每个人完成后,在小组内分享自己的设计思路,解释直觉是如何引导设计的。

四、灵感能力的训练方法

(一)日常积累法

1. 广泛阅读与学习新知识

广泛阅读不同领域的书籍、文章,涵盖科学、文学、艺术、历史等多个方面。每周安排一定时间进行自主阅读,如阅读一本科普书籍,了解最新的科学研究成果,像量子计算、基因编辑等前沿领域的知识;阅读一篇经典文学作品,如莎士比亚的戏剧,体会其独特的语言风格和深刻的思想内涵。同时,积极参加各类讲座、学术报告,学习新知识。例如,参加一场关于人工智能在医疗领域应用的讲座,了解人工智能如何辅助疾病诊断、药物研发等,拓宽知识视野,为灵感产生积累丰富的素材。

2. 注重日常生活中的观察与思考

引导学生在日常生活中养成观察与思考的习惯。每天花 15~20 分钟观察周围事物,比如观察街道上行人的行为模式,思考他们的行为动机和生活状态;观察自然现象,如四季更替中植物的变化、天气变化对环境的影响等,思考背后的自然规律。每周选择一个观察主题,如"城市交通流量的变化",详细记录观察到的交通流量在不同时间段、不同路段的特点,以及影响交通流量的因素,如工作日与周末的差异、周边商业活动的影响等,并思考改进交通拥堵状况的方案。通过这种方式,培养对生活的敏感度,为灵感的产生奠定坚实的基础。

(二)心理放松法

1. 放松心情,减少压力

学会放松心情,减少压力。每周安排 2~3 次,每次 30 分钟左右的休闲活动,如散步、听音乐、做瑜伽等。在散步时,放下学习与生活中的烦恼,专注于周围的自然环境,感受阳光的温暖、微风的吹拂、鸟儿的歌声,让身心得到充分的放松。在听音乐时,选择舒缓、宁静的音乐,如古典音乐中的巴赫《哥德堡变奏曲》,通过音乐的优美旋律和和谐节奏缓解紧张情绪,为灵感的产生创造良好的心理环境。

2. 冥想与自由联想练习

学习冥想与自由联想练习。每周进行 2～3 次冥想练习,每次 15～20 分钟。在冥想过程中,选择安静舒适的环境,闭上眼睛,专注于自己的呼吸,排除杂念。当思绪飘走时,轻轻地将注意力拉回到呼吸上。冥想结束后,进行 5～10 分钟的自由联想练习。给定一个简单的词语,如"森林",在脑海中自由联想与森林相关的事物、场景、情感等,如树木、野生动物、清新的空气、宁静的氛围、探险的乐趣等,并将联想结果记录下来。通过这种练习,让大脑进入放松、自由的状态,激发潜意识,促进灵感产生。

(三)创意激发法

1. 头脑风暴与创意工作坊

定期组织头脑风暴与创意工作坊活动。在头脑风暴中,给定一个创意主题,如"未来办公空间的设计",班级学员分小组,每组 5～6 人。小组成员在 15～20 分钟,围绕主题自由提出各种创意想法,不进行批评与评价。例如,提出未来办公空间可以采用可移动的模块化设计,方便根据工作需求随时调整布局;抑或提出利用虚拟现实技术,让员工可以在不同的虚拟场景中办公,提高工作的趣味性和效率。在创意工作坊中,邀请专业人士与小组成员共同参与,如邀请室内设计师与小组一起探讨办公空间设计创意。设计师分享实际项目中的设计经验和技巧,学员在与专业人士的交流互动中,激发创意灵感,拓宽设计思路。

2. 设计挑战与问题解决竞赛

举办设计挑战与问题解决竞赛。例如,设计一场"环保餐具设计挑战",给定一个环保主题,如"减少一次性餐具的使用",要求在一周内设计出一款环保餐具方案。方案需包括产品设计图、功能介绍、环保理念阐述等。在竞赛过程中,可通过查阅资料、团队讨论等方式,不断激发灵感,寻找创新的设计思路。问题解决竞赛可以给出一个实际问题,如"校园图书馆资源利用率低的问题",班级学员分组在规定时间内提出解决方案,通过竞赛锻炼运用灵感思维解决实际问题的能力。在竞赛结束后,进行总结和反思,分析在解决问题过程中灵感的来源和作用,以及如何进一步提升灵感思维能力。

本节练习

一、单项选择题

1. 以下体现灵感思维突发性与不可预测性的是( )。

　A. 作家长期积累素材后创作作品　　　　B. 科学家经过多次实验取得成果

　C. 高斯突然找到数学定理的证明方法　　D. 设计师按客户要求设计产品

2. 悉尼歌剧院的设计体现了灵感思维是( )。

　A. 基于经验的灵感　　　　　　　　　　B. 基于知识的灵感

　C. 基于直觉的灵感　　　　　　　　　　D. 以上都不是

3. 在学科交叉领域,医学与工程学融合研发心脏起搏器,这属于( )带来的灵感。

　A. 基于经验　　　　B. 基于知识　　　　C. 基于直觉　　　　D. 基于想象

4. 为提升直觉能力,以下做法不恰当的是( )。

　A. 每天观察周围环境变化　　　　　　　B. 面对问题直接作理性分析

C. 学习冥想放松技巧　　　　　　　　　　D. 对比直觉与理性分析结果

5. 组织头脑风暴活动时,以下做法正确的是(　　　)。

A. 对成员想法及时批评指正　　　　　　B. 限定成员的思考方向

C. 鼓励成员自由提出想法　　　　　　　D. 只邀请专业人士参加

二、简答题

1. 简述灵感思维的定义,并举例说明其在某一领域的体现。

2. 请阐述灵感思维的特点,并结合具体案例分析其中一个特点。

3. 以建筑设计为例,说明基于经验的灵感是如何产生的。

4. 解释学科交叉点上容易爆发灵感的原因,并举例说明。

5. 简述心理放松法中的冥想与自由联想练习对激发灵感的作用。

三、分析题

1. 分析在智能手机的发展历程中,灵感思维起到了哪些作用,从不同类型的灵感思维角度进行阐述。

2. 以某一著名艺术作品(如达·芬奇的《蒙娜丽莎》)为例,探讨艺术家在创作过程中灵感思维的来源和表现形式。

3. 结合实际生活,分析在解决城市交通拥堵问题时,如何运用灵感思维提出创新解决方案,可从基于经验、知识、直觉等方面进行思考。

四、应用题

1. 选择一个你感兴趣的主题,如"未来的交通工具",运用头脑风暴法,在 15 分钟内尽可能多地提出创意想法,并记录下来。然后挑选其中一个想法,进行深入设计,绘制简单草图并撰写设计说明。

2. 进行一次为期一周的日常观察记录,选择一个观察对象,如小区内的流浪猫活动规律。每天记录观察到的现象,并在周末时基于这些观察,运用灵感思维提出一个与改善流浪猫生存环境相关的创新方案。

3. 参加一次创意工作坊或相关讲座(可以是线上资源),主题不限。在参与过程中,记录下自己获得的灵感以及受到的启发,分析这些灵感产生的原因。活动结束后,撰写一篇心得体会,阐述如何将这些灵感应用到实际学习或生活中。

第四章

思维创新工具

知识目标

1. 理解六顶思考帽理论体系与应用框架。
2. 理解六双行动鞋行为决策模型。
3. 掌握思维导图的理论基础与构建要素。
4. 了解工具的跨领域应用价值。

能力目标

1. 具备工具选择与场景适配能力。
2. 具备工具实操与流程设计能力。
3. 具备团队协作与成果呈现能力。
4. 具备批判性反思与工具优化能力。

素养目标

1. 培养分维度思考与系统整合意识。
2. 培养工具驱动的创新与决策素养。
3. 养成可视化表达与逻辑呈现习惯。
4. 具有技术时代的工具迭代意识。

案例导入

某科技公司智能分类垃圾桶的六帽决策会

某科技公司计划开发一款"智能垃圾分类垃圾桶",团队在立项会上运用六顶思考帽进行讨论。

白帽开场:市场调研显示,2024 年中国智能环卫设备市场规模达 320 亿元,政策要求 2025 年城市垃圾分类覆盖率超 90%,但现有产品识别准确率仅 85%。

红帽发言:"我担心老年人不会用触摸屏,这会影响普及率。但我觉得智能感应开盖的设计很吸引人,家里有宠物的用户会喜欢。"

黑帽分析:"核心芯片成本占比 40%,若供应链中断将导致售价超 3 000 元,超出家庭用户承受力。识别湿垃圾时可能因污渍导致摄像头故障,维护成本高。"

黄帽挖掘:"可对接政府环卫系统,通过广告投放实现 B 端盈利;AI 识别数据能卖给环保研究机构,形成二次收益。"

绿帽创新:"用可拆卸式垃圾盒解决污渍问题,设计亲子互动 APP 教儿童分类,还能联动社区积分兑换系统。"

蓝帽总结:"聚焦'高识别率+低维护成本',下周前完成芯片国产替代调研,同步开发简易操作模式原型。"

最终产品上市后,因兼顾技术可行性与用户体验,半年内占据 15% 市场份额。

想一想: 在上述案例中,六项思考帽如何避免团队陷入"既想创新又怕风险"的思维混乱? 试举例说明生活中可用类似方法解决的问题(如"是否购买二手电动车"的决策)。

第一节　六顶思考帽

一、六顶思考帽简介

(一)概念及理论背景

六顶思考帽由英国学者爱德华·德·博诺(Edward de Bono)提出,是一种通过角色化、分维度引导思维的工具,旨在避免思维混乱,提升团队或个人的决策效率与创造力。它将人类思维方式分为六种,并用六种不同颜色的帽子来象征。白色代表中立客观,白色思考帽专注于信息与数据的收集和分析;红色象征情感,红色思考帽用于表达直觉与情感;黑色意味着批判,黑色思考帽负责评估风险与指出问题;黄色寓意乐观积极,黄色思考帽挖掘事物的积极面与价值;绿色代表生机与创意,绿色思考帽鼓励探索创造性解决方案;蓝色则象征着冷静与掌控,蓝色思考帽把控思考过程并进行总结归纳。这一理论打破了传统思维中人们在同一时刻需兼顾多种思考维度的局限,引导人们在不同阶段专注于特定思维模式,从而使思维更加清晰、高效。

(二)发展历程与应用领域

自六顶思考帽的概念提出以来,其迅速在全球范围内得到广泛应用与推广。最初,它在企业管理领域崭露头角,帮助企业解决复杂决策问题,提升团队协作效率。例如,在产品研发决策过程中,团队成员通过分别戴上不同颜色的思考帽,从客观数据、情感倾向、潜在风险、积极效益、创新思路以及整体决策把控等多个角度进行深入探讨,使决策更加科学合理。随着时间推移,其应用领域不断拓展,涵盖教育、医疗、政府决策等多个领域。在教育领域,教师运用六顶思考帽引导学生进行批判性思维和创造性思维训练,提升学生解决问题的能力。在医疗领域,医生在诊断复杂病症时,借助六顶思考帽从不同角度分析病情,制定更全面的治疗方案。在政府决策中,政策制定者通过六顶思考帽全面考量政策的可行性、潜在影响等因素,确保政策的科学性与有效性。

二、各色思考帽的功能与运用

（一）白帽：信息与数据的客观分析

白色思考帽强调以客观、中立的态度收集和分析信息与数据。在企业市场调研中，可以运用白帽思维，调研人员通过问卷调查、访谈、数据分析等方式，收集关于目标市场规模、消费者需求、竞争对手情况等客观信息。例如，一家手机制造商计划推出新款手机，在前期市场调研阶段，团队成员戴上白帽，收集到全球手机市场近五年的销量数据，不同年龄段、地区消费者对手机功能（如拍照、续航、处理器性能）的需求偏好数据，以及主要竞争对手新推出手机的技术参数、市场定价、销售渠道等信息。基于这些客观数据，企业能够准确把握市场趋势，为新款手机的定位与功能设计提供坚实依据。

（二）红帽：情感与直觉的表达

红色思考帽允许人们自由表达情感与直觉，无须提供逻辑依据。在艺术创作讨论中，参与者运用红帽思维分享对作品的直观感受。比如，在一场绘画作品研讨会上，有人看到一幅抽象画后，运用红帽思维表达："我看到这幅画，内心莫名感到一种强烈的孤独与挣扎，色彩的冲突让我觉得很压抑。"这种情感与直觉的表达，能为创作者提供新的视角，也有助于观众更好地理解作品背后的情感内涵。在团队决策中，成员也可以通过红帽思维表达对某个方案的直觉判断，如"我直觉上觉得这个营销方案会很吸引人，虽然我说不出具体原因，但我就是有这种感觉。"这种表达能为决策过程增添人性化元素，避免过度依赖理性分析而忽略潜在的情感因素。

（三）黑帽：风险评估与谨慎思考

黑色思考帽聚焦于识别风险、发现问题，对方案或想法进行批判性分析。在企业投资项目评估中，运用黑帽思维，评估团队会从多个方面考量风险。例如，对于一个新的房地产投资项目，团队成员戴上黑帽，分析市场波动可能导致的房价下跌风险，项目建设过程中可能面临的原材料价格上涨、工期延误风险，以及政策变动对房地产市场的影响风险等。通过这种谨慎思考，企业能够提前制定应对策略，降低投资风险。在科学研究中，科研人员在提出新理论或实验方案时，也会运用黑帽思维自我审视，思考理论可能存在的漏洞、实验设计的缺陷等，确保研究的严谨性。

（四）黄帽：积极面与价值发现

黄色思考帽用于挖掘事物的积极面与价值，以乐观的视角看待问题。在企业产品创新中，运用黄帽思维，团队成员积极寻找新产品的优势与潜在价值。例如，一家食品企业研发出一款新型低糖健康食品，戴上黄帽后，成员们发现这款产品符合当下消费者对健康饮食的追求，具有广阔的市场前景；其低糖配方能够吸引糖尿病患者等特殊消费群体，拓展消费市场；独特的口味还可能培养消费者的忠诚度，带动企业其他产品的销售。通过黄帽思维，企业能够坚定创新信心，充分发挥产品的价值。在教育领域，教师可以运用黄帽思维鼓励学生发现学习内容的积极意义，如学习数学能锻炼逻辑思维能力，为未来从事理工科专业打下基础，从而提升学生的学习积极性。

（五）绿帽：创造性与解决方案探索

绿色思考帽激发创造性思维，鼓励团队成员提出新颖的想法和解决方案。在企业面临市场竞争困境时，可运用绿帽思维，集思广益。例如，一家传统零售企业受到电商冲击，市场份额下降。运用绿帽思维提出一系列创新解决方案，例如开展线上线下融合的新零售模式，利用直播带货拓宽销售渠道，推出个性化定制服务提升客户体验等。在解决社会问题时，也可运用绿帽思维。例如，针对城市交通拥堵问题，有人提出建设智能交通系统，通过实时监测路况调整信号灯时间，推广共享出行模式，鼓励错峰出行等创新思路，为缓解交通拥堵提供新途径。

（六）蓝帽：过程控制与总结归纳

蓝色思考帽负责把控思考过程，确保思考按计划进行，并在最后进行总结归纳。在企业战略规划会议中，由主持人戴上蓝帽，确定会议主题为"未来五年企业发展战略规划"，制定会议流程，明确每个环节的时间安排与参与人员。在讨论过程中，主持人运用蓝帽思维引导成员依次运用不同颜色的思考帽进行讨论，如先让成员戴上白帽收集行业数据，再戴红帽表达对企业发展方向的直觉感受等。会议结束时，主持人运用蓝帽思维对讨论结果进行总结归纳，提炼出企业未来五年的发展战略要点，如明确市场定位、确定产品创新方向、规划营销渠道拓展策略等。在项目管理中，项目经理运用蓝帽思维把控项目进度，协调团队成员工作，总结项目经验教训，确保项目顺利推进。

课堂实战

班级学员分成若干小组，每组讨论一个主题，例如"校园环保活动策划"。每个小组按照六顶思考帽的顺序进行讨论。首先，小组成员戴上白帽，收集校园内的环保现状数据，如每天产生的垃圾量、可回收物的比例、校园绿化面积等信息。接着，戴上红帽，分享对校园环保活动的情感期待，如希望活动有趣、能真正提高大家的环保意识等。然后，戴上黑帽，分析活动可能面临的风险，如资金不足、参与人数不够、天气因素影响活动开展等。再戴上黄帽，探讨活动的积极意义，如改善校园环境、培养人们环保习惯、提升学校社会形象等。之后，戴上绿帽，提出创新的活动方案，如举办环保创意大赛、开展校园环保志愿者打卡活动、设立环保积分兑换制度等。最后，由小组组长戴上蓝帽，总结讨论结果，制定详细的校园环保活动策划方案，包括活动目标、具体流程、人员分工、预算安排等，并向全班展示。

三、六顶思考帽的实践案例

（一）在企业管理中的应用实例

某大型企业计划开拓新市场，在决策过程中运用了六顶思考帽。首先，市场调研团队戴上白帽，收集新市场的人口规模、消费能力、行业竞争格局等数据。接着，企业高层戴上红帽，表达对新市场的直觉判断，有的人认为新市场潜力巨大，有的人则对进入新市场存在担忧。随后，风险管理部门戴上黑帽，分析进入新市场可能面临的风险，如文化差异导致的市场接受度低、当地政策法规变化带来的经营风险等。与此同时，市场营销团队戴上黄帽，指出新市场能为企业带来的机遇，如拓展品牌影响力、增加市场份额、提升企业利润等。之后，创新团队戴上绿帽，提出一系列进入新市场的策略，如与当地企业合作、推出符合当地特色的产品、开展线上线下结合的营销活动等。最后，企业决策层戴上蓝帽，综合各方意见，制定出详细的新市场开拓计划，明确了市场定位、产品策略、营销策略以及风险应对措施。通过运用六项思考帽，企业全面、系统地分析了进入新市场的各种因素，提高了决策的科学性与准确性，成功开拓了新市场，实现了业务增长。

（二）在教育领域中的应用案例

在一所大学的语文课堂上，教师运用六项思考帽引导学生进行作文创作。在命题作文"我的梦想"写作前，教师组织学生进行讨论。首先，学生戴上白帽，收集关于梦想的各种信息，如了解不同职业的特点、所需技能，以及实现梦想的途径等。然后，戴上红帽，分享自己对梦想的直观感受，有的学生表示梦想是自己内心最渴望实现的目标，想到梦想就充满动力；有的则觉得梦想遥不可及，有些迷茫。接着，戴上黑帽，思考实现梦想可能遇到的困难，如自身能力不足、外界干扰、经济压力等。再戴上黄帽，探讨实现梦想能给自己和社会带来的积极影响，如实现个人价值、为社会作出贡献、激励他人等。之后，戴上绿帽，学生们提出各种实现梦想的独特想法，如通过参加社会实践积累经验、利用网络学习资源提升技能、组建梦想互助小组共同进步等。最后，教师引导学生戴上蓝帽，梳理思路，将讨论结果融入作文创作中，使作文内容更加丰富、逻辑更加清晰。通过运用六项思考帽，学生不仅提高了写作水平，还培养了批判性思维和创造性思维能力。

本节练习

一、单项选择题

1. 六项思考帽中，代表客观事实和数据的是（　　）。

A. 白色思考帽　　　　　　　　　　B. 红色思考帽

C. 黑色思考帽　　　　　　　　　　D. 黄色思考帽

2. 在讨论新产品外观设计时，成员运用红色思考帽表达"觉得这款设计色彩过于沉闷，让人感觉压抑"，这体现了红色思考帽（　　）的特点。

A. 基于客观事实　　　　　　　　　B. 表达情感和直觉

C. 评估风险　　　　　　　　　　　D. 寻找积极因素

3. 当团队需要对项目方案进行批判性分析，评估潜在风险时，应戴上（　　）思考帽。

A. 绿色　　　　　　B. 蓝色　　　　　　C. 黑色　　　　　　D. 黄色

4. 绿色思考帽的主要作用是（　　）。

A. 控制讨论流程　　　　　　　　　B. 提出新的创意和想法

C. 展现乐观积极的态度　　　　　　D. 强调直觉和情感

5. 在一场会议中，先由成员戴上白色思考帽陈述市场调研数据，再戴上黄色思考帽分析方案的优势，最后用蓝色思考帽总结决策，这种顺序体现了六项思考帽的（　　）。

A. 随意使用特性   B. 并行思考特性

C. 独立使用特性   D. 序列使用特性

二、简答题

1. 简述六项思考帽方法的核心概念。

2. 黑色思考帽和黄色思考帽在使用上有何区别？

3. 绿色思考帽在创新过程中发挥着怎样的作用？请举例说明。

4. 蓝色思考帽在团队讨论中的主要职责是什么？

5. 运用六项思考帽进行思考有哪些优点？

三、分析题

1. 某公司计划推出一款新型智能手表，在产品研发会议上，团队成员先使用白色思考帽列举了当前市场上同类产品的功能、价格等数据，接着用红色思考帽表达了对新产品外观风格的个人喜好，随后用黑色思考帽指出了可能面临的技术难题和成本超支风险，用黄色思考帽分析了产品在市场上的竞争优势和潜在收益，用绿色思考帽提出了增加健康监测新功能等创意，最后运用蓝色思考帽总结讨论并确定下一步计划。分析此次会议中六项思考帽的运用是否合理，存在哪些可以改进的地方？

2. 在城市交通拥堵治理方案讨论中，有人一直坚持用黑色思考帽不断强调各种方案实施的困难和成本，导致讨论陷入僵局。请分析这种情况产生的原因，并提出如何运用六项思考帽打破僵局的建议。

3. 对比传统讨论方式和运用六项思考帽的讨论方式，分析六项思考帽如何避免讨论过程中出现思维混乱、观点冲突等问题，从而提高讨论效率和质量。

4. 一家餐饮企业准备开发新菜品，在运用六项思考帽进行讨论时，若白色思考帽提供的市场数据不够全面准确，会对后续使用其他颜色思考帽进行分析和决策产生怎样的影响？

5. 分析在学校课程改革讨论中，六项思考帽分别适用于哪些具体环节？如何合理安排使用顺序以推动课程改革方案的完善？

四、应用题

1. 假设你是一家手机制造企业的产品经理，要组织团队设计一款面向年轻消费者的新型手机。请运用六项思考帽设计一个完整的讨论流程，说明在每个环节使用的思考帽颜色及讨论内容，并阐述如何根据讨论结果制定产品设计方案。

2. 某社区计划改善公共绿化环境，组织居民代表、物业人员和设计师共同讨论方案。请运用六项思考帽引导讨论，写出具体的讨论步骤和每项思考帽对应的讨论要点，最终形成一份可行的绿化环境改善方案。

3. 一家电商企业在"双十一"促销活动后，发现销售额未达预期，准备分析原因并制定改进策略。请运用六项思考帽开展分析工作，详细说明各思考帽的运用过程，并提出具体的改进措施。

4. 为提升公司员工的团队协作能力，人力资源部门计划组织一次培训活动。请运用六项思考帽设计培训方案，包括培训目标、内容、形式等，要求说明每项思考帽在方案设计中的应用。

5. 某市政府部门要制定老旧小区改造计划,涉及基础设施升级、环境美化、公共服务完善等方面。请运用六项思考帽组织相关部门和居民代表进行讨论,撰写讨论记录,并基于讨论结果提出一套完整的老旧小区改造方案。

第二节　六双行动鞋

六双行动鞋由爱德华·德·博诺博士提出,是一种水平思考策略,系直接承袭六项思考帽的架构,旨在帮助人们把思想转化为行动。借助颜色与鞋子物理特性的巧妙隐喻,极大地增强了记忆点与执行效率,助力个体或团队在复杂多变的情境中迅速找准合适的行动方向。

一、六双行动鞋的理念介绍

（一）深蓝海军鞋

深蓝海军鞋象征着严谨、规范与秩序。它所代表的思维模式,深深扎根于传统与经典。在大型企业的生产运营环节,这种思维模式尤为关键。以汽车制造业为例,一家成熟的汽车制造企业在生产标准化车型时,从零部件采购的严格筛选,到组装流程的精准操作,每一步都严格遵循行业质量标准以及企业内部长期积累的生产工艺规范。就像海军舰队遵循既定航线与战术指令一样,各环节按部就班,确保产品质量的稳定性与可靠性。在教育领域,学校的课程安排依据教育部门规定的教学大纲,考试流程遵循既定考试规则,这也是深蓝海军鞋思维在保障教育教学活动有序开展方面的体现。

（二）灰色运动鞋

灰色运动鞋寓意着灵活、多变与活力。它鼓励人们在面对问题时积极尝试新方法、开拓新思路,具有强大的适应性与探索性。在互联网行业,产品的快速迭代升级离不开这种思维。例如一款热门手机应用,开发团队时刻紧盯用户反馈与市场动态,短期内频繁推出不同风格的界面设计供用户试用,依据用户使用数据和反馈,迅速调整优化,如同穿着运动鞋能灵活转向、快速奔跑,快速试错、灵活调整,始终保持产品的竞争力。在创意工作坊中,参与者围绕特定主题自由发挥,不断变换思考角度,提出新奇创意点子,同样是灰色运动鞋思维打破常规束缚的生动实践。

（三）棕色便鞋

棕色便鞋代表着务实、稳健的思维方式,始终聚焦实际情况与可行性。在商业领域,当企业计划拓展新市场时,棕色便鞋思维主导前期的市场调研工作。例如一家连锁餐饮企业打算在新城市开设分店,首先会派遣专业团队深入当地,全面考察当地消费水平、餐饮习惯、竞争对手分布以及店铺选址的人流量和租金成本等实际因素。通过详细的实地调研与数据分析,评估在该地区开设分店的可行性与潜在收益,进而制定切实可行的市场拓展计划,一步一个脚印,扎实推进商业决策。在工程项目建设中,工程师依据项目实际预算、工期要求以及现场施工条件,制定合理施工方案,同样是这种务实思维的具体呈现。

（四）橘色橡皮靴

橘色橡皮靴意味着勇敢面对风险、大胆挑战未知。它激励人们突破常规，涉足尚未充分开发的领域。在科技研发前沿，众多创新成果源于此。SpaceX 公司致力于可回收火箭技术研发，在传统航天领域，火箭发射后大多部件被遗弃，成本高昂。但 SpaceX 团队凭借无畏勇气与坚定信念，敢于挑战传统观念，投入大量资源攻克技术难题，尽管面临诸多失败风险，最终成功实现重大突破，大幅降低太空探索成本，为人类未来太空开发开辟新路径，恰似穿着橡皮靴在未知泥泞中勇敢前行。在新兴生物科技领域，科研团队尝试研发全新疾病治疗方案，即便面临实验失败、资金投入巨大等风险，依然勇往直前，这也是橘色橡皮靴思维的有力彰显。

（五）粉红色拖鞋

粉红色拖鞋体现关怀、以人为本的思维模式，着重关注他人需求、社会影响以及情感因素。在企业社会责任方面，许多企业积极践行这种思维。例如一家服装品牌，在生产过程中不仅关注产品质量与经济效益，还高度重视工人工作环境与权益保障，为工人提供舒适工作场所、合理工作时间与公平薪酬待遇，同时踊跃参与社会公益活动，如为贫困地区儿童捐赠衣物、关注环境保护并采用环保材料生产，全方位展现社会责任和对员工的关怀。在教育领域，教师关注每个学生的个性差异与学习需求，采用个性化教学方法，帮助学生克服学习困难，促进学生全面发展，这是粉红色拖鞋思维在教育场景中的温情体现。

（六）紫色马靴

紫色马靴代表富有远见、战略性的思维，能够超越当下，精准预见未来发展趋势与潜在可能性。在企业战略规划层面，紫色马靴思维举足轻重。谷歌公司在发展进程中，凭借前瞻性战略眼光，早早布局人工智能领域。当时人工智能技术尚未广泛应用，但谷歌决策层敏锐预见到其蕴含的巨大发展潜力，果断投入大量资源进行研发与人才培养。如今，谷歌在人工智能领域成果丰硕，其搜索引擎、智能助手等产品融入先进人工智能技术，助力公司在全球科技竞争中占据巨大优势。在城市发展规划中，规划者考虑未来几十年人口增长、交通需求变化以及环保要求，制定具有前瞻性的城市交通规划与可持续发展战略，同样是紫色马靴思维的高瞻远瞩。

课堂实战

模拟商业决策

设定一个模拟商业场景，如一家传统实体书店面临线上阅读冲击，市场份额下滑，需要进行业务转型。班级学员分成小组，每个小组分别运用六双行动鞋思维模式制定应对策略。负责深蓝海军鞋思维的学员梳理书店现有运营流程，依据行业规范与过往成功经验，优化传统图书销售业务；负责灰色运动鞋思维的学员提出尝试开展线上线下结合的读书分享会、文创产品销售等新业务模式；负责棕色便鞋思维的学员调研当地消费者阅读习惯、周边商业环境以及竞争对手情况，确定转型业务的可行性与定位；负责橘色橡皮靴思维的学员建议开拓小众特色图书领域,如珍稀古籍复刻本销售;负责粉红色拖鞋思维的学员关注顾客阅读体验,提出改善书店环境、提供个性化阅读推荐服务;负责紫色马靴思维的学员预测未来阅读行业发展趋势,规划书店向文化创意空间转型的长远战略。各小组展示方案后,全班共同讨论方案的合理性与可行性。

校园活动策划挑战

以策划一场校园科技节为例,班级学员分组运用六双行动鞋思维进行策划。深蓝海军鞋思维小组负责按照学校活动组织规范,制定详细活动流程与安全预案;灰色运动鞋思维小组构思新颖的科技展示形式,如利用虚拟现实技术打造沉浸式科技体验区;棕色便鞋思维小组调研学校师生对科技节的期望、学校场地与资源条件,合理安排活动项目与场地;橘色橡皮靴思维小组提议举办创新科技竞赛,挑战未知科技领域;粉红色拖鞋思维小组关注参与师生的体验,策划师生互动科技活动、设置休息区等;紫色马靴思维小组为科技节制定长期发展规划,思考如何将科技节打造成学校特色品牌活动。小组间相互评审策划方案,促进思维碰撞与经验交流。

二、应用场景与训练方法

(一)应用场景

在创业场景中的应用:在创业初期,创业者面临资金有限、市场竞争激烈等问题,此时棕色便鞋思维至关重要。以一家初创互联网教育公司为例,通过深入调研目标学生群体学习需求、家长消费能力以及当地教育市场竞争态势,确定以线上小众课程为切入点的发展策略。随着业务发展,开拓新市场领域时,橘色橡皮靴思维发挥作用。如决定尝试开发针对海外市场的特色课程,虽面临文化差异、政策法规不同等风险,但凭借勇敢探索精神,成功打开国际市场大门。在日常运营中,粉红色拖鞋思维不可或缺,关注用户学习体验,为员工提供良好工作环境与发展机会,提升用户满意度与员工凝聚力。

在项目管理场景中的应用:在项目启动阶段,运用深蓝海军鞋思维明确项目目标、范围与流程,制定详细项目计划。如一个建筑项目,严格按照建筑行业规范和标准,制定施工进度表、质量控制流程。项目执行过程中,遇到突发问题如原材料供应延迟,灰色运动鞋思维助力项目团队灵活调整施工顺序,尝试新材料替代方案,确保项目进度不受太大影响。项目收尾阶段,紫色马靴思维帮助团队总结经验教训,预见未来类似项目可能遇到的问题,为后续项目提供参考,如分析本次项目中新技术应用的效果,为未来项目技术选型提供借鉴。

(二)训练方法

1. 案例深度剖析

提供丰富多样的实际案例,涵盖不同行业与领域。如科技企业创新发展案例、传统企业转型升级案例、社会公益项目成功案例等。班级学员分小组,针对案例深入分析其中运用的六双行动鞋思维模式,以及这些思维模式如何相互作用推动事件发展。例如分析某科技企业从创业到成长为行业领军企业的历程,小组讨论发现创业初期运用棕色便鞋思维进行市场定位与商业模式构建,发展过程中运用灰色运动鞋思维不断推出新产品与新服务,凭借橘色橡皮靴思维在技术研发上取得重大突破,通过粉红色拖鞋思维赢得用户和员工支持,依靠紫色马靴思维制定长期发展战略。各小组汇报分析结果后,全班共同研讨,加深对不同思维模式的理解与应用能力。

2. 角色扮演训练

设计一系列角色扮演场景,如模拟企业战略决策会议、社区问题解决研讨会等。小组成员分别扮演不同角色,在场景中运用特定的行动鞋思维模式发表观点、提出方案。例如在模拟企业战略决策会议中,部分人扮演运用深蓝海军鞋思维的保守派,强调遵循企业传统优势与行业规范;部分人扮演运用灰色运动鞋思维的创新派,提出激进的业务拓展方案;部分人扮演运用棕色便鞋思维的务实派,依据市场调研数据分析方案可行性。通过角色扮演,体验不同思维模式在实际情境中的运用,提升思维转换与应对能力。

3. 日常实践记录与反思

在日常生活和学习中,要学会主动运用六双行动鞋思维模式解决实际问题,并详细记录。每周可组织安排固定时间进行分享会,分享自己在实践中遇到的问题、运用的思维模式以及取得的效果。例如,在组织社团活动时,运用深蓝海军鞋思维制定详细活动流程,运用灰色运动鞋思维应对活动当天的突发状况,运用粉红色拖鞋思维关注社团成员参与体验。通过分享与交流,相互学习,不断提高在实际情境中运用创新思维的能力。

本节练习

一、单项选择题

1. (　　)属于"深蓝海军鞋"思维的典型应用。

A. 互联网公司每周迭代 APP 界面

B. 汽车制造商严格遵循 ISO 质量标准生产

C. 餐饮企业调研新城市的消费水平

D. 科技公司投入可回收火箭技术研发

2. "灰色运动鞋"思维的核心特征是(　　)。

A. 聚焦实际可行性的市场调研　　　　　B. 突破常规的风险挑战行为

C. 灵活适应的快速试错迭代　　　　　　D. 以人为本的社会责任实践

3. 某连锁餐饮企业为拓展新市场,派遣团队实地考察当地租金、人流等因素,该行为符合(　　)"行动鞋"的思维。

A. 棕色便鞋　　　　　　　　　　　　　B. 橘色橡皮靴

C. 粉红色拖鞋　　　　　　　　　　　　D. 紫色马靴

4. SpaceX 挑战传统航天模式,投入可回收火箭技术研发,该案例体现了(　　)的思维。

A. 深蓝海军鞋　　　　　　　　　　　　B. 橘色橡皮靴

C. 灰色运动鞋　　　　　　　　　　　　D. 棕色便鞋

5. 谷歌早期敏锐预见人工智能潜力,提前投入研发资源,该战略布局符合(　　)的思维。

A. 紫色马靴　　　　　　　　　　　　　B. 粉红色拖鞋

C. 灰色运动鞋　　　　　　　　　　　　D. 橘色橡皮靴

二、简答题

1. 简述"六双行动鞋"的核心理论框架及其作用。

2. "棕色便鞋"与"深蓝海军鞋"在行动逻辑上的主要区别是什么?

3. 举例说明"橘色橡皮靴"在创新项目中的应用场景。

4. "粉红色拖鞋"在团队沟通中的核心价值是什么?

5. 如何通过"六双行动鞋"提升团队决策的全面性?

三、分析题

1. 某创业团队在制定年度计划时,过度依赖"深蓝海军鞋"视角,可能导致什么问题?如何通过其他"行动鞋"进行平衡?

2. 对比"橘色橡皮靴"和"灰色运动鞋"在创新过程中的不同作用。

3. 在危机处理中,团队应优先使用哪些"行动鞋"? 为什么?

4. 简述"六双行动鞋"与"六项思考帽"的核心区别(可从目标、应用场景、思维维度分析)。

四、应用题

1. 假设你是某项目负责人,需带领团队开发一款"老年人智能手环"。请设计使用"六双行动鞋"的团队讨论流程,明确各阶段对应的"鞋"及核心任务。

2. 某企业计划优化客户服务流程,运用"六双行动鞋"设计改进方案,写出各"鞋"对应的改进策略。

3. 作为大学生创业团队,计划举办一场校园公益活动。请用"六双行动鞋"设计活动执行方案,重点说明如何运用不同"鞋"解决关键问题。

4. 某部门在推进数字化转型时遇到阻力,员工对新技术接受度低。运用"六双行动鞋"设计沟通与执行策略。

5. 假设你是产品经理,需解决"某款 APP 用户留存率低"的问题。请用"六双行动鞋"框架写出分析与解决方案。

第三节　思维导图

一、思维导图的概念和原理

（一）思维导图的概念及起源

思维导图是一种将思维形象化的方法,它以一个核心主题为中心,通过分支结构将与之相关的各种想法、概念、信息等进行有序组织和呈现。其起源可追溯到 20 世纪 60 年代,英国心理学家东尼·博赞(Tony Buzan)在研究大脑的学习和记忆机制时,受到达·芬奇笔记等具有图文并茂特点的资料启发,发现人类大脑对图像、色彩等元素的处理能力更强。基于此,东尼·博赞提出了思维导图的概念,并通过一系列著作和培训推广这一工具。随着时间的推移,思维导图在全球范围内得到广泛应用,从最初的个人学习辅助工具,逐渐拓展到教育、商业、科研等众多领域,帮助人们更高效地组织思维、提升学习和工作效率。

（二）思维导图的基本原理

思维导图的基本原理基于人类大脑的神经元连接方式。大脑由数十亿个神经元组成,神经元之间通过突触相互连接,形成复杂的网络。当我们学习新知识或产生新想法时,神经元之间会建立新的连接。思维导图模拟了大脑的这种工作方式,以核心主题为中心节点,如同大脑中的关键神经元,从中心节点向外延伸出的分支代表不同的概念或想法,就像神经元之间的连接路径。每个分支还可以进一步细分,形成更详细的子分支,以此类推,构建出一个层次分明、逻辑清晰的思维网络。这种可视化的呈现方式符合大脑的认知习惯,有助于激发大脑的联想和创造力,提高信息的存储和提取效率。

二、思维导图的构建方法

（一）核心元素

中心主题。位于思维导图的中心位置,是整个思维导图的核心和出发点,代表要思考或探讨的主要内容。例如,在学习一门课程时,课程名称就是中心主题;在策划一个项目时,项目名称即为中心主题。

1. 分支

从中心主题延伸出来的线条,分为主分支和子分支。主分支用于概括与中心主题相关的主要类别或方面,子分支则进一步细化主分支的内容。分支的长度和粗细可以根据其所代表内容的重要性或相关性进行调整,重要内容的分支可适当加粗、加长。

2. 关键词

分布在分支上的简短词语,准确概括分支所代表的内容。关键词能够快速抓住要点,避免冗长的文字描述,使思维导图简洁明了。例如,在以"动物"为中心主题的思维导图中,"哺乳动物""鸟类""爬行动物"等可以作为主分支上的关键词,而"猫科""犬科"则可作为"哺乳动物"子分支上的关键词。

3. 图像

在思维导图中适当添加图像,能够增强记忆效果和视觉吸引力。图像可以与关键词相关联,帮助更好地理解和记忆内容。比如,在"水果"主题的思维导图中,在"苹果"分支旁边画一个苹果的简笔画,能让信息更加直观。

（二）绘制步骤

1. 准备材料

绘制思维导图可以使用纸笔,选择一张较大的白纸,以便有足够空间展开思维。同时准备不同颜色的笔,用于区分不同分支和突出重点。也可以使用电子工具,如 MindManager、XMind 等思维导图软件,这些软件具有丰富的模板和便捷的编辑功能。

2. 初始构思

确定中心主题后,在白纸中心位置或软件的中心节点处写下主题内容,并可以用一个简单图形将其框起来。然后,围绕中心主题,快速在脑海中梳理与之相关的主要方面或类别,将这些内容以主分支的形式从中心主题发散出去。例如,以"大学生活规划"为中心主题,主分支可以包括"学业""社交""职业发展""个人兴趣培养"等。

3. 细化内容

对每个主分支进行进一步细化。沿着主分支继续添加子分支,在子分支上写下更具体的内容关键词。例如,在"学业"主分支下,子分支可以有"课程学习""考试安排""奖学金申请"等;在"课程学习"子分支下,还可进一步细分"专业课程""公共课程"等,并在相应子分支上注明具体课程名称。在这个过程中,可以根据需要添加图像,使思维导图更加生动形象。

4. 审核调整

完成思维导图的初步绘制后,对整体内容进行审核。检查各分支之间的逻辑关系是否合理,关键词是否准确概括内容,是否有遗漏的重要信息。如果发现问题,及时进行调整,如修改关键词、调整分支结构、补充信息等。确保思维导图能够清晰、准确地表达思维内容。

课堂实战

主题式思维导图绘制竞赛

给定一个综合性主题,如"未来城市",班级学员分小组。每个小组在规定时间内,运用思维导图构建对未来城市的设想。小组成员首先围绕中心主题进行头脑风暴,确定主分支,如"交通""建筑""能源""生态环境"等。然后分别对各主分支进行细化,如在"交通"分支下,探讨未来可能的交通方式,如智能无人驾驶汽车、空中轨道等,并在相应子分支上注明特点和优势。各小组完成绘制后,进行展示和讲解,其他小组进行点评,从思维导图的完整性、逻辑性、创新性等方面进行打分,评选出优秀小组。

知识梳理思维导图制作

选择一门正在学习的课程章节内容,如"计算机编程基础"中的"数据类型"部分。个人独立完成以"数据类型"为中心主题的思维导图。首先确定主分支,如"数值型数据""字符型数据""布尔型数据"等,然后在子分支上详细阐述每种数据类型的定义、特点、使用方法及示例。完成后,小组之间相互交流,分享自己的思维导图,学习他人的梳理思路和表现方式,进一步完善自己的作品。

三、应用场景

(一)学习辅助

1. 课程笔记整理

在课堂学习过程中,可以使用思维导图记录课堂重点内容。以"管理学原理"课程为例,在学习"组织行为学"章节时,将"组织行为学"作为中心主题,主分支按照老师讲解的顺序,分为"个体行为""群体行为""组织系统"等。在"个体行为"子分支下,记录个体的价值观、态度、个性等影响因素;在"群体行为"子分支下,记录群体凝聚力、沟通模式等内容。通过这种方式,将课堂知识系统整理,便于课后复习和理解。

2. 知识体系构建

在复习阶段,可以通过思维导图构建整个学科的知识体系。例如,在复习历史课程时,以历史时期为时间轴作为主分支,如"古代史""近代史""现代史"。在"古代史"分支下,再按照朝代进一步细分,每个朝代分支下记录政治、经济、文化、科技等方面的重要事件和发展特点。这样能够清晰地看到各知识点之间的联系,加深对知识的整体把握。

(二)项目规划

1. 项目启动阶段

在项目启动时,使用思维导图明确项目目标、范围和主要任务。例如,一个校园活动策划项目,以"校园文化节"为中心主题,主分支包括"活动主题""活动时间地点""参与人员""活动内容""宣传推广""预算安排"等。在"活动内容"分支下,进一步细化为文艺表演、展览、竞赛等具体活动形式,并注明各活动的时间安排和负责人。通过思维导图,项目团队成员能够对项目整体有清晰的认识。

2. 项目执行监控

在项目执行过程中,利用思维导图跟踪项目进度。在原有的项目思维导图基础上,对每个任务分支标注完成进度,如用不同颜色标记已完成、进行中、未开始的任务。通过这种方式,项目负责人可以直观地了解项目进展情况,及时发现问题并调整资源分配。

(三)问题解决

1. 问题分析

当面临复杂问题时,通过思维导图对问题进行拆解分析。例如,企业面临产品销量下滑的问题,以"产品销量下滑"为中心主题,主分支从市场、产品、竞争对手、销售渠道等方面进行分析。在"市场"分支下,探讨市场需求变化、市场规模萎缩等因素;在"产品"分支下,分析产品质量、功能、价格等方面是否存在问题。通过这种全面的分析,找到问题的根源所在。

2. 解决方案制定

在问题分析的基础上,针对每个问题分支提出相应的解决方案。如针对"产品功能"分支下产品功能单一的问题,提出增加产品功能、进行产品升级的解决方案,并在子分支上详细说明升级的具体内容和实施步骤。通过思维导图,将问题与解决方案清晰地呈现出来,便于团队讨论和执行。

(四)创意激发

1. 头脑风暴

在创意工作坊或团队讨论中,利用思维导图进行头脑风暴。以"新型手机设计"为主题,中心主题确定后,鼓励团队成员自由发挥,提出各种创意想法,如"折叠屏幕设计""全息投影功能""生物识别技术应用"等,将这些想法作为主分支。然后对每个主分支进行拓展,如在"折叠屏幕设计"分支下,探讨折叠方式、屏幕材质、折叠后的使用场景等。通过思维导图的发散性特点,激发团队成员的创意灵感。

2. 创意整合

在头脑风暴产生大量创意后,使用思维导图对创意进行整合和筛选。对每个创意分支进行评估,从可行性、创新性、市场需求等方面进行分析,用不同颜色或符号标记出具有潜力的创意。通过这种方式,将零散的创意进行系统整理,找出最具价值的创意方向。

四、实践技巧

（一）个人练习

1. 日常思维记录

养成日常使用思维导图记录思维的习惯。每天可以选择一个小主题，如"今日待办事项""本周学习计划"等，使用思维导图进行梳理。在记录过程中，不断练习如何准确提取关键词、合理构建分支结构，提高思维的逻辑性和条理性。

2. 阅读总结

在阅读书籍、文章时，使用思维导图进行总结。以书籍的章节为单位，将章节主题作为中心主题，提取关键内容和观点作为分支。通过这种方式，不仅能够加深对阅读内容的理解，还能锻炼从大量信息中提取核心要点的能力。

（二）团队协作

1. 团队头脑风暴

在团队项目中，组织团队成员进行思维导图头脑风暴。可以使用电子思维导图软件，让团队成员共同在线编辑。在头脑风暴过程中，鼓励成员积极发言，将各种想法及时添加到思维导图中。通过团队成员的思维碰撞，丰富思维导图的内容，提高团队解决问题和创新的能力。

2. 项目协作管理

利用思维导图进行项目协作管理。在项目开始前，团队共同制定项目思维导图，明确各成员的任务和职责。在项目执行过程中，定期更新思维导图，成员可以通过思维导图了解项目整体进展和自己的工作任务，方便团队成员之间的沟通和协作。

（三）工具选择

纸笔工具：纸笔绘制思维导图具有灵活性和直观性，适合在一些简单的、即时性的思维记录场景中使用。例如在课堂上快速记录灵感、在会议中随手整理思路等。而且，纸笔绘制过程中，通过不同颜色笔的使用和手绘图形的创作，能够更好地激发大脑的创造力和记忆力。

电子软件工具：对于复杂的思维导图制作和团队协作场景，电子软件工具具有明显优势。如 MindManager 功能强大，提供丰富的模板和样式，适合专业人士和企业项目使用；XMind 界面简洁，易于上手，且有多种免费版本可供选择，适合学生和个人用户。电子软件还支持思维导图的共享、编辑和版本管理，方便团队成员之间的协作和交流。

五、案例分析

（一）成功故事

企业项目管理案例：某软件开发公司在开发一款新的移动应用程序时，使用思维导图进行项目管理。以"移动应用开发项目"为中心主题，构建了包括项目目标、功能模块、开发进度、测试计划、团队分工等内容的思维导图。在项目开发过程中，通过不断更新思维导图，团队成员能够清晰了解项目进展和自己的任务。该项目最终提前完成,且产品质量得到客户高度认可。通过思维导图,项目团队提高了沟通效率,减少了任务遗漏和重复工作,有效提升了项目管理水平。

学生学习提升案例:一名大学生在准备考研复习时,使用思维导图对专业课程进行知识梳理。以专业课程名称为中心主题,按照章节构建分支,详细记录每个知识点的重点内容、相关案例和自己的理解。通过这种方式,他对专业知识有了更系统的理解,复习效率大幅提高。最终,该学生在考研中取得了优异成绩,成功被理想院校录取。思维导图帮助他将繁杂的专业知识进行有效整合,提高了学习效果。

(二)失败教训

团队协作失误案例:一个跨部门团队在策划一场大型营销活动时,使用思维导图进行规划。但在绘制过程中,团队成员对思维导图的理解和使用方式不一致,导致分支结构混乱,信息重复或遗漏。而且在项目执行过程中,没有及时更新思维导图,团队成员对项目进展和任务分工产生误解,最终活动效果未达到预期。这个案例说明,在团队协作中,需要对思维导图的使用进行统一培训和规范,确保成员之间的有效沟通和协作。

个人应用不当案例:一位职场人士在使用思维导图制定工作计划时,过于追求思维导图的美观和复杂程度,花费大量时间在图形绘制和格式调整上,而忽略了内容的准确性和实用性。导致制定的工作计划无法有效指导实际工作,浪费了时间和精力。这提醒我们,在使用思维导图时,应注重内容的质量和实际应用价值,避免舍本逐末。

本节练习

一、单项选择题

1. 思维导图的创始人是(　　)。

A. 托尼·博赞　　　　　　　　　　B. 爱德华·德·博诺

C. 史蒂夫·乔布斯　　　　　　　　D. 比尔·盖茨

2. 以下关于思维导图的说法,正确的是(　　)。

A. 只能用文字绘制　　　　　　　　B. 中心主题必须放在右下角

C. 分支颜色应尽量多样化,便于区分　D. 不需要关键词提炼

3. 在使用思维导图进行学习规划时,核心主题通常是(　　)。

A. 具体学习任务　　　　　　　　　B. 学习时间安排

C. 学科名称　　　　　　　　　　　D. 学习目标

4. 思维导图绘制过程中,为了增强记忆效果,不建议(　　)。

A. 添加生动的图片　　　　　　　　B. 使用曲线连接分支

C. 文字全部用密密麻麻的长句表述　D. 用不同颜色标注不同类别

5. 当用思维导图整理复杂的历史事件关系时,最适合(　　)。

A. 强调时间顺序的线性分支　　　　B. 突出人物关系的网状结构

C. 展现因果关系的树状分支　　　　D. 体现对比关系的双分支结构

二、简答题

1. 简述思维导图的定义及核心特点。

2. 绘制思维导图的基本步骤有哪些？

3. 思维导图在知识总结方面有什么优势？

4. 如何利用思维导图进行项目规划？

5. 对比传统笔记和思维导图，它们的主要区别是什么？

三、分析题

1. 分析在撰写毕业论文时，思维导图如何帮助作者构建论文框架。

2. 某公司在策划市场推广活动时，使用思维导图进行方案设计，但最终效果不佳。分析可能存在的问题。

3. 结合学习场景，分析思维导图在不同学科（如数学、语文、英语）中的应用差异。

4. 分析思维导图在团队头脑风暴会议中的作用及局限性。

5. 对比思维导图和概念图，分析它们在知识表征上的异同点。

四、应用题

1. 假设你要为一场校园科技节设计宣传方案，请使用思维导图呈现宣传策略、宣传渠道、时间安排和预算分配等内容。

2. 作为一名市场营销人员，需要分析竞争对手的产品。请运用思维导图整理竞争对手产品的优势、劣势、市场定位、营销策略等方面的信息，并提出应对策略。

3. 请用思维导图为自己制定一个为期一个月的健身计划，包括健身目标、锻炼项目、饮食安排和休息调整。

4. 某企业要进行员工培训，培训内容涵盖企业文化、专业技能、职业素养等方面。请使用思维导图设计培训课程体系，包括课程模块、课程内容、培训方式和考核方式。

5. 假设你要组织一次户外旅行活动，用思维导图规划活动的前期准备、行程安排、物资清单和安全措施。

第五章

思维创新方法与法则

知识目标

1. 掌握头脑风暴、5W1H、奥斯本检核表法等基础创新工具的核心概念与适用场景。
2. 理解类比创新法、TRIZ 理论的核心原理（如技术系统、矛盾分析）及方法论。
3. 熟悉特性列举、缺点列举、希望点列举法的操作逻辑与应用范围。
4. 明确设计思维、黄金圈法则的实践框架及其跨领域应用逻辑。
5. 解析颠覆式创新、聚焦法则、减法策略的核心特征与实施路径。

能力目标

1. 能组织头脑风暴会议，运用基础工具（如 5W1H、检核表）激发创意并解决实际问题。
2. 熟练运用 TRIZ 常用方法（最终理想解、九屏幕法）分析技术系统矛盾，提出改进方案。
3. 通过列举法（特性/缺点/希望点）梳理事物要素，转化为可落地的创新需求。
4. 按设计思维五阶段（共情-定义-构思-原型-测试）完成创新设计，结合黄金圈法则明确行动逻辑。
5. 针对市场痛点制定颠覆式创新方案，运用聚焦法则定位核心竞争力，通过减法策略优化产品/流程。

素养目标

1. 树立用户导向、跨学科协作的思维理念，培养系统分析与迭代创新能力。
2. 强化批判性思维，敢于质疑传统框架，客观评估创新方法的适用性与效果。
3. 践行勇于试错的创新精神，结合伦理规范与可持续发展原则，确保创新的社会价值。
4. 提升跨文化沟通与团队协作能力，清晰表达创新方案，促进思维碰撞与价值共创。
5. 增强问题解决灵活性，在资源受限或复杂场景中快速适配创新策略，平衡短期效益与长期目标。

小故事

怎样清扫大跨度电线上的积雪

有一年,美国的北方格外寒冷,大雪纷飞,大跨度的电线常被积雪压断,严重影响通信。过去,许多人试图解决这一问题,但都未能如愿以偿。后来,电信公司经理决定尝试用头脑风暴法解决这一难题,他召开了一种能让头脑卷起风暴的座谈会,参加会议的是不同专业的技术人员。

按照会议规则,大家七嘴八舌地议论开来。有人提出设计一种专用的电线清雪机;有人想到用电热来化解冰雪;还有人提出能否带上几把大扫帚,乘坐直升机去扫电线上的积雪。对于这种"坐飞机扫雪"的设想,大家尽管觉得滑稽可笑,但在会上也无人提出批评。相反,有一工程师在百思不得其解时,听到用飞机扫雪的想法后,大脑突然有了灵感。他想,每场大雪过后,出动直升机沿积雪严重的电线飞行,依靠高速旋转的螺旋桨即可将电线上的积雪迅速扇落。他马上提出"用直升机扇雪"的新设想,顿时又引起其他与会者的联想,有关用飞机除雪的主意一下子又多了七八条。

不到 1 个小时,与会的 10 名技术人员共提出 70 多条新设想。会后公司组织专家对设想进行分类论证,专家们一致认为"用直升机扇雪"的设想如果可行的话,将是一种既简单又高效的好办法。经过现场试验,发现用直升机扇雪真能奏效,一个久悬未决的难题,终于在头脑风暴会中得到了巧妙的解决。

想一想:案例中"坐飞机扫雪"的设想为何能从"滑稽可笑"转化为有效方案?体现了头脑风暴法的哪条核心规则?试举 1 个生活中类似的"看似荒谬却激发创新"的例子。

一、头脑风暴法的背景和概念

头脑风暴法

头脑风暴法(brainstorming)的诞生具有独特的时代背景。20 世纪 30 年代末,美国处于经济大萧条后的复苏阶段,企业面临激烈的市场竞争与技术变革压力,急需通过新创意推动发展。在这一背景下,美国创造学家亚历克斯·奥斯本(Alex Osborn)于 1939 年提出了这一集体创新方法。作为广告界先驱,奥斯本在长期创意工作中深刻认识到团队思维碰撞的价值,经反复实践与总结,最终确立了头脑风暴法的基本框架。

该方法旨在通过自由联想和发散思维激发群体智慧,产生大量创意解决方案。想象一下,一群来自不同背景、有着不同思维方式的人聚集在一起,就像不同颜色的颜料混合在一起,能够产生出绚丽多彩的图案。其核心是通过无拘束的讨论环境,突破思维定势。在传统的讨论环境中,人们往往会受到各种因素的限制,如权威的意见、传统的观念等,而头脑风暴法就是要打破这些束缚,让参与者能够自由地表达自己的想法。

（一）头脑风暴法的特点

1. 自由性

参与者可无限制表达想法，不受传统逻辑或可行性约束。在头脑风暴的讨论会中，你可能会听到各种稀奇古怪的想法。例如，在讨论如何提高某款手机的销量时，有人可能会提出给手机安装翅膀，让它能够像无人机一样飞行，虽然这个想法在当前的技术条件下几乎不可行，但正是这种自由的表达，能够激发其他参与者的思维，也许从这个想法中可以衍生出关于手机便携性和多功能性的新创意。

2. 互动性

观点相互激发，形成"思维共振"效应。就像在一个热闹的集市中，各种声音相互交织、碰撞。当一个人提出一个观点后，其他人可能会受到启发，在此基础上提出新的观点，如此循环往复，就会形成一个不断升级的创意链条。例如，在讨论如何设计一款新型的儿童玩具时，一个人提出可以设计一个会说话的玩偶，另一个人可能会接着说可以让这个玩偶根据孩子的情绪作出不同的反应，第三个人又可能会提出可以将玩偶与手机 APP 连接，实现更多的功能。

3. 数量优先

追求创意数量而非质量，以量变促质变。这就好比在淘金的过程中，先尽可能地收集大量的矿石，然后再从中筛选出真正的金子。在头脑风暴中，大量的创意能够提供更多的选择，其中可能隐藏着一些具有巨大潜力的创新方案。有时候，看似平凡的创意经过组合和改进，也可能变成一个非常有价值的方案。

（二）头脑风暴法的适用场景

头脑风暴法常应用于产品设计、问题解决、战略规划、危机应对等需要突破性思维的领域。在产品设计中，头脑风暴法可以帮助设计师们从不同的角度思考问题，设计出更具创新性和竞争力的产品。例如，苹果公司在设计 iPhone 时，通过头脑风暴，提出了触摸屏、简洁的界面等一系列创新性的设计理念。在问题解决方面，当企业面临生产效率低下、客户投诉等问题时，通过头脑风暴可以集思广益，找到解决问题的最佳方案。在战略规划中，头脑风暴可以帮助企业领导者们制定出更具前瞻性和适应性的发展战略。在危机应对中，如企业面临突发的市场危机、自然灾害等，头脑风暴可以迅速凝聚团队的智慧，制定出有效的应对策略。

二、头脑风暴法的操作原则

头脑风暴法的操作原则是确保其能够有效实施的关键，这些原则就像交通规则一样，引导着讨论的方向，保证讨论的顺利进行。

（一）自由畅想

鼓励参与者提出任何想法，无论看似荒谬或不可行。在现实的工作和生活中，我们常常会受到各种限制和束缚，不敢大胆地表达自己的想法。而自由畅想原则就是要打破这种束缚，让人们的思维像脱缰的野马一样自由地驰骋。例如，某互联网公司开发新产品时，面临着如何在众多同类产品中脱颖而出的难题。在一次头脑风暴会议中，允许团队成员提出"用游戏化界面管理企业流程"的大胆设想。在传统的观念中，企业流程管理是一个严肃、严谨的过程，与游戏化似乎毫不相干。但这个大胆的设想却为团队打开了一扇新的大门。经过进一步的讨论和研究，团队发现游戏化的界面可以增加员工的参与度和积极性，提高工作效率。最终，这个设想转化为创新功能，使该公司的新产品在市场上获得了巨大的成功。

（二）禁止批判

讨论阶段不得否定他人观点，避免抑制创造性思维。在讨论过程中，人们往往会不自觉地对他人的观点进行批判，这种批判可能会打击参与者的积极性，抑制创造性思维的产生。因此，禁止批判原则是非常必要的。例如，某科技公司在技术路线讨论中，面临着多种技术方案的选择。在以往的讨论中，大家互相批判，导致讨论陷入僵局，无法得出有效的结论。在这次讨论中，主持人明确要求"只记录不评价"。在这样的氛围下，工程师们能够毫无顾忌地提出自己的观点，包括一些反常规的解决方案。其中一位工程师提出了一种全新的技术路线，虽然一开始很多人对此表示怀疑，但由于禁止批判原则的存在，这个方案得以保留并进一步讨论。经过深入的研究和论证，发现这个反常规的解决方案具有很大的优势，最终被采纳，为公司的技术发展带来了新的突破。

（三）追求数量

追求数量是指以数量为目标，通过大量创意筛选优质方案。在头脑风暴中，创意的数量就像一座宝藏，其中蕴含着丰富的价值。只有拥有足够多的创意，才能从中筛选出真正优秀的方案。

（四）综合改善

综合改善是指在支持在他人观点基础上优化、组合，形成新创意。每个人的观点都有其独特的价值，通过综合改善原则，可以将不同的观点进行整合和优化，创造出更具创新性和可行性的方案。就像搭积木一样，将不同形状的积木组合在一起，可以搭建出各种奇妙的建筑。

课堂实战

分组讨论"如何提升校园食堂满意度"。在校园生活中，食堂的满意度直接影响着学生的生活质量。班级学员分成小组进行讨论，每个小组在 10 分钟内提出至少 30 条建议，禁止批评任何想法。在讨论过程中，积极地提出建议，比如增加特色菜品、改善食堂环境、提高服务质量等。最终通过投票选出最佳方案。这个过程不仅能够锻炼创新思维和团队协作能力，还能更加深入地了解头脑风暴法的操作原则。

三、头脑风暴法的操作程序

头脑风暴法的操作程序是一个严谨而有序的过程，就像一场精心策划的演出，每个环节都至关重要。

（一）准备阶段

1. 确定议题

明确讨论目标（如"解决城市交通拥堵"）。确定议题是头脑风暴的第一步，它就像航行中的指南针，为讨论指明方向。在确定议题时，需要充分考虑问题的重要性、紧迫性和可行性。例如，在讨论解决城市交通拥堵问题时，需要了解城市的交通现状、人口分布、道路规划等多方面的信息，确保议题具有针对性和实际意义。

2. 组建团队

团队人数 5～10 人，跨专业背景，设立主持人和记录员。跨专业背景的团队成员就像不同颜色的画笔，能够为讨论带来更多的视角和创意。主持人在讨论中起着引导和组织的作用，确保讨论按照规则进行；记录员则负责记录所有的观点，以便后续的整理和筛选。

3. 明确规则

宣读四项基本原则，营造开放氛围。明确规则是头脑风暴顺利进行的保障，主持人需要向参与者详细解释自由畅想、禁止批判、追求数量和综合改善这四项基本原则，让参与者在一个开放、自由、平等的氛围中进行讨论。

（二）实施阶段

1. 自由发言

采用"轮流发言"或"自由滚动"形式，记录所有观点。

2. 使用工具

使用白板、便笺纸或在线协作工具实时记录。在自由发言阶段，参与者可以根据自己的想法自由表达，主持人可以根据实际情况选择"轮流发言"或"自由滚动"的形式。使用白板、便笺纸或在线协作工具能够及时记录下参与者的观点，避免遗漏。例如，在一个大型的头脑风暴会议中，可以使用在线协作工具，让参与者在上面实时发表自己的观点，这样不仅方便记录，还能让所有参与者都能及时看到其他人的想法，激发更多的创意。

3. 整理与筛选

分类合并相似观点（如技术类、管理类）。在记录了大量的观点后，需要对这些观点进行整理和分类。将相似的观点合并在一起，这样可以使观点更加清晰明了，便于后续的筛选。

在分类合并后，需要对每个观点进行评分，从可行性、创新性、成本等多个维度进行综合评估。根据评分结果，筛选出 Top 5 方案，这些方案将作为进一步研究和实施的重点。

课堂实战

模拟演练：以"产品发布会突发停电"为场景，分角色（主持人、记录员、参与者）执行头脑风暴，提出应急方案（如启用备用电源、改用移动设备演示）。在这个模拟演练中，亲身体验头脑风暴法的操作程序，提高应变能力和创新思维。通过模拟不同的角色，可更好地理解每个角色的职责和作用，为今后在实际工作中运用头脑风暴法打下坚实的基础。

四、头脑风暴法的训练方法

（一）角色扮演法

模拟企业决策场景（如"新产品命名"），分小组讨论，小组成员轮流担任主持人、记录员和参与者，体验不同角色对讨论效果的影响。在角色扮演训练中，可以模拟各种企业决策场景，如新产品命名、市场推广策略制定等。通过轮流担任主持人、记录员和参与者，能够深入了解每个角色的职责和作用，体会不同角色对讨论效果的影响。例如，作为主持人，需要引导讨论的方向，确保讨论按照规则进行；作为记录员，需要准确地记录所有的观点；作为参与者，则需要积极发言，提出自己的创意。通过这种训练，能够提高团队协作能力和沟通能力。

（二）案例复盘法

分析"特斯拉应对电池起火事件"，拆解其如何通过头脑风暴组合技术调查（信息收集）、用户补偿（情感关怀）、召回（紧急响应）等策略。特斯拉作为一家知名的电动汽车制造商，在发展过程中遇到了电池起火等问题。通过案例复盘法，分析特斯拉是如何通过头脑风暴来应对这些问题的。在电池起火事件发生后，特斯拉迅速组建了一个跨部门的团队，通过头脑风暴制定了一系列应对策略。技术调查小组负责收集相关信息，分析起火原因；用户补偿小组负责对受影响的用户进行情感关怀和经济补偿；召回小组则负责对存在安全隐患的车辆进行紧急召回。通过这些策略的组合实施，特斯拉成功地应对了危机，维护了品牌形象。

（三）工具实践

使用"思维导图"或"六顶思考帽"辅助发散思维，增强逻辑性。"思维导图"和"六顶思考帽"是两种非常有效的创新工具。"思维导图"可以对一个主题进行发散性的思考，将相关的想法和信息以图形的方式呈现出来，帮助人们更好地理解和组织思路。"六顶思考帽"则是一种引导人们从不同角度思考问题的方法，通过分别戴上不同颜色的帽子，代表不同的思考方式，如白色思考帽代表客观事实和数据，红色思考帽代表情感和直觉等。通过使用这些工具，可以辅助发散思维，增强逻辑性。

本节练习

一、单项选择题

1. 头脑风暴法的提出者是（　　）。

A. 根里奇·阿奇舒勒　　　　　　　　B. 亚历克斯·奥斯本

C. 威廉·戈登　　　　　　　　　　　D. 许立言、张福奎

2. （　　）不属于头脑风暴法的特点。

A. 自由性　　　　B. 逻辑性　　　　C. 互动性　　　　D. 数量优先

3. 在头脑风暴法的操作原则中，"讨论阶段不得否定他人观点"对应的是（　　）。

A. 自由畅想原则　　　　　　　　　　B. 禁止批判原则

C. 追求数量原则　　　　　　　　　　D. 综合改善原则

4. 头脑风暴法的操作程序中,准备阶段不包括(　　)。

A. 确定议题　　　　　B. 自由发言　　　　　C. 组建团队　　　　　D. 明确规则

5. (　　)体现了头脑风暴法的核心规则。

A. 要求所有设想必须符合技术可行性

B. 对任何设想不立即批评,鼓励自由联想

C. 优先筛选逻辑严谨的方案

D. 限制参会者的专业背景以避免思维冲突

二、简答题

1. 简述头脑风暴法的概念及其核心目的。

2. 头脑风暴法的适用场景主要有哪些?请举例说明。

3. 阐述头脑风暴法操作原则中"自由畅想"原则的内涵及意义。

4. 说明头脑风暴法中主持人的主要职责。

5. 简要介绍头脑风暴法训练方法中的角色扮演法及其作用。

三、分析题

1. 某公司在运用头脑风暴法解决新产品研发创意不足的问题时,会议过程中部分成员因担心想法不切实际而不敢发言,导致创意数量较少。请分析该公司在此次头脑风暴会议中可能违反了哪些操作原则,应该如何改进。

2. 结合"怎样清扫大跨度电线上的积雪"案例,分析头脑风暴法中互动性特点是如何体现的,以及这种互动对最终解决问题起到了怎样的作用。

3. 分析在头脑风暴法中,为什么要先追求创意数量而非质量。从创新思维的发展和方案筛选角度进行阐述。

4. 某团队在进行头脑风暴会议后,得到了大量创意,但在筛选方案时遇到困难,难以确定最优方案。请分析该团队在筛选方案环节可能存在的问题,并提出合理的筛选建议。

5. 试分析头脑风暴法与其他创新方法(如类比创新法)相比,在激发创意方面的优势和局限性分别是什么。

四、应用题

1. 假设你是一家餐饮企业的策划人员,现需为餐厅设计一系列新颖的营销活动来吸引顾客。请运用头脑风暴法的操作程序,组织一次头脑风暴会议,详细列出会议的准备工作、实施步骤以及最终的方案筛选过程。

2. 针对"如何提高大学生在课堂上的参与度"这一问题,运用头脑风暴法开展小组讨论。请记录至少15条创意,并对这些创意进行分类整理,最终选出3条最具可行性的方案。

3. 一家电子产品公司准备推出一款新型智能手表,为确定产品的功能和特色,计划采用头脑风暴法收集创意。请你以该公司产品经理的身份,设计一份头脑风暴会议的流程安排,包括会议目标、参与人员、时间安排以及具体的讨论环节设置。

4. 某社区要举办一场大型的文化节活动,旨在增进居民之间的交流与互动。运用头脑风暴法,为该文化节活动提出多样化的活动形式和内容创意,并说明如何通过这些创意体现头脑风暴法的特点。

5. 学校社团计划组织一次校园公益活动,以提高同学们的环保意识。请运用头脑风暴法,从活动主题、宣传方式、活动形式等方面提出创新方案,并阐述如何在活动组织过程中落实头脑风暴法的操作原则。

<h2>第二节　提问创新法</h2>

<h3>智能输液监控系统</h3>

对于输液,不同的药物溶液和不同年龄的患者有不同的滴速要求,因为滴液速度很有可能会影响治疗效果。在输液过程中,一旦不及时更换输液瓶,空气便会进入血管从而危及患者的生命,发生安全事故。针对这些问题,设计一套医用智能输液监控系统,不仅可以实现精确控制药液滴落的速度,还可通过液晶显示屏清晰地显示输液容量以及药液滴落的时间。当输液系统的药液几乎耗尽时,系统将报警以提醒医务人员。

提问类创新方法是应用设问和发散等思维方法,针对待解决的共性问题,列出提纲式的表格,然后逐条进行检查、设问、讨论、核对和分析,从中获得发明创造的启示,进而获得解决问题的方法。提问创新法有5W1H法、奥斯本检核表法、和田十二法。

一、5W1H 法

提问创新法

（一）5W1H 法的主要内容

（1）为什么(why)。例如:为什么需要?为什么不用机械代替人力?为什么非做不可?为什么制造这种产品要经过这么多环节?为什么要创新?为什么是这个原理?为什么要做成这样的形状、大小、造型、结构、功能、颜色?为什么会发生这样的事?为什么会出现这样的结果?

（2）是什么(what)。例如:是什么发现?是什么产品?是什么方法?是什么材料?是什么样的生产方法?是什么样的商标?目的是什么?重点是什么?功能是什么?规范是什么?

（3）谁(who)。例如:谁是设计者?谁是生产者?谁是消费者?谁是销售者?谁来办事方便?谁赞成?谁反对?谁来承担?谁被忽视了?

（4）何时(when)。例如:何时研究?何时实施?何时完成?何时安装?何时销售?何时付款?何时交货?何时到期?何时最佳?何时产量最高?

（5）何处(where)。例如:何处研究?何处试验?何处生产?何处安装?何处有资源?何处推广?何处改进?何处最适宜?何处最节省?何处最昂贵?

（6）怎样(how)。例如:怎样做省力?怎样速度快?怎样做最好?怎样做效率最高?怎样改进?怎样实施?怎样最方便?怎样更美观?怎样避免失败?怎样增加销路?

5W1H法的优点,在于比较全面地把要做的事情和可能遇到的问题基本都概括进去。5W1H法是一种重要的计划方法,也是一种重要的策划思维方法,它指导我们把事情做对,并进而把事情做好。

（1）可以准确界定清楚，清晰表述问题，提高工作效率。

（2）有效掌控事情的本质，抓住事件的主骨架。

（3）简单方便，易于理解使用，富有启发意义。

（4）有助于思路的条理化，有助于全面思考问题，杜绝盲目片面性。

在5W1H法的基础上，有学者还提出了5W2H法和6W2H法。5W2H法是在5W1H法的基础上加上"多少"（how many 或 how much），进一步从量上对问题的规模、程度、速度、范围等提出追问，从而把问题阐述得更为清楚、精确。我国教育学家陶行知先生提出6W2H法，他把这种提问模式称为教人聪明的"八大贤人"。为此他还写了一首小诗："我有几位好朋友，曾把万事指导我，你若想问真姓名，名字不同都姓何：何事、何故、何人、何如、何时、何地、何去，还有一个西洋名，姓名颠倒叫几何。若向八贤常请教，虽是笨人不会错。"6W2H法就是在5W1H法的基础上，加上"多少"（how many 或 how much），以及"目标"（which）。

（二）5W1H法的操作步骤

要抓住事物的主要特征，视具体问题性质的不同，应设置不同内容的设问检查。

第一步，对某一种现行事物或产品，从六个角度进行检查提问。为使内容简洁明晰，可把序号、提问项目、提问内容、情况原因和发明方案等列成表格，将六个设问逐一填写。

第二步，对六个问题逐一审核，将发现的疑点、难点一一列出。

第三步，讨论分析，寻找改进措施。这六个问题彼此联系、相辅相成，应根据原因综合考虑，抓住主要矛盾，提出新的方案。

通过了六个问题审核并且无懈可击，说明该事物或产品可行；若其中有某些方面的答复有问题，则表明应对其加以改进；若某方面的答复有独到之处，则应借此扩大其效用。

（三）5W1H法的应用

如何用5W1H法来帮助我们解决问题呢？下面，我们通过解决校园小吃窗口生意冷淡这一问题来作探讨。某学校食堂二楼开设了很多小吃窗口，虽然很多学生来食堂，但小吃窗口门庭冷落，生意惨淡。

1. 分析问题

why——为什么开小吃窗口？为什么食堂供应小吃的窗口生意惨淡？

开小吃窗口是为了赚钱及服务顾客。生意惨淡是因为顾客少。

what——小吃窗口提供些什么？经营什么品种？还可以经营些什么？

目前小吃窗口主要供应小吃，如油炸食品、麻辣烫等。还可以经营甜品、健康轻食等。

who——谁来买小吃？是否还有潜在的顾客？

学生占多数，偶尔有教职工，但很少。

when——食堂供应小吃的窗口什么时间营业？

早上、中午、晚上，以学生一日三餐的时间为主。

where——食堂供应小吃的窗口在哪儿？

在学校食堂二楼。

how——食堂供应小吃的窗口是如何经营的？

先把一些常见的食物做好，等顾客来了再卖给他们。

2. 提出解决问题的方案

why——想办法吸引更多的顾客,只有这样,才能赚更多的钱,才能真正实现服务顾客的目的。

what——供应的小吃品种太少,没有新颖性。解决办法:增加小吃的品种、翻新小吃的花样,提供丰富多样的食品,满足不同顾客的需求。由于学生来自全国各地,因而可增加地方特色小吃。

who——很多教师中午不回家,而且周围的居民偶尔也来这里买小吃。因此,可考虑扩大顾客的范围,把教师和周围的居民也吸引过来。

when——营业时间不太人性化,延长营业时间。延长冬天早餐营业时间,因为有的顾客有睡懒觉的习惯。同时,延长夏天晚上营业的时间,因为有的顾客有吃夜宵的习惯。另外,在一些特别的节日提供有特色的小吃,如端午的粽子、中秋的月饼等。

where——供应小吃的窗口的位置不是很理想。其位置在食堂二楼,有的顾客不知道,也有的顾客不愿意到二楼来用餐。如何能在不改变客观位置的情况下,改变心理位置?具体做法是在食堂一楼醒目的位置做一些广告牌。广告牌要颜色清新,并配有各种特色小吃的图片,使人一看就有食欲。

how——供应不同地域的特色小吃。供应的小吃要做到色香味美、干净卫生,品种要多、样式要新,以满足不同顾客的需求。为了吸引方便顾客,还可提供外卖业务。

培养爱提问的好习惯,可使认识问题和解决问题的能力都能得到切实的提高。如果能找到六个问题的答案,那么疑难问题便会迎刃而解。

课堂实战

用 5W1H 法进行分析策划

1. 在各种新闻媒体当中,广播电台作为传统媒体,目前受到了前所未有的冲击,其市场占有率和广告份额有逐年下滑的趋势,请你帮助广播电台策划吸引听众的栏目。

2. 一家公司既经营鲜牛奶又经营面包、蛋糕等食品,这家公司出售的牛奶质优价廉,每天都能在天亮前将牛奶送到订户门前的小木箱内。牛奶的订户不断增多,公司盈利也越来越多。然而这家公司经营的面包、蛋糕等食品,虽然也质优价廉,但是由于门市部所在的地段较偏僻,来往的行人不多,营业额一直上不去。老板当然知道通过报纸和电台进行广告宣传是有作用的,但他同时也清楚,这要付出较大的成本,而且面包、蛋糕之类的食品不同于一般大件商品,在新闻媒体上公布其名称、价格,不太容易引起消费者注意。老板从牛奶订户不断增多的事实中察觉到这是一个很大的消费群体,能通过他们不断扩大影响力。于是他认为,要为面包、蛋糕等食品作宣传,可以在牛奶订户上下功夫。请你帮助该公司设计一个投资不大但宣传效果极佳的推销面包、蛋糕的方式,并说明理由。

二、奥斯本检核表法

奥斯本检核表法(checklist method)由美国创造学家亚历克斯·奥斯本(Alex Osborn)创立,它针对需要解决的问题或需要创新设计的对象,从多个方面列出一系列的有关问题,然后逐个加以分析、讨论,从而确定出最好的设计方案。奥斯本检核表法的核心是改进,通过改进来进行创新。奥斯本检核表法是大量开发创新设想方法中的一种简单易行的创新技法,适用于任何类型和任何场合的创新活动,因此有"创新技法之母"的美誉。它从九个方面出发,根据需要解决带有共性的问题,通过列出提纲式的表格,然后逐条进行检查、设问、讨论和核对,并从中挑选一两条,集中精力深思,从而获得发明创造。奥斯本检核表法的特点是简单易行、减少疏漏,排除人们不善提问的心理障碍,引导人们用多向思维进行发散思考,突破旧的思维框架,开拓新的思路,从而产生大量原始思路和原始创意。

（一）奥斯本检核表法的内容

奥斯本检核表法是一种具有广泛适用性的创新思维方法。该方法通过一系列的提问,引导人们从不同角度对现有事物进行思考,以激发创新灵感,产生新的创意和解决方案。

（1）能否加以改变？思考对现有事物的形状、颜色、声音、味道、材质等方面进行改变,从而产生新的产品或服务。

（2）能否作他用？探索现有事物是否可以用于其他用途,或者对其进行改进后应用于新的领域。

（3）能否调整？对现有事物的布局、顺序、时间、速度等进行调整,以获得新的效果。

（4）能否放大？考虑在现有事物的基础上,增加尺寸、重量、数量、强度等方面的因素,从而创造出新产品或新服务。

（5）能否缩小？思考对现有事物进行缩小尺寸、减轻重量、减少数量等操作,以适应新的需求或创造新的价值。

（6）能否替代？寻找可以替代现有事物的材料、方法、技术、人员等,以降低成本、提高性能或解决问题。

（7）能否调整？现有事物能否变换排列顺序、位置、时间、速度、计划、型号,内部元件可否交换。

（8）能否颠倒？从相反的方向思考问题,如上下颠倒、前后颠倒、因果颠倒等,可能会产生新的创意。

（9）能否组合？将不同的事物、方法、技术、材料等进行组合,创造出全新的产品、服务或解决方案。

（二）奥斯本检核表法的优缺点

1. 优点

系统性强。该方法通过系统地提问,引导人们从多个维度对问题进行全面思考,避免了思维的片面性和局限性,有助于挖掘出更多的创新可能性。

启发作用显著。检核表中的每个问题就像一个个"启发点",能够激发人们的创新思维,即使是对创新不太熟悉的人,也能通过这些问题的引导产生新的想法。

应用广泛。几乎适用于任何领域和任何类型的问题,无论是产品创新、服务改进还是流程优化等,都能发挥重要作用。

2. 缺点

过于依赖经验。在运用检核表时,人们往往会受到自身已有经验的影响,可能会忽略一些超出常规经验的创新想法。

缺乏深度挖掘。检核表法主要是从表面对事物进行提问和思考,对于一些复杂问题,可能无法深入探究其本质,导致提出的解决方案不够完善。

可能产生大量创意但筛选困难。使用该方法可能会产生大量的创意,但要从众多创意中筛选出真正具有价值和可行性的方案,需要花费较多的时间和精力。

(三)奥斯本检核表法的实施步骤

1. 明确目标

确定需要解决的问题或需要创新的对象,清晰界定问题的范围和要求。例如,要对一款现有的手机进行创新设计,就需要明确是在功能、外观、用户体验等哪些方面进行创新。

2. 填写检核表

按照奥斯本检核表的十个项目,依次对目标对象进行提问和思考,并将产生的想法和创意记录下来。在填写过程中,要尽可能地发散思维,大胆想象,不要过早地对想法进行评判。

3. 筛选创意

对记录下来的大量创意进行筛选和评估,从可行性、创新性、成本效益等多个角度进行分析,挑选出具有实际应用价值的创意。例如,对于一款手机的创新创意,要考虑技术是否可行、成本是否可控、市场需求是否存在等因素。

4. 完善方案

对筛选出的创意进行进一步的完善和细化,形成具体的创新方案。可以通过小组讨论、专家咨询等方式,对方案进行优化,使其更加完善和可行。

5. 实施与验证

将完善后的创新方案付诸实践,并对实施效果进行验证。根据实践过程中出现的问题,及时对方案进行调整和改进,确保创新方案能够达到预期目标。

(四)运用奥斯本检核表法的注意事项

1. 保持开放心态

在运用检核表进行思考时,要摒弃固有观念和思维定势,以开放、包容的心态接纳各种新颖的想法,即使这些想法看似荒诞不经,也可能蕴含着创新的灵感。

2. 深入思考每个问题

不要仅仅对检核表中的问题进行表面的回答,要深入挖掘每个问题背后的潜在可能性。例如,在思考"能否替代"时,不仅要考虑常见的替代材料或方法,还要探索一些不常见但可能具有创新性的替代方案。

3. 结合实际情况

虽然检核表法鼓励大胆想象,但最终提出的创新方案必须结合实际情况,考虑技术可行性、经济成本、市场需求等现实因素,确保方案具有可操作性。

4. 团队协作

可以组织团队共同运用奥斯本检核表法,团队成员的不同背景和思维方式能够相互启发,产生更多、更丰富的创意。在团队讨论过程中,要鼓励成员积极发言,尊重他人的想法,营造良好的创新氛围。

创新校园文具设计

分组：班级学员分成若干小组，每组5～6人。

任务：运用奥斯本检核表法，对现有的校园文具（如铅笔、笔记本、书包等）进行创新设计。每个小组选择一种文具作为创新对象，按照检核表的十个项目进行思考和讨论，记录下产生的创意。

实施步骤如下：

（1）明确目标：本次课堂实战的目标是创新校园文具设计，提高文具的实用性、趣味性和美观性。

（2）填写检核表：各小组围绕所选文具，依次对检核表中的十个项目进行讨论。例如，对于铅笔，思考能否改变颜色、形状（如设计成卡通形状）；能否有其他用途（如铅笔末端带有小型橡皮擦和卷笔刀组合功能）；能否调整长度、粗细（适合不同年龄段学生使用）等。

（3）筛选创意：小组内对记录的创意进行初步筛选，去除明显不可行或不符合要求的创意。

（4）完善方案：对筛选出的创意进行完善，形成具体的文具创新设计方案，包括设计草图、功能说明等。

（5）展示与评价：每个小组派代表展示本小组的创新设计方案，其他小组进行提问和评价，从创新性、实用性、可行性等方面进行打分，评选出优秀的创新设计方案。

改进校园食堂服务

分组：班级学员分成若干小组。

任务：运用奥斯本检核表法，针对校园食堂服务存在的问题，提出改进方案。

实施步骤如下：

（1）明确目标：指出当前校园食堂在菜品质量、服务效率、就餐环境等方面存在的问题，确定本次课堂实战的目标是运用检核表法提出改进方案。

（2）填写检核表：小组围绕食堂服务问题，对检核表各项进行思考。如能否改变菜品的口味、种类（增加地方特色菜品）；能否将食堂的部分空间作他用（设置休闲区）；能否有更佳设想（采用智能点餐系统提高效率）；能否调整就餐时间、窗口布局等。

（3）筛选创意：小组筛选出具有实际操作可能性的创意。

（4）完善方案：将筛选后的创意细化为具体的改进方案，包括实施步骤、所需资源等。

（5）展示与评价：各小组展示改进方案，全班共同讨论方案的可行性和有效性，提出修改建议。

三、和田十二法

在奥斯本检核表法的基础上，我国学者许立言、张福奎等人通过研究，提出了他们创造发明的"和田十二法"，具体内容如表5-1所示。

表 5-1　和田十二法的简要说明

序号	名　称	简　要　说　明
1	加一加	加高、加厚、加多、组合等
2	减一减	减轻、减少、省略等
3	扩一扩	放大、扩大、提高功效等
4	缩一缩	压缩、缩小、微型化等
5	变一变	变形状、颜色、气味、次序等
6	改一改	改缺点、不便、不足之处等
7	并一并	原因和结果有何联系,把某些东西联系起来等
8	学一学	模仿形状、结构、方法,学习先进等
9	代一代	用别的材料代替,用别的方法代替等
10	搬一搬	移作他用等
11	反一反	逆向思考:能否颠倒一下等
12	定一定	定一个界限或标准,以提高工作效率等

（一）加一加

通过增加元素,如加大、加长、加高或加重某个物品,或者将它与其他物品组合,可以改变其形态、功能或尺寸。例如,我们可以在某件东西上添加什么新的组件? 是否需要增加使用的时间或次数? 能否通过增高或增厚来改善它的性能? 如果我们将这件物品与另一件物品组合,会产生怎样的新用途或效果? 可以通过组织讨论会收集不同的想法,尝试将各种元素结合在一起创造出全新的产品。比如,将普通雨伞放大成为沙滩伞或街头摊位使用的大型遮阳伞,或将橡皮和铅笔组合形成带有橡皮头的铅笔。

（二）减一减

减少物品的部分或全部特征,包括缩小尺寸、减轻重量、削减某些功能等,可以使产品更加优化。我们可以从这件物品上去掉哪些不必要的部分? 是否可以减少操作时间或使用频率? 降低高度或减轻重量是否可行? 有哪些组件是可以省略或取消的? 例如,电子设备的发展历程中,从电子管到晶体管再到集成电路,不仅减少了体积、材料消耗和能源消耗,还提高了稳定性;用塑料代替钢铁以减轻重量;隐形眼镜就是通过减薄镜片并去除镜架而发明的。

（三）扩一扩

扩大原物体的规模,比如加长、增强或扩展,可能会显著提升其性能或功能。很多创新都是通过"扩"出来的,比如放大镜、显微镜、大屏幕电视以及用于围棋和象棋比赛的大演示盘。空调也经历了这样的变化,从单一结构发展到了分体式、短式机乃至中央空调系统。同样地,在吹风机的基础上开发出了被褥烘干机。

（四）缩一缩

考虑将物品压缩或缩小的可能性。拆分一些部分,使其更薄、更低、更短、更轻,甚至分割成更小的单元,这样可以为用户带来便利。例如,折叠雨伞、微景观装饰品、电热杯、微雕艺术品、微型录音机和照相机都是小型化或微型化的实例,它们便于携带且节省空间。

（五）变一变

对物品的形状、颜色、声音、味道、运动方式或其他属性进行调整,看看会发生什么变化。也可以改变事物的顺序或模式。例如,风琴演变成了电子琴,圆形铅笔被设计成了六角形、三角形或扁平形状,服装面料的颜色、图案和款式也经常发生变化以适应时尚潮流。

（六）改一改

改进物品的原始设计,包括形状、性能和结构等方面,以创造新的形态、功能或特性。检查现有物品是否存在缺点或不足之处,并思考如何改进这些问题。比如,玻璃制成的眼镜片容易破碎,金属框架较重,可以改为树脂镜片和钛合金框架,使之更为轻便和安全;普通伞可以升级为折叠伞或自动开合伞;白炽灯泡外壳可以换成彩色或乳白色的玻璃;手动抽水马桶可以改造为感应式的自动冲洗系统。

（七）并一并

把一个物体与另一个物体合并起来,把多种物品或功能组合起来,其特点是合并多种功能。如把单色圆珠笔合并成多色圆珠笔;瑞士多功能军刀就是把刀、剪、钳、叉、开瓶器等合并起来,成为深受人们喜爱的多功能产品。

（八）学一学

有什么事物和情形可以让自己模仿、学习一下呢？模仿它的形状、结构、功能会有什么结果？学习它的原理、技术又会有什么结果？如从恐龙的巨大身躯悟出建筑学的道理;草圣张旭从公孙大娘的剑舞中悟出草书。"功夫在画外,功夫在诗外""行万里路,读万卷书"就是告诉人们要博采众长,要善于从不同行业、学科、领域汲取营养,将其"嫁接"和"杂交"到本行业、本学科和本领域,可得到出乎意料的价值。

（九）代一代

有什么东西能代替某样东西？如果用别的材料、零件、功能、方法、工具、商品等替代某样东西行不行？做某件事情换个人做、使用其他动力、换个机构,行不行？如以塑料代替钢铁、以聚氯乙烯管代替铸铁水管等。

（十）搬一搬

把这件东西搬到别的地方,还有别的用处吗？这个想法、道理、技术搬到其他物体上,也能用得上吗？可否借用他人的智慧、意见、建议？能否把某事物或某部件的制作工艺、原理、方法搬动一下,产生一种新的物品?一个平淡无奇的东西,搬到另外一个领域却是一个很好的东西。如把照相机镜头装到扩印机上扩放照片;把电视机拉杆天线搬到圆珠笔上,制成教鞭圆珠笔;利用激光的特点进行激光切割、激光打孔、激光磁盘、激光测量,等等。

(十一)反一反

如果把一件东西或事物的正反、上下、左右、前后、横竖、里外颠倒一下会有什么结果?试把某事物的形态、性质、功能、结构反一反,世界上很多发明都是通过反向思维来获得灵感的。如一般是工件旋转,车床刀具移动切削零件的,而反过来,让工件移动,刀具旋转,就发明了能加工出各种各样异形工件的铰床;将电转化为磁做成电磁铁,反过来将磁转化为电制成发电机。

(十二)定一定

为了提高工作效率、解决问题或预防事故,设定明确的标准和规定是非常必要的。在处理某一问题或改进某一产品时,首先确立一套大家都认可的规范或标准是至关重要的。基于经验和教训,制定规章制度和技术标准,并将其正式化和制度化。此外,还包括确定时间、温度、类型、责任人等方面的细节。通过这些措施,可以确保工作的有序进行并达到预期目标。

简单的12个字,"加""减""扩""缩""变""改""并""学""代""搬""反""定",概括了解决发明问题的12条思路。从形式上来看,和田十二法语言通俗易懂,从本质看是进行发明创新用的基本措施列举。

用和田十二法改进电风扇的新设想

(1) 加一加:加个电脑,成为带电脑的电风扇。
(2) 减一减:减去吊杆,成为吸顶电风扇。
(3) 扩一扩:扩大送风角度,成为全方位电风扇。
(4) 缩一缩:缩小尺寸,成为微型电风扇。
(5) 变一变:改变结构,成为球式电风扇。
(6) 改一改:改进使人着凉的不足,成为保健电风扇。
(7) 并一并:与催眠联系,成为催眠电风扇。
(8) 学一学:使用新技术,成为太阳能风扇。
(9) 代一代:用其他材料代扇叶,成为木叶片电风扇。
(10) 搬一搬:把电风扇装到电视机上,成为电视机用电风扇。
(11) 反一反:冬天也用电扇,成为热风扇。
(12) 定一定:规定节能标准,成为节能电风扇。

本节练习

一、单项选择题

1. 5W1H法中,"where"主要用于分析问题的(   )。

A. 原因　　　　　B. 地点　　　　　C. 方式　　　　　D. 人物

2. 奥斯本检核表法中,"能否作他用"是从(　　)维度进行创新思考。

A. 功能拓展　　　　B. 外观改变　　　　C. 结构调整　　　　D. 材料替代

3. 和田十二法是在(　　)的基础上发展而来的。

A. 5W1H 法　　　　　　　　　　B. 奥斯本检核表法

C. 头脑风暴法　　　　　　　　　D. 类比创新法

4. 用 6W2H 法对问题进行分析时,比 5W1H 法多了"多少(how many 或 how much)"和(　　)两个维度。

A. 目标(which)　　　　　　　　B. 过程(process)

C. 风险(risk)　　　　　　　　　D. 成本(cost)

5. 运用奥斯本检核表法时,以下做法正确的是(　　)。

A. 只关注熟悉领域的创意　　　　B. 对提出的创意立即进行可行性判断

C. 鼓励团队成员从多个角度思考　D. 只由负责人独自完成检核表填写

二、简答题

1. 简述 5W1H 法的具体内容及其在问题分析中的作用。

2. 奥斯本检核表法有哪些优点和局限性?

3. 请详细说明和田十二法中"学一学"和"代一代"的具体含义,并各举一例说明。

4. 在运用提问创新法时,如何确保提出的问题具有启发性和创新性?

5. 对比 5W1H 法、奥斯本检核表法和和田十二法,分析它们在创新侧重点上的不同。

三、分析题

1. 某餐饮企业发现顾客对店内菜品的满意度下降,运用 5W1H 法对该问题进行分析:why(为什么满意度下降? 可能是菜品口味不佳、服务质量下降等)、what(具体是哪些菜品不受欢迎? 服务环节存在什么问题?)、who(是哪些顾客群体不满意? 服务员的服务态度对哪些顾客影响较大?)、when(满意度下降是从什么时候开始的? 一天中哪个时间段问题更突出?)、where(是堂食顾客不满意还是外卖顾客不满意? 店内哪个区域的顾客反馈问题较多?)、how(目前采取了哪些措施? 效果如何? 应该如何改进?),并基于分析结果提出至少 3 条改进建议。

2. 分析某智能手表企业运用奥斯本检核表法进行产品创新的过程。从"能否加以改变"(如改变表盘材质、颜色、形状等)、"能否作他用"(除了查看时间和健康监测,是否有其他功能拓展)、"能否放大"(增加屏幕尺寸、电池容量等)等九个方面,结合市场需求和技术可行性,探讨该企业可能提出的创新点以及这些创新点对产品竞争力的提升作用。

3. 以传统自行车行业为例,分析在面对电动自行车的竞争时,如何运用和田十二法进行产品创新和市场拓展。例如,"加一加"(增加辅助动力系统、智能导航功能等)、"减一减"(减轻车身重量)、"改一改"(改进车架设计、刹车系统等),说明每种方法具体的应用方式和预期效果。

4. 某教育培训机构发现学生的学习积极性不高,试运用 5W1H 法和奥斯本检核表法相结合的方式,分析问题产生的原因并提出解决方案。5W1H 法用于明确问题现状,奥斯本检核表法用于挖掘创新的教学方法和激励措施。

5. 对比分析在解决"城市交通拥堵"问题上,5W1H 法、奥斯本检核表法和和田十二法的应用过程和可能得出的不同类型的解决方案,说明三种方法各自的优势和适用场景。

四、应用题

1. 假设你是一家文具公司的产品设计师,运用提问创新法(结合 5W1H 法、奥斯本检核表法和和田十二法)设计一款新型笔记本。请详细阐述设计过程和创新点,包括从问题分析到具体方案的提出,以及如何满足不同用户群体的需求。

2. 某电商平台希望提升用户的购物体验,运用提问创新法制定一套改进方案。要求分别运用 5W1H 法明确问题和需求,奥斯本检核表法提出创新想法,和田十二法对方案进行优化,最终形成一份完整的可执行方案。

3. 面对日益激烈的市场竞争,某手机制造商计划推出一款新手机。请运用提问创新法,从用户需求、产品功能、外观设计等方面进行分析和创新,撰写一份新手机的创新设计报告,包含运用三种提问创新方法的具体过程和创新成果。

4. 某社区希望改善公共环境,吸引更多居民参与社区活动。综合运用 5W1H 法、奥斯本检核表法和和田十二法,提出至少 5 条具体的改进措施,并说明每条措施所运用的方法和预期效果。

5. 一家传统服装店在电商的冲击下,客流量减少,销售额下滑。运用提问创新法为该服装店设计一套创新营销方案,要求充分发挥 5W1H 法、奥斯本检核表法和和田十二法的作用,涵盖产品展示、促销活动、客户服务等多个方面。

第三节　类比创新法

古登堡发明铅活字印刷[①]

古登堡这项发明的灵感源自两个概念的类比。

古登堡曾居住于德国著名的葡萄酒酿造城市美因茨。当地葡萄酒制造者使用一种手动操作的垂直螺旋压榨机,这种设备能够成规模地榨取葡萄汁,既节省劳动力成本,又大幅提升生产效率。无独有偶,当地造纸者也运用螺旋压榨机挤压浸泡亚麻、大麻和棉花后的水分。受此启发,古登堡突发奇想:能否将压榨机的原理反向运用——不是把液体从纸里压出,而是将墨水压入纸张?

古登堡的父亲在当地一家造币厂工作,负责评估硬币的品质。当时的硬币都是本地工匠手工铸造的,因此硬币形状和浮雕都参差不齐。古登堡想,能否把这些流通的硬币真正统一化,把表面的图案换成字母。不同的字母通过特定的组合可以拼出特定的单词。如果大量制造出这些精确的字母块,就可以在印刷机上放置这些字母块,并能不断更换它们的位置,从而印出无数文稿。

古登堡的这一发明让一个人能完成成百上千个抄写员的工作,使用铅活字印刷迅速降低了印刷成本,促进了知识的传播。

---

① 吴兴华.创新思维方法与训练[M].2 版.广州:中山大学出版社,2022:135.

一、类比创新法的内涵

类比指的是在不同事物或现象之间找到某种程度上的相同或相似之处。通过分析两个（或两类）对象在某些方面的相似性，进而推测它们在其他方面也可能存在相似性，这种方法称为类比法。

尽管世界上事物种类繁多且各不相同，但它们之间往往存在着各种形式的相似性。这些相似性可能涉及本质、结构，或是仅限于外形和表面特征。

类比建立在比较的基础上。当探索未知领域时，人们可以通过将未知的事物与已知的事物进行对比来增进理解。即使在本质上有所差异的现象间，只要它们遵循某些相似规律，就可以使用类比法来进行研究。这种做法能够帮助我们从一个已知的事物推导到另一个未知的事物，从而激发新的思路、提供线索并实现触类旁通的效果。正如康德所言："当理智缺乏可靠的论证路径时，类比常常能引导我们前行。"亚里士多德也曾指出："类比并不反映部分对整体的关系，也不是整体对部分的关系。"如果把"此"视为前提，"彼"作为结论，类比的作用便在于"由此及彼"。

类比创新方法是一种基于现有自然物体或事实，通过演绎推理加以改进和拓展，从而创造出新事物的创新思维方式。例如，地球与火星之间的比较显示两者都围绕太阳旋转，并各自绕轴自转；两颗星球上均含有碳、氧、氢、氮四种元素；两者都有大气层；地球上存在水，而火星上有少量水蒸气。基于这些相似点，我们可以类推出火星上也可能存在生命的可能性。

简而言之，类比创新方法的核心在于识别两个或多个相关事物间的异同，通过对比分析这些事物，依据一定的标准衡量其内在联系，最终形成一种创新的方法论。这种方法不仅有助于理解和解释世界，还能促进新知识和技术的发展。

在运用类比创新方法时，联想思维是非常重要的因素。事物间的联系是普遍存在的，正是这种联系，使我们的思维得以从已知走向未知、变陌生为熟悉。发明创造所追求的是新颖未知的事物，应该是人们暂时还感到陌生和不了解的。为此，需要借助现有的知识与经验或其他已经熟悉的事物，将其作为桥梁，通过联想获得借鉴和启发。这就是联想类比在创新中的非凡作用。例如，老吾老以及人之老，幼吾幼以及人之幼。

二、类比思维的内涵及其特点

类比思维是一种从两个对象在某些方面的相似性中获得灵感，以解决具体问题的创造性思维方式。作为一种逻辑推理方法，它具有较高的不确定性，但其创造性在于能够通过已知事物的类比来激发对未知事物的创新思考，体现了触类旁通的理念。类比思维的特点包括激活想象力、提供启发以及提升假设的可靠性。

（一）激活想象力

类比思维借助联想极大地激发了创造者的想象力，并为其提供了明确的方向。适当的类比有助于产生合理的联想。例如，尽管长久以来人们认为圆是完美的曲线，球是完美的形体，但开普勒通过对圆形与几何图形的类比，利用实际观测数据并经过多次偏心圆轨道的研究，最终揭示了行星沿椭圆轨道运行的事实。

（二）启发性

类比拥有显著的启发作用，能为探索者提供具体的线索，特别是在缺乏足够的信息来进行系统归纳或演绎的情况下，类比可以充当"先锋"，引导前进的道路。一旦某个问题的本质被理解，就可能为一系列相关问题提供有价值的启示。

（三）提高猜想可靠度

在创新活动中，目标是提出一个合理且可靠的假设来解释未知现象和挑战，从而加快发现过程。通过类比思维，可以将已经验证的知识应用到类似的情境中，这样不仅能够加速假设的形成，还能增强其可信度。这种方法使得我们能够在有限的信息基础上做出更为准确的预测和推断。

三、类比创新法的主要方法

经过长期的创新实践，人们将类比创新方法按类比的对象和方式不同进行分类，大致可分为提喻法、直接类比法、拟人类比法、象征类比法、对称类比法、因果类比法、综合类比法、幻想类比法等多种类型。

> **课堂实战**
>
> 请设计一种开瓶盖的新工具，从"开"这个词出发，看看有多少种"开"法。

（一）提喻法

提喻法（Synectics）源自希腊语，意为"将看似不相关的元素联系起来"，又称综摄法、类比法或集体研究制。该方法由美国学者威廉·戈登（William J. Gordon）于 1944 年提出，核心在于通过类比思维突破常规逻辑，实现创新。戈登认为："对历史上伟大发明家创造过程的心理分析表明，类比与类比推理是创新开发的核心概念。"此后，乔治·普林斯（George M. Prince）加入研究，二人共同创立新耐克梯公司，进一步完善了提喻法的理论体系与实践框架。

提喻法基于五个基本假设：每个人都有潜在的创造力；可以通过特定个体的创造现象来描述共同的心理过程；在创造过程中，感性的非理性因素比理性的因素更为重要；创造中的心理过程能够通过适当的方法进行训练和控制；集体的创造过程可以模拟个人的创造过程。

1. 提喻法的机制

提喻法强调在创造活动中利用潜意识的心理机制，并有意识地应用这些机制。根据戈登的说法，提喻法的机制可以简单概括为首先"使陌生的熟悉起来"，即异质同化，然后"使熟悉的陌生起来"，即同质异化。

简而言之，异质同化是指将陌生事物转化为熟悉事物的认知过程。当面对全新问题或事物时,需运用已有经验与知识对其分析,进而推导解决方法。例如,科学家观察到老鼠掉入氟化碳溶液未溺亡,通过分析发现氟化碳能溶解并释放氧气和二氧化碳,其功能类似红细胞,最终研发出"人造血"。

另一方面,同质异化则是指对那些早已熟知的事物,从新的视角或使用新的知识对其进行观察和研究,以突破传统观念的限制,产生新的创意。这意味着要从不同的角度审视非常熟悉的事物,找出其新颖之处,以便将其重新组合成具有新性质、功能或结构的事物。这便是"使熟悉的陌生起来"。最终,无论是异质同化还是同质异化,都是通过联想实现的,而这种创造性联想的根本在于类比。

2. 提喻法的特点

提喻法的一个显著特点是,在提出设想阶段保持松散和随意,而在应用方案解决实际问题时则要求严谨和缜密。虽然严谨性、精确性和实用性是重要的,并且在执行解决方案时显示出其价值,但这些特性本身并不直接构成创造力的要素。为了最大限度地激发幻想力、想象力和创新精神,不应受到传统可接受智力标准的限制。因为每个观念或想法都有多个方面,从中总能找到一些有益的因素。因此,在创造性解决问题时,不必拘泥于常规,也不应害怕荒诞不经的想法。

提喻法的另一特点是,在讨论问题时不需要急于定义它,而是将当事人对问题的初步描述视为讨论的起点。当当事人简要解释并介绍问题背景时,他们有机会阐述自己对情况的看法。随后,当事人与其他参与者共同进一步陈述和探讨问题,这种陈述和探讨可能是富有想象力的、理想的甚至脱离现实的,目的在于全面展开问题领域,给予当事人重新审视问题的机会,从而跳出传统的思考模式。

此外,提喻法还有一个特点,即在同一时间段内,不需要像头脑风暴那样产生大量的观点或设想,只需生成两到三个即可。实际上,会议主持人的职责之一就是在不影响参与者积极性的前提下,避免产生过多的意见。这种方法鼓励深入探讨少数几个高质量的想法,而不是广泛撒网式地收集大量意见。

3. 提喻法的实施程序

(1) 确定提喻法小组的构成。

提喻法作为一种集体创新方法,要有一个专业的团队来执行,相比头脑风暴小组,提喻法对成员的要求更高。小组成员的素质在很大程度上决定了这种方法的成功与否。一个典型的提喻法小组应由5~8人组成,其中包括1名主持人、1名与讨论问题相关的专家,以及来自不同学科领域的专业人员4~6名。

① 主持人的作用与要求。

主持人的角色主要是指导过程的展开,并不直接参与内容的讨论。其主要职责是把握方向和指导流程,而不是提出意见、建议或解决方案。主持人不应试图提供最佳解决办法,而是要根据过程中组员的反应及效果评估提喻法实施的成功度。他们需要确保每位组员的能力得到充分发挥,巧妙地引导全体成员提出问题并发展出良好的类比,重视每个组员的想法。当专家因成员的意见而表现出积极思考时,主持人应及时将讨论引向深入。具体来说,主持人的职责包括:

a. 确保小组成员遵守规则。

b. 鼓励深思熟虑。

c. 记录所有组员提出的观点。

d. 与专家一起监控会议进程,确保讨论按正确的步骤进行。

e. 合理安排时间,每次讨论大约持续 45 分钟。

鉴于主持人的重要角色,在挑选主持人时应选择具备以下特质的人选:

a. 不参与小组成员间的竞争。

b. 是一名出色的倾听者。

c. 避免让任何人感到防御性。

d. 激发并维持小组成员的积极性。

e. 能够调动组员的积极性而不是操纵小组。

f. 不企图控制或主导整个讨论过程。

这样的配置有助于提喻法小组的有效运作,确保创造性的想法能够自由流动,同时保持讨论的有序性和目标导向性。

② 对专家的要求。

提喻法小组中必须包含一位在会议讨论问题领域内的专家。这位专家的角色至关重要,他们需要在会议初期清晰地阐述问题,确保组员们理解问题背景及其现状等关键因素。随后,专家需与主持人共同探讨解决问题的目标,并广泛听取组员意见。一旦确定了目标,专家应关注组员提出的设想是否具有启发性,尤其是在自由发散设想的初期阶段,避免对成员的想法进行批评,鼓励开放和不受限制地思考。

此外,专家应当清楚自己的期望是什么,这样即使讨论过程偏离主题也不至于惊慌失措。了解提喻法的流程有助于专家更好地把握会议进展。最终,提喻法旨在提供实际问题的解决方案,因此专家必须具备相应的权威或能力来推动方案的实施。如果小组成员看到他们的集体智慧能够转化为有效的行动,这将极大地增强他们的满足感。

③ 对小组其他成员的要求。

提喻法对小组成员也有较高的素质要求。威廉·戈登提出了具体的成员资格和组成标准,建议成员应是那些擅长使用类比或隐喻的人。成员间应持有互助的态度,拥有团队合作意识,并具备必要的抽象概括能力。同时,理想的成员还应展示出情感成熟、敢于冒险的性格特征,并表现出对小组及目标的忠诚。理想情况下,成员年龄应在 25~40 岁。

为了促进跨学科的思想碰撞,参与研究的人员最好是不同专业领域,可以邀请心理学、社会学、市场营销等领域的专家,以及熟悉化学、生物学、机械和电子技术的专业人士加入。这样既能充分利用各自领域的专业知识,又能突破专业界限,激发更多创新想法。通过这种方式,提喻法不仅促进了知识的交流,也为解决复杂问题提供了新的视角和方法。

(2) 提出问题。

会议要解决的问题可能由成员提出,也可能来自外部委托。通常,主持人会向小组成员宣读这些问题。在此之前,主持人应与专家共同对问题进行详细分析,以确保清晰理解问题的核心。

(3) 专家分析问题。

会议开始时,主持人首先提出问题,然后由专家进行解释,以便所有成员都能理解。由于小组成员并非该领域的专家,因此解释应简明易懂,不需要过于详尽。在会议过程中,根据需要适时补充说明即可,目的是让非专业成员熟悉讨论的问题。

(4) 净化问题。

此步骤旨在破除前两步中可能出现的僵化与表面化思考,并进一步明确问题本质。当成员接触到问题时,往往会自然启动解决方案的构思。本阶段为成员提供了想法表达的平台,他们可将初步设想提交给专家评议。专家会对想法进行系统性评判,并阐释某些方案不可行的原因。这一互动过程有助于成员从多元视角审视问题,实现对问题认知的"净化"与深化。

(5)理解问题——确定解决问题的目标。

接下来,从分析问题的一个特定部分开始。每个成员都应尽可能详细地描述他们所看到的问题,由主持人负责记录各种观点。鼓励成员用期望性的、理想化的语言来阐述问题,例如:"我们……才能……。"这样做是为了让每个成员深刻理解问题的关键点,并提出解决问题的具体目标。

(6)类比的设想。

提喻法的独特之处在于利用类比来寻找解决方案。在这个阶段,小组成员运用直接类比、拟人类比、象征类比等方法。这是提喻法的核心环节,也是最富有创造性的部分。在此期间,主持人需记录每位成员的想法,并将其写下来供所有人参考,以此激发更多的创意和思考。

通过上述步骤,提喻法不仅能够帮助团队深入理解复杂问题,还能借助集体智慧找到创新的解决方案。这种方法强调了跨学科合作的重要性,以及通过多样化的视角和思维方式来探索问题的不同层面。

(7)类比的选择。

在成员们提出的众多类比中,选择那些有可能帮助解决问题的类比至关重要。通常,主持人会根据与问题的相关性、小组成员对特定类比的兴趣以及他们对该领域的知识水平来筛选合适的类比。

(8)类比的研究。

选定类比之后,接下来要结合解决问题的目标对其进行深入研究。通过分析这些类比中的具体例子,可以提炼出更为详细的解决设想。这一阶段的重点在于挖掘类比中蕴含的深层次信息,以便为后续步骤提供坚实的基础。

(9)适应目标。

此步骤涉及将前面步骤中获得的各种设想与现实中可行的方案相结合。这里经常采用强制性联想的方法,即鼓励小组成员把灵感和实际问题联系起来,激发尽可能多的新奇想法。整个过程应始终聚焦于待解决的问题,直到发现切实可行的新解决方案为止。

(10)制定解决问题的方案。

为了形成一个全面且可行的解决方案,在这个阶段需要充分利用专家的专业技能。专家应当通过反复试验和验证,确保所提出的方案既符合实际需求又能有效实施。这一步骤是整个提喻法流程的关键环节,旨在通过细致的工作保证最终方案的质量和实用性。

4. 提喻法需注意的问题

应用提喻法时需注意的问题:① 专家或问题提出者在描述问题时,不需要详细解释每一个复杂的细节,只需对问题及其背景作一个简要的说明即可。② 在设定问题目标阶段,应尝试从多个角度审视问题情境,以确保朝着最合适的解决方案方向前进。专家需要为那些具有洞察力和正确导向的观点提供指导,并使用如"我希望"这样的表述来引导小组成员。③ 专家应对小组重新定义的问题进行反思,挑选出两到三个最能反映问题本质的定义。重要的是不要仅仅选择表面上看起来实用的定义,而应该考虑那些独特且新颖的定义。④ 所有设想都应被视为有价值的,因为任何一种观念都有可能发展成为有效的解决方案。因此,在使用提喻法时,不应排斥不完善的想法,而是应当认真分析这些想法,并尽可能地将它们转化为更实际的解决策略。⑤ 如果在应用提喻法过程中产生的设想数量不足,工作组人员应当暂时转移注意力,以激发更多新的方案,打破心理上的限制。

5. 提喻法的应用范围

通常情况下,提喻法在产品开发中使用效果最佳,尤其是在构思根本性设想方面也非常有效。此方法同样适用于社会领域等多个方面。

总而言之,作为一种创新思维工具,提喻法已被广泛应用于新产品开发、现有产品的改良设计、广告创意以及解决各类社会问题等领域,并被证实是一种高效的方法。

课堂实战

(1) 利用提喻法的"使陌生的熟悉起来",把量子理论变得通俗易懂。
(2) 利用提喻法的"使熟悉的陌生起来",由电冰箱类比出新的观点和见解。

(二)直接类比法

直接类比法指的是在自然界或现有的技术成果中寻找与创新目标相似的现象或事物,并从中获取灵感,以创造新的事物。历史上不乏这样的例子,如战国时期鲁班制作的"竹鹊",三国时期诸葛亮设计的"木牛流马",以及唐代韩志和发明的飞行器,都是直接类比的应用实例。这种方法简单且高效,可以避免不必要的盲目探索。当类比对象的核心特征越接近创新目标时,成功的可能性也就越高。

课堂实战

通过多媒体展示战国时期鲁班制作的"竹鹊"图片、文字资料以及相关视频片段。了解鲁班在观察鸟类飞行时,发现鸟的翅膀结构和飞行原理,进而类比设计出"竹鹊"。了解鲁班注意到鸟的翅膀形状能产生升力,以及羽毛的排列有助于调整飞行方向等关键特征,这些特征与他想要创造一种能在空中飞行的工具的目标相契合。

以类似方式展示三国时期诸葛亮设计"木牛流马"的案例。了解诸葛亮可能观察到牛、马等动物行走时的稳定姿态和力量传输方式,将这些特点类比应用到运输工具的设计中,使"木牛流马"能够在复杂地形中较为高效地运输物资。

展示唐代韩志和发明飞行器的相关资料,了解他如何从自然界中飞鸟的飞行形态、翅膀运动规律等方面获得灵感,设计出具有一定飞行能力的装置。

(三)拟人类比法

拟人类比法,也被称为情感移入或角色扮演,是指创造者把自己设想为创造对象的一部分,并通过设身处地的方式进行思考和创造。例如,人们认为石头能够思考,鸟兽能够说话,甚至树木被砍伐时会感到疼痛。这种类比方法旨在调动个人的情感,从而更深入地理解和解决问题。庄子在其著作《至乐》篇中"鲁侯养鸟"的故事就是一个典型例子,说明了若用错误的方法对待事物(比如用养人的方式养鸟),可能会导致失败的结果。

在实际应用中,拟人类比法同样展现了其独特价值。例如,某公园为了维护环境整洁,将垃圾桶设计成拟人化形式,每当有人往垃圾桶里丢弃垃圾时,垃圾桶会表达感谢,这不仅激发了游客的兴趣,还减少了随地乱扔垃圾的行为。类似地,在设计橘汁分离器之前,设计师想象自己是橘子里的果汁,考虑如何突破橘皮的限制,最终找到了有效的解决方案。

在机械设计领域,拟人化的构思同样取得了显著成效。比如,挖掘机的设计借鉴了人体手臂的动作原理,它的臂部如同人的上下肢,能够弯曲;铲斗则类似于手掌,可以挖掘土壤。机器人设计也是从模仿人体动作出发,实现了复杂而精确的操作功能。这些实例表明,拟人类比法对于推动技术创新具有重要作用。

(四)象征类比法

象征类比法是一种通过具体事物来表达抽象概念或情感的创造性方法。它利用形象、符号或词汇来间接地揭示事物的本质,以激发创造性的设想。正如戈登所指出的,在象征类比中,通过使用客体和非人格化的形象来描述问题,并基于富有想象力的问题有效地应用这种类比。在创意过程中,赋予创造对象某种象征性,可以使其拥有独特的风格,这便是象征类比法的核心。

例如,"青山有幸埋忠骨,白铁无辜铸佞臣"这样的诗句就运用了象征手法,表达了对忠诚与背叛的深刻见解。象征类比法依赖于直观感知,将待解决问题通过具体而形象的事物进行描绘,使问题变得更加形象化和立体化,从而为创新提供新的思路。在生活中,我们常用玫瑰代表爱情,玉兰象征纯洁,绿叶表示生命,大炮暗示强权与战争,化石唤起远古的记忆,书籍寓意知识,婴儿象征希望,日出表示新生,钢铁体现坚强等例子来说明这一点。

在建筑设计领域,象征类比法同样得到了广泛应用。比如,设计桥梁时,设计师可能会赋予其"虹"的象征意义;纪念碑或纪念馆则可能被赋予"宏伟""庄严"的象征格调;相反,咖啡馆、茶楼或音乐厅的设计则可能更倾向于"艺术""优雅"的象征风格。这种方法旨在简化问题,通过寻找灵感来获得启示,帮助人们突破固有的思维模式。为了实现这一目标,人们常常从童话故事、谚语或是幻想小说中获取灵感,促进观点的发展与创新。

(五)对称类比法

对称类比法基于人类社会与自然界中普遍存在的对称性特征,通过挖掘对称关系开展类比推理,进而实现新发现或创造。物理学家狄拉克的研究是该方法的经典范例:他在分析自由电子运动方程时,发现正负能量解具有对称性,据此推测存在与电子对应的反粒子——正电子,这一假设最终为实验所证实。对称类比法不仅揭示了自然界的秩序与规律,也体现了事物间的内在一致性与不变性。由于对称关系通常是唯一的,因此相较于因果类比,其结论可能更加可靠。然而,值得注意的是,自然界的对称性具有多样性,并且是相对的,每种对称性都有其特定的条件和范围。这意味着,一个事物中的对称关系不一定适用于另一个特殊对象,即它也是一种概率性的推理方法。

1. 确定研究主题

"探索新型材料的结构特性""设计一款具有独特对称性的家具""开发一种基于对称原理的新型算法"等,班级学员分组选择其中一个主题。若有其他感兴趣且符合对称类比法应用范畴的主题,也可作为小组的研究主题。

2. 寻找对称关系与类比推测

各小组围绕选定主题,通过查阅专业文献、网络搜索、实地观察等方式,寻找与之相关的对称关系。例如,选择"探索新型材料的结构特性"的小组,可能在晶体结构研究中发现某些晶体具有空间对称性,不同方向上的原子排列呈现对称规律。基于此,类比推测新型材料在特定条件下可能具有类似的对称结构,以及这种结构可能赋予材料的特殊性能,如高强度、良好的导电性等。

对于"设计一款具有独特对称性的家具"小组,可能从自然界的对称形态中获取灵感,如蝴蝶翅膀的对称美。类比蝴蝶翅膀的对称结构,思考如何设计家具的外形,使其在满足功能需求的同时,展现出独特的对称美学效果,并且在力学性能上实现平衡。

选择"开发一种基于对称原理的新型算法"的小组,可能研究现有算法中数据处理流程的对称性,如某些排序算法在正向和反向数据处理上存在对称操作。通过类比这种对称关系,尝试设计一种新的算法,使其在处理复杂数据时,能够利用对称特性提高计算效率和准确性。

3. 设计方案与验证思路

小组成员根据类比推测的结果,结合研究主题,设计详细的方案。这包括绘制相关示意图、撰写方案说明,阐述方案的设计原理、预期效果以及创新之处。例如,探索新型材料结构特性的小组,在示意图中展示推测的材料对称结构模型,在方案说明中解释如何通过实验手段验证这种结构的存在,如采用 X 射线衍射技术检测材料的晶体结构。

设计家具的小组,绘制家具的设计草图,标注尺寸和对称细节,说明如何选择材料和工艺来实现对称设计,以及对家具稳定性和实用性的考虑。开发算法的小组,编写算法的逻辑框架,解释对称原理在算法中的具体应用方式,以及如何通过模拟数据测试算法的性能。

4. 小组展示

每个小组派代表上台展示小组的研究成果。代表通过 PPT、实物模型(若有条件制作)、代码演示(如算法相关)等方式,详细介绍研究主题、找到的对称关系、类比推测的过程以及最终的设计方案。

在展示过程中,重点阐述对称关系如何具体应用到方案设计中,以及方案相较于传统方法或现有产品的优势和创新点。例如,设计家具的小组要说明对称设计如何提升家具的美观性和实用性,开发算法的小组要展示新算法在效率和准确性上的提升。

5. 小组互评

其他小组的成员认真倾听展示小组的介绍后,进行提问和评价。提问主要聚焦于方案中对称类比的合理性、可行性以及创新性。例如,"你们在新型材料结构推测中,依据的对称关系在实际合成材料时如何保证其稳定性?""设计的家具对称结构在运输和安装过程中是否会面临困难?"

评价时,要客观指出方案的优点和不足之处,并提出建设性的改进建议。各小组通过互评,相互学习,进一步完善自己的研究方案。

6. 教师评价与总结

教师对各小组的展示和互评进行全面总结评价。肯定各小组在运用对称类比法进行研究和设计过程中的积极探索和创新思维,表扬在对称关系挖掘和应用方面表现出色的小组。

针对各小组方案中存在的问题,教师从专业知识和方法应用的角度给出具体的改进指导。再次强调对称类比法的特点、应用条件和注意事项。通过拓展训练,在今后的学习和研究中,学会灵活运用对称类比法,不断拓展创新思维。

（六）因果类比法

因果类比法基于这样一个前提:自然界中的不同事物可能存在相同的因果关系。因此,根据一个已知事物的因果关系,可以推断另一个事物的因果关系。这种方法涉及分析两个事物之间的因果相似性,以寻求创新思路。例如,人们在合成树脂中添加发泡剂,从而制造出轻质且具有良好隔热隔音性能的泡沫塑料。受到这一原理的启发,有人尝试在水泥中加入发泡剂,最终发明了同样具备这些特性的气泡混凝土。再如,通过将异物放入河蚌体内可以培育出珍珠,基于同样的因果逻辑,研究人员推测通过向牛胆囊内引入异物也能培育出人工牛黄。因果类比法是一种强有力的工具,它能够帮助我们基于现有的知识体系探索未知领域,促进技术革新和发展。

（七）综合类比法

事物属性之间的关系虽然很复杂,但可以综合它们相似的特征进行类比。例如,在设计一架飞机时,先做一个模型放在风洞中进行模拟飞行,就是综合了飞机飞行中的许多特征进行类比。同样,各个领域的模拟实验,如船舶模型实验、大型机械设备的模拟实验等都是综合类比。考试前的模拟考试,通常是出一张试卷,其综合了将来正式考试中可能会出现的题型、知识点、题量和难度以及考生可能出现的心态,使考生对正式考试的各种情景有所了解,并能对自己的准备程度作出评价,然后有针对性地做好应考准备,这也是综合类比。

空气中存在的负氧离子可使人延年益寿,消除疲劳,还可辅助治疗哮喘、支气管炎、高血压、心血管病等。负氧离子在高山、森林、海滩、湖泊处较多。通过综合类比,人们创造了水冲击法产生负氧离子,之后采用冲击原理,又成功创造了电子冲击法,这就是目前市场上销售的空气负离子发生器。

（八）幻想类比法

幻想类比法是一种通过超现实的理想或梦幻情境对创意对象进行类比的创新方法。发明者在创造过程中,借助幻想构建理想化模型并展开系统性分析,从中提取具有现实可行性的要素,逐步推进发明目标,最终形成全新的设计方案或发明项目。如"嫦娥奔月"的美丽幻想很大程度上推动了人类探月、登月计划的实现;虚构的科幻影视作品中的运载工具和对抗武器,将来也许会从幻想变成现实。

戈登认为,为了摆脱自我和超自我的束缚,发掘潜意识的本我的优势,最好的办法是"有意识地自我欺骗",而幻想类比就能发挥"有意识地自我欺骗"的作用。简言之,就是利用幻想来启发思路,古代神话、童话故事中的许多幻想,在科学技术逐步发展之后已变为现实。

西方社会有个愚人节,在这一天里,人们可以随意取乐。某年,有人开玩笑地说:"如果把牛体内的基因移植到番茄上,咬一口通红的番茄,就会有香喷喷的牛肉味。"猎奇的记者将这一戏言当作博人眼球的新闻报道出来。说者无意,听者有心。谁也没想到,一些科学家却认为这在理论上说得通,而且认真地进行了研究。加拿大生物学家丹·莱弗伯夫博士经过努力,成功地把哺乳动物体内的基因移植到植物上,造就了跨越动植物界线的基因移植。科学中的"理想现实"都包含着许多幻想类比因素,甚至古今中外思想家关于人类社会种种"理想模式"的想法,也包含着许多幻想类比因素。

本节练习

一、单项选择题

1. 以下关于类比创新法的说法,正确的是(　　　)。

A. 类比创新法只适用于科学研究领域

B. 类比创新法是基于事物的差异性进行创新

C. 类比创新法需要借助联想思维

D. 类比创新法的结论一定是可靠的

2. 类比思维能激活想象力,是因为(　　　)。

A. 它能直接给出问题的答案　　　　　　B. 借助联想为创造者提供明确方向

C. 它是一种确定性很高的推理方法　　　D. 可以替代其他创新思维方法

3. 提喻法的核心机制包括(　　　)。

A. 同质异化和异质同化　　　　　　　　B. 头脑风暴和强制联想

C. 直接类比和拟人类比　　　　　　　　D. 象征类比和对称类比

4. 以下属于直接类比法应用的是(　　　)。

A. 把自己想象成小鸟,设计飞行装置

B. 从蜻蜓翅膀结构得到启发,改进飞机机翼

C. 用玫瑰象征爱情,设计情人节海报

D. 依据电子运动方程推测正电子存在

5. 拟人类比法的关键在于(　　　)。

A. 利用事物的对称性　　　　　　　　　B. 赋予事物象征意义

C. 把自己设想为创造对象的一部分　　　D. 分析事物的因果关系

6. 在建筑设计中,用"虹"象征桥梁,这属于(　　　)。

A. 直接类比法　　　　　　　　　　　　B. 拟人类比法

C. 象征类比法　　　　　　　　　　　　D. 对称类比法

7. 对称类比法的结论相对可靠是因为(　　　)。

A. 对称关系普遍存在   B. 对称关系通常是唯一的

C. 不需要考虑条件和范围   D. 与因果类比法结论一样可靠

8. 因果类比法是基于( )进行创新的方法。

A. 事物的相似外形   B. 事物相同的因果关系

C. 事物的对称关系   D. 事物的象征意义

9. 以下属于综合类比法的是( )。

A. 从荷叶的自清洁原理设计自清洁材料

B. 用模型飞机在风洞中模拟飞行

C. 把自己想象成汽车,设计汽车内饰

D. 用鸽子象征和平,设计城市雕塑

10. 幻想类比法的作用是( )。

A. 只能用于科幻创作   B. 摆脱思维束缚,启发思路

C. 不需要考虑现实可行性   D. 与其他类比法没有关联

二、简答题

1. 请简述类比创新法的内涵,并举例说明在日常生活中如何运用类比创新法解决问题。

2. 简述类比思维的启发性特点,并结合一个具体案例进行说明。

3. 提喻法小组中主持人、专家和其他成员的职责分别是什么?对他们有哪些要求?

4. 简述直接类比法的概念,并分析其在创新过程中的优势。

5. 请举例说明拟人类比法在产品设计中的应用,并阐述其对产品创新的作用。

6. 简述象征类比法的概念,并举出两个生活中运用象征类比法的例子。

7. 简述对称类比法的概念,并分析其在科学研究中的应用。

8. 举例说明因果类比法在技术发明中的应用,并阐述其创新原理。

9. 简述综合类比法的概念,并说明在工程设计中综合类比法的重要性。

10. 简述幻想类比法的概念,并举例说明幻想类比法对科学技术发展的推动作用。

三、分析题

1. 分析古登堡发明铅活字印刷过程中,两个类比分别是如何体现类比创新法的。

2. 结合实际,论述类比思维在提高猜想可靠度方面的作用,以及在运用过程中需要注意的问题。

3. 分析"在合成树脂中添加发泡剂制造泡沫塑料"和"在水泥中加入发泡剂发明气泡混凝土"这两个案例中因果类比法的应用过程和创新点。

四、应用题

1. 假设你是一名设计师,运用拟人类比法,为老年人设计一款智能陪伴设备,说明设计理念和主要功能。

2. 运用提喻法,针对"如何提高传统课堂教学的趣味性"这一问题,按照提喻法的实施程序,设计一个解决方案。

3. 以"设计一款新型的清洁工具"为目标,运用直接类比法,从自然界或现有技术成果

中寻找灵感,设计出这款清洁工具的草图,并简要说明设计思路。

4. 为一个环保主题公园设计一个标志性建筑,运用象征类比法,阐述设计理念和建筑所象征的意义。

5. 选择一个你感兴趣的领域(如生物、物理、艺术等),运用对称类比法,提出一个创新的研究方向或设计思路,并简要说明。

6. 假设你要设计一款新型的交通工具,运用综合类比法,说明你会综合哪些方面的特征进行类比设计,并简单描述设计方案。

7. 运用幻想类比法,以"未来城市交通"为主题,设计一种超现实的交通工具,并描述其功能和特点。

第四节　TRIZ 创新法

BRT 免停车上下客系统[①]

现在很多大城市都采用了 BRT 系统。虽然 BRT 有效弥补了常规公交速度慢、准点率低和路权等问题,但是仍然存在公交车进站制动停车引起的能源浪费、运行效率低、管理成本高等问题。因此,设计一种免停车上下客公交系统具有重要的现实意义。

这个问题可采用 TRIZ 理论的物理矛盾模型来进行分析。一方面,公交车要满足顺利上下客,进站时就需要停车,并且要让乘客能安全地上车与下车,就需要公交车进站停车的时间越长越好;而另一方面,公交车进站停车的时间越长,能源和时间的无效损耗就越多,即为了降低能源和时间的无效损耗,就需要公交车进站停车的时间越短越好。因此,关于公交车进站停车就出现了"时间"这一参数的明显对立。这就是 TRIZ 理论的物理矛盾。

为了解决物理矛盾,TRIZ 理论提出可以采用时间分离、空间分离、条件分离和系统级别上的分离等分离方法。解决方案采用空间分离方法,在空间上将相互矛盾的需求分离开,即考虑将传统的公交车从空间上分割为多个部分,某些部分满足"停车时间长",其他部分满足"停车时间短"。按照这一思路,将传统公交车分割为乘客车、上客中转车和下客中转车三部分。站台主要由站台扶梯、中转站台、中转车铁轨及中转车供电系统等组成。

免停车上下客系统工作流程如下:第一步,BRT 公交车进站前,预上车的乘客进入上客中转车,与此同时,需要下车的乘客通过车内楼梯或电梯预先进入下客中转车,准备下车。第二步,BRT 公交车进站时,安装在中转车铁轨进站口方向的到位传感器检测到下客中转车准确进入中转铁轨时,分离装置启动,下客中转车与乘客车自动分离,乘客车继续沿行车道前进,铁轨供下客中转车沿铁轨减速前行;与此同时,上客中转车启动,开始加速前行。当传感器检测到下客中转车减速运行到预定位置,系统自动控制下客中转车停车,开启车门下车。此时,下客中转车替代上客中转车,供下一批乘客上车中转用,因此站台铁轨上始终只需要一辆中转车。第三步,当下客中转车停车时,上客中转车已加速到和底层乘客车同步速

[①] 吴兴华.创新思维方法与训练[M].2 版.广州:中山大学出版社,2022:153-154.

度,并在预定位置与底层乘客车通过锁紧装置固定为一体,上下两层车在底层乘客车的驱动下沿着行车道自动行驶,直到下一站,又重复第一步骤。通过以上设计,便满足了公交车进站不用停车就能顺利进行乘客上下的需求。

一、TRIZ

TRIZ 创新法

(一)TRIZ 的起源与发展

TRIZ(发明问题解决理论)由苏联发明家根里奇·阿奇舒勒(Genrich Altshuller)及其团队于 1946 年启动研究,经过 50 余年对全球 250 万份高水平发明专利的分析、整理与提炼,逐步构建而成。

在早期,TRIZ 主要在苏联的军工、航空航天等领域秘密应用,帮助解决了大量复杂的技术难题。随着苏联解体,TRIZ 理论逐渐传播到全世界。西方国家在接触到 TRIZ 后,对其进行了深入研究和进一步发展,将其应用范围拓展到机械、电子、化工、医疗、管理等众多行业。如今,TRIZ 已经成为一种被广泛认可的创新方法学,为全球企业和科研机构的创新活动提供了有力的工具和方法支持。

(二)发明的五个等级

第一级最小型发明:这是最基础的发明等级,通常是在现有技术体系内,对产品或工艺进行一些简单的改进,所解决的问题也比较简单,往往利用个人的经验和常识就能完成。例如,在日常生活中,有人发现普通的杯子喝水时容易烫手,于是在杯子外面加了一个塑料套,这样就起到了隔热的作用,使用起来更加舒适。这种改进并没有引入新的科学原理,只是对现有产品的局部进行了优化,属于最小型发明。

课堂实战

列举 5 个生活中最小型发明的例子,并分析其改进点

第二级小型发明:这类发明在现有技术的基础上有一定程度的改进,解决的问题相对复杂一些,可能需要运用一些专业知识,但仍然没有突破现有的技术原理。例如,传统的自行车刹车系统是通过闸皮与车轮边缘摩擦来制动,后来有人发明了碟式刹车系统,利用碟片与夹器的摩擦来制动,大大提高了刹车的灵敏度和可靠性。碟式刹车系统虽然对自行车的制动性能有了显著提升,但它依然基于机械摩擦的原理,属于小型发明。

课堂实战

选择一个你熟悉的产品,提出至少 2 个小型发明改进方案,并说明改进后的优势。

第三级中型发明:中型发明需要对现有技术系统进行较大的改变,解决的问题较为复

杂,通常需要综合运用多学科知识,并且可能会引入一些新的技术手段,但尚未创造新的技术原理。以汽车为例,早期汽车的动力来源主要是蒸汽机,后来发展为内燃机。从蒸汽机到内燃机的转变,对汽车的动力系统进行了全面革新,使汽车的性能得到了极大提升,如速度更快、续航里程更长等。尽管内燃机的发明带来了巨大变化,但它仍然基于热机的基本原理,属于中型发明。

> **课堂实战**
>
> 分析某一行业中一个中型发明的创新点、涉及的多学科知识以及对行业发展的推动作用。

第四级大型发明:大型发明具有重大的创新性,通常会突破现有的技术原理,创造出全新的技术系统,解决的是非常复杂且长期存在的问题,往往需要大量的研究投入和多领域专家的协作。例如,互联网的发明彻底改变了人们的生活和工作方式。在互联网出现之前,信息的传播和交流受到极大限制,而互联网通过将全球的计算机连接在一起,实现了信息的快速、广泛传播。它涉及计算机技术、通信技术、网络技术等多个领域的全新融合,创造了一种全新的信息交互模式,属于大型发明。

> **课堂实战**
>
> 小组进行头脑风暴,讨论如果要在交通领域进行一次大型发明,可能的方向会有哪些。比如,发明一种能在城市中垂直起降的个人飞行器,解决交通拥堵问题。

第五级特大型发明:特大型发明是罕见的,它往往会引发社会经济结构的重大变革,对人类的生活方式和社会发展产生根本性的影响,通常伴随着重大的科学发现。像电灯的发明,托马斯·爱迪生经过无数次实验,成功发明了实用的白炽电灯,彻底改变了人类的照明方式,从根本上改变了人们的生活作息和活动范围,推动了工业生产、商业活动等各个领域的巨大发展。它不仅是一项技术发明,更引发了社会生活的全面变革,属于特大型发明。

二、TRIZ 的主要内容[①]

(一)TRIZ 的重要概念

1. 技术系统

所有具有某个功能的事物均可称为技术系统。任何技术系统又可包含若干子系统,每个子系统执行自身功能。TRIZ 中最简单的技术系统由两个元素及相互传递的能量组成。如技术系统"汽车"由"发动机""转向装置""刹车装置"等子系统组成,而"刹车装置"又由"踏

---

① 吴兴华.创新思维方法与训练[M].2 版.广州:中山大学出版社,2022:161-163.

板""液压油"等子系统组成。任何子系统的改变都会影响到更高层系统,因此,在解决技术系统时,必须考虑其子系统和更高层系统之间的相互作用。

与自然系统(如自然生态系统、天体系统等)相比,技术系统具有以下两个鲜明的特征。

(1) 技术系统是一种"人造"系统。不同于自然系统,技术系统是人为了实现某种目的而创造出来的。因此,技术系统与自然系统的最大差别就是明显的"人为"特征。

(2) 技术系统能够为人提供某种功能。技术系统是指为实现某种功能而设计制造出来的一种人造系统。人之所以创造某种技术系统,就是为了实现某种功能。因此,技术系统具有明显的"功能"特征。在对技术系统进行设计、分析时,应该牢牢把握住"功能"这个概念。作为一种特殊的系统,技术系统符合系统的定义,具有系统的 5 个基本要素(输入、处理、输出、反馈和控制)。

技术系统是由相互关联的元素组成的集合,这些元素各自具有特定属性,而它们的组合能够产生不同于单个组成元素的新特性,以实现特定功能。技术系统由多个要素构成,如果这些要素本身也是一个技术系统,即它们由更小的组件组成,则这些要素被称为子系统。相反,如果一个技术系统是更大技术系统中的一个组成部分,则称更大的系统为超系统。这体现了技术系统的层次性特点。

技术系统进化是指实现技术系统功能的各项内容从低级向高级演进的过程。技术系统的进化过程可以描述为:新的技术系统在刚刚诞生时,往往是简单的、粗糙的和效率低下的。随着人类对其要求的不断提高,需要不断地对技术系统中的某个或某些参数进行改善。

一个技术系统必须同时满足系统完备性法则、系统能量传递法则和系统各部分之间的韵律协调法则,只有具备这些法则才能算作一个技术系统。

(1) 系统完备性法则。为了实现技术系统的完备性,必须包含动力子系统、传输子系统、执行子系统和控制子系统这四个基本组成部分,并且这些部分需要具备满足技术系统最低功能需求的能力。如果任何一个子系统失效而不能正常运作,那么整个技术系统也将无法正常工作。完备性法则有助于确定实现所需技术功能的方法并节约资源,利用它可以对效率低下的技术系统进行改进。

(2) 系统能量传递法则。作为一种工具,技术系统在完成特定任务时需要消耗能量。每个被纳入技术系统的子系统之所以存在,是因为它们能够为技术系统提供必要的能量,在执行功能的同时意味着能量的消耗。在技术系统内部,能量的传递和转换是必不可少的。所有需要做功以实现其功能的子系统都应获得相应数量的能量。若能量无法贯穿整个系统,而是滞留在某处,则某些子系统将得不到足够的能量而不能工作,从而导致整个技术系统无法正常实现其功能。

(3) 系统各部分之间的协调法则。技术系统的发展方向应当是确保多个子系统参数间的协调,以及系统参数与超系统参数间的协调。对于高度发达的技术系统而言,通过有意图的动态协调或反协调来优化多个子系统参数之间的关系,可以使其更有效地发挥功能。这样,不仅提高了系统的整体性能,还增强了它与其他系统之间的兼容性和协作能力。

2. 理想化

任何系统都是朝着理想化方向发展的,也就是朝着更可靠、更简单有效的方向发展。系统的理想状态一般是不存在的,但当系统越接近理想状态时,其结构就越简单,成本就越低,效率就越高。理想化意味着系统或子系统中现有资源的最优利用。把所研究的对象理想化是自然科学的基本方法之一。理想化是对客观世界中所存在物体的一种抽象,这种抽象在客观世界里既不存在,也不能通过实验验证。理想化的物体是真实物体存在的一种极限状态,对于某些研究起着重要作用,如物理学中的理想气体、理想液体,几何学中的点与线等。TRIZ中的理想化是一种强有力的工具,它在创新过程中起着重要作用。

(1) 理想度。

阿奇舒勒在研究中发现,所有的技术系统都在沿着增加其理想度的方向发展和进化。对于理想度(ideality)的定义,阿奇舒勒是这样描述的:理想度是系统中有益功能的总和与系统有害功能和成本的比率。

技术系统的理想度与有用功能的总和成正比,同时与有害功能的总和成反比。理想度越高,产品的竞争力越强。可以说,创新的过程实质上是提升系统理想度的过程。因此,在进行发明创新时,应当将提高理想度作为设计的目标。人们不断优化技术系统,旨在使其运行更快、性能更优且成本更低,这一过程本质上就是提高系统理想度的表现。基于理想度的概念,进一步引出了理想系统和最终理想解的理念。

每个技术系统的设计和制造都是为了提供一个或多个有用功能(UF)。尽管一个技术系统可以执行多种功能,但在这些有用功能中,通常只有一个最为关键,它代表了该系统存在的根本目的,被称为主要功能(PF),也称作首要功能或基本功能。确定哪个有用功能是主要功能需要根据具体情况分析。此外,为了实现这一主要功能或提升其性能,技术系统通常还包括若干辅助性的有用功能(AF),即伴生功能。同时,任何技术系统也可能存在一种或多种有害效应或现象,这些被称为有害功能(HF)。

以坦克为例,其主要功能是消灭敌人。为确保并优化这一主要功能,坦克还需要具备防护、机动性、瞄准以及自动装填等辅助功能的支持。然而,在执行这些有用功能的同时,坦克的运行也会带来一些负面影响,如空气污染、热量散发、振动及噪声等,这些都是TRIZ理论中定义的有害功能。

对于一个技术系统来说,从它诞生的那一刻起,就开始了其进化的过程。在进化过程中,技术系统的具体表现为:在数量上,技术系统能够提供的有用功能越来越多,所伴生的有害功能越来越少;在质量上,有用功能越来越强,有害功能越来越弱。随着技术系统的进化,系统的理想度不断增大,最终趋向于无穷大。在技术系统的进化过程中,其效益不断增加,有害作用不断降低,成本不断减少(系统实现其功能所需要的时间、空间、能量等不断减少,同时,系统的体积和重量也不断减小,系统的理想度不断增大,最终趋向于无穷大)。有3种方法可用于提高系统的理想度:① 增加有用功能;② 降低有害功能或成本;③ 将上述①与②结合起来。

(2) 理想系统。

随着技术系统的进化,其理想度逐渐提高。当有用功能趋向于无限大,而有害功能及成本降为零时,标志着技术系统进化的顶点。在这种理想状态下,由于成本归零,技术系统不再拥有实体形态,也不消耗任何资源。同时,有害功能消失且有用功能无限增大,表明该系统能够实现所有预期目标而不引发任何负面效果。这样的系统被定义为理想系统,在TRIZ理论框架内,它指的是一个没有物理实体、不消耗资源但能执行所有必要功能的系统。这种系统的功能趋于无穷大,而其质量、尺寸和能耗则接近于零。

理想系统是一个理论上的概念,象征着技术系统进化的极限,是现实中无法实现的理想状态。然而,如同北极星一般,理想系统为设计师和发明者提供了明确的发展方向,作为设计与评估解决方案的标准。在实践中,设计师和发明者的任务是通过不断改进有用功能、消除有害因素并减少成本,使技术系统尽可能地接近理想系统的状态。

（3）最终理想解。

产品创新的过程就是产品设计不断迭代,理想化的水平不断由低级向高级演化,无限接近理想状态的过程。设计人员不需要额外的花费就能实现产品的创新设计,这种状况称为最终理想结果。基于理想系统的概念而得到的针对一个特定技术问题的理想解决方案,称为最终理想解(ideal final result,IFR)。例如,高层建筑物玻璃窗的外表面需要定期清洗。目前,清洁工作需要在高层建筑物的外面进行,是一种高危险、高成本的工作,只有那些经过特殊培训的"蜘蛛人"才能够胜任。能不能在高层建筑物的内部对玻璃进行清洁呢？针对该问题,其最终理想解可以定义为：在不增加玻璃窗设计复杂度的情况下,在实现玻璃现有功能且不引入新的有害功能的前提下,玻璃窗能够自己清洁外表面。

最终理想解的实现可以这样表述：系统自己能够实现需要的动作,并且没有有害作用。通常,最终理想解的表述中需包含以下两个基本点：系统能自己实现这个功能；没有利用额外的资源,并且实现了所需的功能。

最终理想解是从理想度和理想系统延伸出来的一个概念,是用于问题定义阶段的一种工具,也是一种用于确定系统发展方向的方法。它描述了一种超越原有问题的限制或约束的解决方案,指出了在使用 TRIZ 工具解决实际技术问题时应该努力的方向。

最终理想解是针对一个已经被明确定义出来的问题所给出的一种最理想的解决方案。通过将问题的求解方向聚焦于一个清晰可见的理想结果,最终理想解为后续使用其他 TRIZ 工具来解决问题创造了条件。

最终理想解的确定和实现可以按下面提出的问题,分成 6 个步骤来进行：

① 设计的最终目的是什么？② 最终理想解是什么？③ 达到最终理想解的障碍是什么？④ 出现这种障碍的原因是什么？⑤ 不出现这种障碍的条件是什么？⑥ 创造这些条件可用的资源是什么？

上述问题一旦被正确地理解并描述出来,问题也就得到了解决。确定了创新产品或技术系统的最终理想解后,需要检查其是否符合最终理想解的特点,并进行系统优化,以确认能达到或接近最终理想解为止。最终理想解同时具有 4 个特点：

① 保持了原系统的优点；② 消除了原系统的不足；③ 没有使系统变得更复杂；④ 没有引入新的不足。

因此,设定了最终理想解,就是设定了技术系统改进的方向。最终理想解是解决问题的最终目标,即使理想的解决方案不能 100% 实现,其也会引导研发人员得到巧妙而有效的解决方案。这个强有力的工具不仅可以用在 TRIZ 中,而且可用于其他科学领域,它是研发人员确定理想目标的有效方法——如何在不增加系统复杂度的前提下得到所需的功能。

3. 矛盾

矛盾也被称为冲突。根据 TRIZ 理论,创新问题至少包含一个矛盾。当技术系统中的某个特性或参数得到改善时,往往会导致另一特性或参数的恶化,这种现象称为技术矛盾。传统解决此类矛盾的方法是在不同需求间寻求妥协,即"优化设计"。然而,TRIZ 致力于寻找突破性的解决方案来消除矛盾,实现所谓的"无折中设计"。例如,提升汽车的速度可能会降低其安全性,这里涉及的是速度和安全性的平衡。

TRIZ还识别了另一种类型的矛盾——物理矛盾,它发生在系统需要同时满足相反的要求时。解决这类矛盾的核心在于分离。比如,飞机机翼在起飞时应尽可能大以增加升力,但在高速飞行时则应尽量小以减少阻力;钢笔笔尖需足够细以书写细腻文字,但又不能太细以免刺破纸张。因此,物理矛盾是指对技术系统的同一参数提出相互排斥的需求时产生的一种状态,无论是对于宏观参数如长度、导电率等,还是微观参数如粒子浓度、离子电荷等,都可能存在这样的矛盾。

通过对大量发明专利的分析,阿奇舒勒指出,真正意义上的发明(第二、第三和第四级别的发明)通常都需要解决隐藏于问题背后的矛盾。因此,他认为矛盾的存在与否是区分普通问题与发明问题的关键特征之一。简单来说,如果一个问题中不存在矛盾,那么它可能不是一个发明问题或 TRIZ 问题。不同于一般的设计任务,在不影响系统现有功能的前提下成功地解决矛盾,才能视为创造性地解决问题。这意味着,在改进技术系统的某一方面或优化某一参数的同时,不应损害其他方面的性能或参数。

(二)TRIZ 的理论体系

阿奇舒勒在分析专利的过程中,从不同的角度,利用不同的分析方法对这些专利进行分析,总结出了多种规律,如图 5-1 所示。

随着 TRIZ 的不断发展和完善,TRIZ 不仅增加了很多新发现的规律和方法,还从其他学科和领域中引入了很多新的内容,从而极大地丰富和完善了 TRIZ 的理论体系。TRIZ 的理论体系结构如图 5-2 所示。

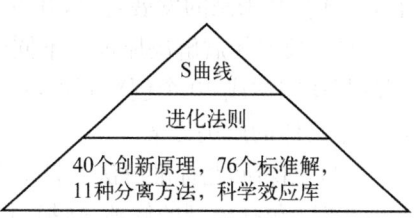

图 5-1　经典 TRIZ 中的规律

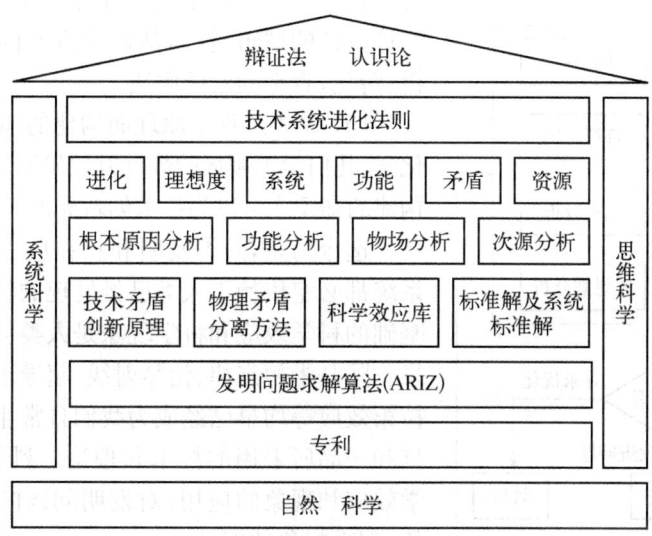

图 5-2　TRIZ 的理论体系结构

从图 5-2 中可以看出:

(1) TRIZ 的理论基础是自然科学、系统科学和思维科学。

(2) TRIZ 的哲学范畴是辩证法和认识论。

(3) TRIZ 来自对海量专利的分析和总结。

（4）TRIZ 的理论核心是技术系统进化法则。

（5）TRIZ 的基本概念包括进化、理想度、系统、功能、矛盾和资源。

（6）TRIZ 的创新问题分析工具包括根本原因分析、功能分析、物场分析、资源分析。

（7）TRIZ 的创新问题求解工具包括技术矛盾创新原理、物理矛盾分离方法、科学效应库、标准解及系统标准解。

（8）TRIZ 的创新问题通用求解算法是发明问题求解算法（ARIZ）。

面对大千世界，养成思考习惯，脑子里不断地问：最终理想解是什么？矛盾是什么？有什么可利用的资源？这 3 个问题是 TRIZ 的核心。现代 TRIZ 理论体系主要包括 6 个方面的内容。

（1）创新思维方法与问题分析方法。TRIZ 理论中提供了系统分析问题的科学方法，如资源分析、功能分析方法等。对于复杂问题的分析，可使用包含了科学的问题分析建模的物场分析法。该分析法可以帮助我们快速确认核心问题，发现根本矛盾所在。

（2）技术系统进化法则。在大量专利分析的基础上，针对技术系统进化演变规律，TRIZ 理论总结提炼出 8 个基本进化法则。利用这些进化法则，可以分析确认当前产品的技术状态，并预测其未来的发展趋势，开发富有竞争力的新产品。

（3）技术矛盾解决原理。不同的发明创造往往遵循共同的规律。TRIZ 理论将这些共同的规律归纳成 40 个创新原理，针对具体的技术矛盾，可以基于这些创新原理，结合工程实际寻求具体的解决方案。

（4）创新问题标准解法。针对具体问题的物场模型的不同特征，分别对应不同的模型处理方法，包括模型的修整、转换、物质与场的添加等。

（5）发明问题解决算法。主要针对问题情境复杂、矛盾及其相关部件不明确的技术系统。它是一个对初始问题进行一系列变形及再定义的非计算性的逻辑过程，从而实现对问题的逐步深入分析、转化，直至问题的解决。

（6）基于工程学原理而构建的知识库。基于物理、化学、几何学等领域的数百万项发明专利的分析结果而构建的知识库可以为技术创新提供丰富的方案来源。

迄今为止，人类发明和正在应用的任何一个技术系统都必定依赖于人类已经发现的科学原理，因此，最基础的科学效应和科学现象是人类创造发明的不竭源泉。阿基米德定律、伦琴射线、超导现象、电磁感应、法拉第效应等均早已经成为我们日常生产生活中各种工具和产品所采用的技术和理论。科学原理，尤其是科学效应和现象的应用，对发明问题的解决具有强有力的、超乎想象的帮助。

遇到一个发明问题，要想解决，必须头脑清晰地思考并想方设法地回答以下几个问题：想得到什么样的结果？问题的情况是什么样的？可以用什么方法去解决？对这 3 个问题的回答，就是利用 TRIZ 资源解决问题的流程，如图 5-3 所示。

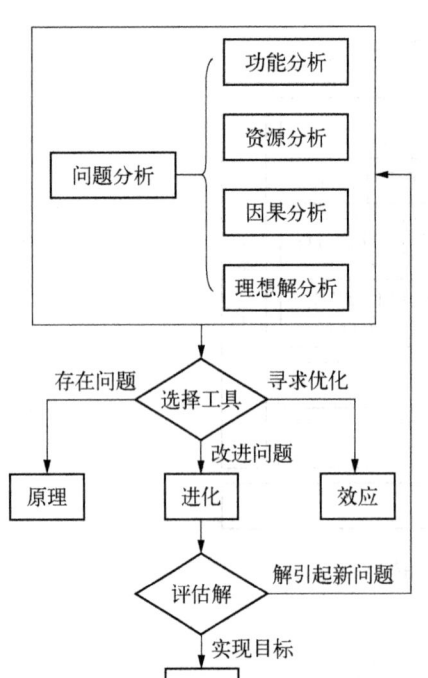

图 5-3　TRIZ 解决问题的流程

列举历史上科学假说的例子,结合 TRIZ 的理想化思想与方法,说明 TRIZ 最终理想解的方法对于解决发明问题的重要意义。

三、常用的 TRIZ 创新方法

常用的 TRIZ 创新方法有最终理想解、金鱼法、鱼骨图分析法、九屏幕法。

(一)最终理想解

1. 部分理想化

部分理想化是指在技术系统的某些方面朝着理想化方向改进,以提升系统的整体性能。例如,在传统燃油汽车中,为了提高燃油经济性,汽车制造商采用了涡轮增压技术。通过增加涡轮增压器这一组件,使发动机在较小排量的情况下,能够输出更大的功率,从而在一定程度上减少了燃油消耗。这并没有改变汽车整体的动力系统架构(仍然是燃油发动机),只是在发动机性能提升这一部分实现了理想化改进,属于部分理想化。

课堂实战

给出一个简单的技术系统,如家用风扇,分组讨论如何进行部分理想化改进。例如,有的小组可能提出采用更高效的电机,提高风扇的能效,降低能耗;有的小组可能建议改进风扇叶片的形状,增强风力的同时降低噪声。

2. 全部理想化

全部理想化意味着对整个技术系统进行根本性的变革,使其达到理想化的极致状态。以交通出行领域为例,传统的出行方式如汽车、火车等,存在交通拥堵、能耗高、环境污染等问题。而设想中的个人飞行装置,若能实现安全、便捷、零排放且可自由穿梭于城市空间,就是一种对交通出行技术系统的全部理想化。它彻底改变了传统的出行模式,不再依赖地面道路基础设施,从根本上解决了交通拥堵等一系列现有问题。

课堂实战

组织头脑风暴会议,针对城市物流配送系统,探讨如何实现全部理想化。例如,利用无人机进行点对点的货物配送,无须中间仓库周转,直接从商家送达客户手中,极大提高配送效率,同时减少物流成本和城市交通压力。

3. 理想化设计

理想化设计是在产品或技术系统的设计阶段,就充分考虑理想化的目标和要求,以引导设计方向。比如,在设计一款新型智能手机时,从理想化角度出发,设计师希望手机具备超强的运算能力、无限的电池续航、极致轻薄的外观以及绝对安全的信息防护。基于这些理想化目标,在设计过程中,研发团队会选择最先进的芯片技术提升运算能力,探索新型电池材料以延长续航,采用新型复合材料实现轻薄机身,同时加强加密算法保障信息安全。尽管最终产品可能无法完全达到这些理想化标准,但朝着这个方向设计能使产品性能得到极大提升。

> **课堂实战**
>
> 给定一个设计任务,设计一款新型办公桌椅,要求按照理想化设计的思路,先确定理想化目标,再进行初步的设计方案构思。例如,理想化目标可以是桌椅能根据使用者的身体姿态自动调整,提供最舒适的支撑,且具备智能办公辅助功能,如健康监测、文件整理提醒等。

(二)金鱼法

金鱼法是一种从幻想式解决构想中区分现实和幻想的部分,逐步将幻想部分转变为现实方案的创新方法。其步骤为:先提出一个看似荒谬、不切实际的想法(金鱼),然后分析这个想法中哪些部分是现实可行的,哪些是不现实的,针对不现实的部分,再次提出新的、更接近现实的解决方案,不断重复这个过程,直到得到一个可行的方案。

例如,想要设计一款能在水上自由行走的鞋子。首先提出这个看似荒诞的想法(金鱼),然后分析,鞋子需要有足够的浮力支撑人体重量,这在现实中可以通过采用轻质且浮力大的材料实现,如泡沫材料;但人在水上行走时如何保持平衡是不现实的部分。针对平衡问题,进一步思考,可在鞋子底部安装类似船桨的可调节装置,通过调整装置角度来控制平衡,这样就逐步将最初的幻想转化为了一个具有可行性的方案。

> **课堂实战**
>
> 设计一款能让人瞬间移动的设备,运用金鱼法进行分析讨论。比如先提出这个看似不可能的想法,然后逐步分析哪些部分可以实现,如利用量子纠缠理论实现信息的瞬间传输,虽然目前还无法直接应用于人体,但可以作为未来研究的方向;对于如何将人体实体瞬间转移,可提出先将人体分解为原子或分子,通过特定通道传输后再重组,虽然目前技术难度巨大,但这是朝着解决问题迈进的思路。

(三)鱼骨图分析法

鱼骨图分析法又称因果图分析法,它将问题的原因系统地表示出来,因其形状类似鱼骨而得名。在 TRIZ 中,常用于分析技术系统中出现问题的原因,以便找到针对性的解决方案。

例如,某工厂生产的产品次品率较高。使用鱼骨图分析,"鱼头"为"产品次品率高"。"大骨"可分为人员、设备、材料、方法、环境五个方面。在人员方面,可能是员工操作不熟练、培训不足;设备方面,设备老化、精度下降;材料方面,原材料质量不稳定;方法方面,生产工艺不合理;环境方面,车间温度、湿度不适宜等。通过这样详细的分析,就能明确问题根源,进而采取相应措施,如加强员工培训、更新设备、优化工艺等。

课堂实战

假设某电商平台用户投诉量增加,班级学员分组绘制鱼骨图分析原因。比如"人员"大骨下,列出客服人员服务态度差、响应速度慢等;在"设备"大骨下,指出平台服务器不稳定、页面加载缓慢;在"方法"大骨下,提出商品推荐算法不准确、物流配送方案不合理等原因。

(四)九屏幕法

九屏幕法是从时间和空间两个维度对技术系统进行全面分析的方法。它以当前技术系统为中心,分别考虑其过去、现在、未来,以及该技术系统的子系统、系统本身和超系统。

例如,分析电动汽车这一技术系统。在时间维度上,过去是传统燃油汽车主导,电动汽车处于起步研发阶段;现在电动汽车技术不断成熟,市场份额逐渐增加;未来可能实现电池技术的重大突破,续航里程大幅提升,充电时间极短。在空间维度上,子系统包括电池、电机、控制系统等;系统本身就是电动汽车;超系统则是能源供应系统(如充电桩网络)、交通管理系统等。通过这样的分析,可以更全面地了解电动汽车技术系统的发展现状和未来趋势,找到创新的切入点,如在超系统层面,加强充电桩网络建设以解决电动汽车充电不便的问题。

课堂实战

以智能手机为例,运用九屏幕法进行分析。在时间维度上,思考过去功能手机的特点,现在智能手机的优势和不足,未来智能手机可能的发展方向;在空间维度上,分析手机的子系统(如摄像头、处理器、屏幕等)、手机本身以及超系统(如移动网络、应用生态系统等)。

本节练习

一、单项选择题

1. TRIZ 理论是由(　　)创立的。

A. 阿奇舒勒　　　B. 爱迪生　　　C. 特斯拉　　　D. 爱因斯坦

2. 以下属于第二级小型发明的是( )。

A. 给普通杯子加隔热套　　　　　　B. 发明电灯

C. 从蒸汽机汽车到内燃机汽车　　　D. 发明碟式刹车系统

3. 技术系统进化需要满足的法则不包括( )。

A. 系统完备性法则　　　　　　　　B. 系统能量守恒法则

C. 系统各部分之间的协调法则　　　D. 系统能量传递法则

4. 理想度的计算公式是( )。

A. 系统中有益功能的总和与系统有害功能的比率

B. 系统中有益功能的总和与系统成本的比率

C. 系统中有益功能的总和与系统有害功能和成本的比率

D. 系统中有害功能的总和与系统有益功能和成本的比率

5. 以下属于全部理想化的是( )。

A. 汽车采用涡轮增压技术提高燃油经济性

B. 设计可根据身体姿态自动调整的办公桌椅

C. 设想中的个人飞行装置解决交通问题

D. 改进风扇叶片形状降低噪声

6. 金鱼法的核心步骤是( )。

A. 提出问题—分析问题—解决问题

B. 提出幻想想法—区分现实与幻想—逐步转化为可行方案

C. 确定系统—分析子系统—优化系统

D. 分析原因—绘制鱼骨图—寻找解决方案

二、简答题

1. 简述 TRIZ 理论的起源与发展历程。

2. 对比技术系统与自然系统的差异。

3. 解释技术矛盾和物理矛盾的概念,并各举一个生活中的例子。

4. 简述最终理想解的确定步骤。

5. 简述九屏幕法的分析维度,并以智能手表为例说明如何运用九屏幕法进行分析。

6. 说明鱼骨图分析法在解决技术系统问题中的应用步骤。

三、分析题

1. 结合 TRIZ 理论中技术系统的完备性法则,分析电动汽车技术系统中动力子系统、传输子系统、执行子系统和控制子系统分别是什么,并探讨若其中某一个子系统出现故障,会对整个电动汽车技术系统产生怎样的影响?

2. 以智能手机的发展为例,分析其在进化过程中是如何体现技术系统理想度的变化的。从有用功能、有害功能和成本等方面进行阐述,并说明智能手机制造商为提高理想度采取了哪些措施?

3. 试分析在航空航天领域中,一项中型发明(如新型航空发动机的发明)是如何综合运用多学科知识的,以及该发明对航空航天行业的技术系统、超系统和子系统分别产生了哪些影响?

4. 对比 TRIZ 理论中解决物理矛盾的时间分离、空间分离、条件分离和系统级别上的分离这四种方法，分析在解决"太阳能电池板在白天需要大面积接收阳光以获取更多能量，但在运输和储存时又需要较小的空间"这一物理矛盾时，哪种分离方法更为合适，并说明理由。

5. 以智能手表的创新发展为例，分析其在满足用户需求的过程中，是如何确定主要功能、辅助功能和有害功能的，以及制造商是如何通过调整这些功能来提高产品的理想度和竞争力的？

四、应用题

1. 运用最终理想解的方法，针对"城市停车难"问题，提出解决方案并阐述分析过程。

2. 假设要设计一款新型的环保餐具，运用金鱼法，写出具体的分析过程和可能的设计方案。

3. 假设你是一家家电企业的创新设计师，现在要设计一款新型的智能冰箱。请运用 TRIZ 理论的技术系统相关知识，确定该智能冰箱技术系统的各个组成部分（动力子系统、传输子系统、执行子系统和控制子系统），并说明它们之间的能量传递和协调关系，同时提出至少两个创新点来提升该智能冰箱的性能和用户体验。

4. 随着城市交通拥堵问题日益严重，某汽车制造公司计划研发一款新型的城市交通工具。请运用 TRIZ 理论，分析该交通工具可能面临的物理矛盾（如速度与安全性、空间占用与载客量等），并选择合适的分离方法来解决这些矛盾，设计出该新型交通工具的初步方案，包括其主要功能、结构特点和创新之处。

5. 某电子企业在研发一款新型平板电脑时，遇到了电池续航能力与轻薄便携性之间的矛盾。请运用 TRIZ 理论的理想化概念和相关方法，为该企业提供至少三种解决方案，以提高平板电脑的理想度，满足用户对长续航和轻薄便携的需求，并对这些方案的可行性和优缺点进行分析。

第五节 **列举创新法**

列举创新法是最常用、最基本的一种创新思维技法。它是一种将研究对象的某方面属性逐一列举出来，对其进行分析研究，从中探求出各种改进措施的创新思维技法。列举创新法主要包括特性列举法、缺点列举法、希望点列举法、设想列举法、新用途列举法、可能性列举法、可变因素列举法和试错法等，本书仅介绍前 3 种方法。

一、特性列举法

（一）特性列举法的概念

特性列举法由美国创造学家克劳福德（Robert Crawford）教授提出。该方法主张将研究对象的各项特性逐项详细列举，继而针对每项特性逐一探索改进可能，以此激发创新思维，探寻解决问题或优化产品性能的新路径。其核心在于通过对事物特性的全面、细致梳

列举创新法

理,挖掘潜在创新点。

（二）特性列举法的操作程序

1. 了解解构，系统梳理

在运用特性列举法时，首先要对研究对象进行深入了解与解构。例如，以一款普通的台灯为研究对象，我们需要知晓台灯的基本构造、工作原理等。台灯一般由灯罩、灯座、灯泡、电源线等部分组成，其工作原理是通过接通电源，使灯泡发光，灯罩用于聚光和保护灯泡，灯座起到支撑和固定的作用。通过这样系统的梳理，对台灯有一个全面的认识，为后续特性列举做准备。

2. 特性列举，归纳分类

接下来，对台灯的特性进行详细列举并归纳分类。可分为以下几类：

名词特性：包括台灯各组成部分的名称，如灯罩、灯座、灯泡、电源线；还有台灯的材质，如塑料灯座、玻璃灯罩、金属灯杆等，以及台灯的颜色，如白色、黑色、蓝色等。

形容词特性：如台灯的外观特性，如小巧、精致、简约；台灯的功能特性，如明亮、可调节亮度、可调节角度等。

动词特性：描述台灯的操作动作，如打开、关闭、调节亮度、调节角度等。

3. 发现问题，尝试改进

针对列举出的特性，思考其中存在的问题或可改进之处。例如，对于塑料灯座，可能存在强度不够的问题，可考虑更换为更坚固的金属材质；对于只能固定亮度的台灯，可增加亮度调节装置，使其能满足不同场景的照明需求；对于不可调节角度的台灯，可设计一个可旋转的关节，方便调整照明方向。

4. 分析筛选，讨论评价

对提出的改进方案进行分析筛选，评估其可行性、成本效益等因素。以台灯改进方案为例，更换金属灯座可能会增加成本，但能提升产品质量和使用寿命；增加亮度调节装置和可旋转关节可能会使产品结构更复杂，但能显著提升用户体验。对这些方案进行讨论评价，权衡利弊，确定最终的改进方向。

（三）特性列举法的操作要领

1. 明确具体

在列举特性时，要尽可能明确具体。例如，描述台灯的颜色，不能简单说"好看的颜色"，而应具体指出如"米白色""淡蓝色"等。对于材质，要说明是"硬质塑料"还是"软质橡胶"等。只有明确具体，才能更精准地针对特性进行改进思考。

2. 小处入手

从细微之处着眼，不要忽视看似微不足道的特性。比如台灯灯罩边缘的处理，可能影响使用安全和美观；灯座底部的防滑设计，虽小但对台灯的稳定性有重要作用。从小处发现问题，往往能带来意想不到的创新。

3. 避免遗漏

全面梳理研究对象的特性，避免有所遗漏。可以按照一定的逻辑顺序，如从整体到局部、从主要部件到次要部件等进行列举。对于复杂的研究对象，还可以借助思维导图等工具，确保各类特性都被涵盖。

4. 配合使用

特性列举法可与其他创新方法配合使用。例如,在分析改进方案时,可以结合头脑风暴法,让更多人参与讨论,激发更多创意;也可以运用价值工程分析,评估改进方案的成本与价值,使创新更具实际意义。

> **课堂实战**
>
> 以一款普通的背包为研究对象,班级学员分组运用特性列举法进行分析。首先,各小组对背包进行解构,了解其组成部分。然后,详细列举背包的名词特性(如背包带、拉链、布料等)、形容词特性(如结实、轻便、时尚等)、动词特性(如背负、打开、收纳等)。接着,针对这些特性,思考存在的问题和改进方向,如觉得背包带太细,背着不舒服,可改进为加宽加厚的背包带;认为拉链不好拉,可更换为更顺滑的拉链。最后,各小组对提出的改进方案进行分析筛选和讨论评价。

选择一个生活中的常见物品,如热水瓶,运用特性列举法进行分析。详细列出其名词特性、形容词特性、动词特性,针对这些特性提出至少 3 个改进方案,并对方案进行分析评价。

二、缺点列举法

(一)缺点列举法的概念

缺点列举法是一种通过全面、系统地查找和列举事物存在的缺点,进而针对这些缺点提出改进措施,以实现创新的思维方法。任何事物都不可能十全十美,总是存在这样或那样的不足。缺点列举法就是引导人们突破思维定势,以批判性的眼光去审视现有的产品、技术、流程等,发现其中隐藏的问题,并以此为切入点,寻找创新的机会。例如,传统的白炽灯泡虽然能提供照明,但存在能耗高、寿命短、发光效率低等缺点。通过对这些缺点的关注和研究,人们发明了节能高效、寿命长的 LED 灯泡,实现了照明技术的创新升级。

(二)操作程序

1. 明确对象

在运用缺点列举法时,首先要清晰确定研究对象。这个对象可以是具体的产品,如手机、自行车;也可以是某种技术,如焊接技术、通信技术;还可以是业务流程,如企业的采购流程、学校的选课流程等。例如,我们将研究对象确定为某品牌的智能手机。

2. 选择工具

会议法:这是一种通过召开会议,让参与者畅所欲言,共同列举缺点的方法。在针对某品牌智能手机的讨论会上,参会者从不同角度提出问题,如有人指出手机电池续航能力差,使用一天就需要频繁充电;有人提到手机后置摄像头在夜间拍摄效果不佳,画面模糊、噪点多;还有人反映手机系统运行一段时间后会出现卡顿现象等。

用户调查法:直接向产品的用户发放调查问卷或进行访谈,收集他们在使用过程中遇到的问题和不满。例如,对于该品牌智能手机,通过在线问卷的方式,收集大量用户反馈,如手机屏幕尺寸过大,单手操作不方便;手机自带的应用程序过多,占用大量存储空间,且部分应用无法卸载等。

对比分析法:将研究对象与同类产品或竞争对手的产品进行对比,找出自身存在的差距和不足。对比该品牌智能手机与其他品牌同价位手机,发现其在快充技术方面落后,充电速度较慢;在外观设计上,材质质感和工艺精细度也稍逊一筹。

3. 列举缺点

综合运用上述工具,全面、详细地列举出研究对象的缺点。对于该品牌智能手机,经过整理,缺点包括电池续航短、夜间拍摄效果差、系统易卡顿、屏幕尺寸不利于单手操作、自带应用过多、充电速度慢、外观材质工艺欠佳等。

4. 尝试改进

针对列举出的缺点,提出相应的改进措施。对于电池续航短的问题,可以考虑研发更大容量的电池或优化手机的电源管理系统;针对夜间拍摄效果差,可升级摄像头硬件,采用更先进的感光元件,同时优化拍摄算法;对于系统易卡顿,可对手机系统进行深度优化,清理不必要的后台进程,提高系统运行效率;针对屏幕尺寸问题,可推出不同尺寸版本的手机,满足不同用户需求;对于自带应用过多,可提供更多可卸载选项,或优化应用占用空间;对于充电速度慢,可引入更高功率的快充技术;对于外观材质工艺欠佳,可选用更优质的材料,改进制造工艺。

(三)操作要领

1. 高标准、严要求

在列举缺点时,不能轻易放过任何一个可能存在问题的地方,要以高标准来审视研究对象。例如,以智能手表为例,不能仅因它具备基础的时间显示、心率监测功能,就忽视屏幕在强光下可视性差、续航时间短于宣传时长、表带材质易引发皮肤过敏等细节缺陷。只有以严格的标准去评判,才能发现更多潜在的可改进之处。

2. 多角度、多渠道

从多个角度去思考问题,包括用户体验、功能性能、成本效益、环境影响等。同时,通过多种渠道收集缺点信息,如前面提到的会议法、用户调查法、对比分析法,还可以关注行业论坛、社交媒体上用户的反馈等。以一款家用吸尘器为例,从用户体验角度,可能发现其噪声过大影响生活;从功能性能角度,发现其吸力不够强,清洁效果不佳;从成本效益角度,发现其价格过高,性价比低。通过不同渠道收集到这些缺点,为后续改进提供全面依据。

3. 重细节、重体验

注重产品或服务的细节方面,往往一些小细节会对用户体验产生重大影响。比如,一款饮料瓶的瓶盖设计,如果开启方式不方便,容易导致饮料洒出,就会极大影响用户的使用体验。再比如,酒店的客房服务中,毛巾的柔软度、房间的隔音效果等细节,都会影响客人的入住感受。关注这些细节上的缺点,能有效提升产品或服务的质量。

4. 抓重点、挖根源

在众多缺点中,要抓住对产品或服务影响较大的重点问题,并深入挖掘其产生的根源。例如,对于一款汽车出现油耗过高的问题,不能仅仅停留在表面认为是发动机技术问题,而要深入分析,可能是车辆的空气动力学设计不合理导致风阻过大,或者是传动系统效率低下等原因。只有找到问题根源,才能提出更有效的改进措施。

班级学员分小组,每组选择一个常见的产品,如电动牙刷、共享单车、智能音箱等。运用缺点列举法,首先通过会议法在小组内讨论列举产品缺点,然后利用课余时间进行用户调查,收集更多用户反馈,同时对比市场上其他同类产品。综合各种渠道信息,详细列出产品缺点,并针对每个缺点提出至少一个改进方案。最后,各小组进行汇报展示,分享自己的分析过程和改进思路。

三、希望点列举法

(一)希望点列举法的概念

希望点列举法是一种基于人们对事物的期望、梦想和向往,通过全面收集各种希望点,并围绕这些希望点进行创新思考,从而提出新的创意、产品或解决方案的创新思维方法。与缺点列举法从现有事物的不足出发不同,希望点列举法更侧重于从积极的、前瞻性的角度,激发人们对未来更好状态的想象。它鼓励人们突破现实的束缚,大胆设想,为创新提供广阔的空间。例如,在交通出行领域,人们希望有一种交通工具能够不受交通拥堵影响,快速便捷地到达目的地,且能耗低、环保无污染。基于这样的希望点,科学家们不断探索,提出了如磁悬浮列车、个人飞行器等创新概念,并逐步将其转化为现实或推动相关技术的发展。

(二)希望点列举法的操作程序

1. 召开希望点列举会议

组织相关人员,如产品研发团队成员、行业专家、潜在用户代表等,召开希望点列举会议。在会议上,营造轻松自由的氛围,鼓励参会者畅所欲言,大胆提出对研究对象的各种希望。例如,针对一款新型智能手表的研发,会议中有人希望手表能够具备更精准的健康监测功能,不仅能监测心率、睡眠,还能实时检测血压、血糖;有人希望手表的续航能力大幅提升,充一次电可以使用一个月;还有人希望手表具备强大的通信功能,即使在没有手机信号的偏远地区也能保持畅通。

2. 向用户征求意见

通过多种方式直接向用户征求对产品或服务的意见和未来期望。可以采用问卷调查的形式,设计详细的问题,了解用户在使用现有产品过程中的期望改进方向以及对未来产品的新希望。也可以进行一对一的访谈,深入挖掘用户内心的想法。比如,对于一款在线教育平台,通过问卷调查,用户反馈,希望平台能够提供更多个性化的学习课程,根据每个学生的学习进度和能力定制专属学习计划;希望增加互动性更强的学习功能,如在线小组讨论、虚拟课堂等。

3. 对社会各阶层进行抽样调查

为了获取更全面、广泛的希望点,对社会各阶层进行抽样调查。不同阶层的人群由于生活背景、需求和关注点不同,对同一事物可能会有不同的期望。例如,对于城市公共交通系统,对上班族进行调查,他们可能希望公交和地铁的运行时间更加准时,减少等待时间;对老年人进行调查,他们可能更希望在车站和车厢内有更多的休息设施,车辆的上下车台阶更低更方便;对残障人士进行调查,他们可能希望公共交通设施更加无障碍化,如配备轮椅专用通道和固定装置等。

4. 分类整理各种希望

将通过上述途径收集到的大量希望点进行分类整理。可以按照功能需求、性能提升、用户体验、外观设计、成本控制等类别进行归纳。以一款新型智能手机为例,将希望具备高像素摄像头、强大的处理器性能等归为功能需求类;将希望电池续航久、充电速度快等归为性能提升类;将希望手机屏幕显示清晰、操作手感舒适等归为用户体验类;将希望手机外观时尚、轻薄便携等归为外观设计类;将希望价格更加亲民归为成本控制类。通过分类整理,使希望点更加条理清晰,便于后续分析和转化为创新方案。

(三)操作要领

1. 分清表面希望与内心希望

有时候用户提出的希望可能只是表面现象,背后隐藏着更深层次的内心需求。例如,用户希望手机的屏幕更大,表面上看是对屏幕尺寸的要求,但其内心希望可能是获得更好的视觉体验,包括更清晰的图像显示、更舒适的阅读和观看视频感受等。在分析希望点时,要深入挖掘,透过表面现象找到用户真正的内心希望,这样才能提出更具针对性和创新性的解决方案,如不仅增大屏幕尺寸,还优化屏幕分辨率、色彩显示等技术。

2. 分清现实希望与潜在希望

现实希望是用户基于当前认知和实际需求能够明确表达出来的期望,而潜在希望则是用户尚未意识到但实际存在的需求。例如,在智能手机普及之前,大多数用户的现实希望是手机能够具备更好的通话质量、更长的待机时间等。但随着科技的发展和人们生活方式的改变,潜在希望逐渐显现,如移动支付、便捷的社交分享等功能。创新者需要敏锐地捕捉到这些潜在希望,通过市场调研、技术趋势分析等手段,提前布局,开发出满足潜在需求的产品或服务,引领市场发展。

3. 分清一般希望与特殊希望

一般希望是大多数用户普遍具有的期望,而特殊希望则是部分特定用户群体或在特定场景下的独特需求。例如,对于一款普通的运动鞋,一般希望是穿着舒适、款式美观、质量可靠。但对于专业运动员这一特殊群体,他们可能有特殊希望,如运动鞋具备更好的支撑性能、针对特定运动项目的专业设计(如篮球鞋的高帮保护、跑鞋的轻量化与减震设计)等。在挖掘希望点时,既要关注普适性需求,满足大众市场的共性期待,也要重视差异化需求,开发出契合细分市场的个性化产品或服务。

> **课堂实战**
>
> 　　班级学员分成若干小组,每组选择一个当前热门的产品领域,如智能家居、新能源汽车、运动健身器材等。首先,各小组组织召开希望点列举会议,小组成员充分发挥想象力,提出对该领域产品的各种希望。然后,利用课余时间通过线上问卷、线下访谈等方式向用户征求意见,并对不同社会阶层进行抽样调查,收集更多希望点。接着,对收集

到的希望点进行分类整理，分析其中的表面希望与内心希望、现实希望与潜在希望、一般希望与特殊希望。最后，各小组根据分析结果，提出至少两个具有创新性的产品概念或改进方案，并进行展示汇报，阐述方案如何满足各类希望点。

选择一个你熟悉的行业，如餐饮行业。运用希望点列举法，按照操作程序，通过多种途径收集希望点，进行分类整理。分析至少3个希望点，区分其属于哪种类型（表面与内心、现实与潜在、一般与特殊），并针对这些希望点提出具体的创新建议或解决方案。

本节练习

一、单项选择题

1. 特性列举法的提出者是（   ）。

A. 阿奇舒勒　　　　　B. 克拉福德　　　　　C. 戈登　　　　　D. 普林斯

2. 在特性列举法中，"可调节亮度"属于台灯的（   ）。

A. 名词特性　　　　　B. 形容词特性　　　　C. 动词特性　　　　D. 以上都不是

3. 以下不属于缺点列举法收集缺点的工具是（   ）。

A. 会议法　　　　　　B. 头脑风暴法　　　　C. 用户调查法　　　　D. 对比分析法

4. 在运用缺点列举法时，应（   ）。

A. 以宽松标准审视研究对象　　　　　B. 从单一角度收集缺点信息

C. 注重产品或服务的细节　　　　　　D. 只关注表面缺点

5. 希望点列举法更侧重于从（   ）角度激发创新思考。

A. 消极　　　　　　　B. 积极　　　　　　　C. 批判　　　　　　D. 保守

6. 对于一款普通的保温杯，"希望保温时间更长"属于（   ）。

A. 表面希望　　　　　B. 潜在希望　　　　　C. 一般希望　　　　D. 特殊希望

二、简答题

1. 简述特性列举法的操作程序。

2. 说明在特性列举法中，如何做到避免遗漏研究对象的特性。

3. 简述希望点列举法的操作程序，并说明分类整理希望点的意义。

4. 解释如何区分现实希望与潜在希望，并举例说明。

5. 阐述缺点列举法的概念，并举例说明其在产品创新中的应用。

三、分析题

1. 某公司生产的传统鼠标存在按键容易损坏、线缆容易缠绕等问题。该公司运用特性列举法对鼠标进行分析改进，通过将按键材料更换为更耐磨的材质，把线缆改为无线充电方式，成功提升了产品质量和用户体验。请分析该公司在运用特性列举法时，分别对鼠标的哪些特性进行了分析和改进，以及这种方法是如何帮助公司找到创新点的。

2. 列举创新法中的缺点列举法，是通过发现事物的缺点并加以改进来实现创新。请分析为什么缺点列举法能够成为一种有效的创新方法，它是如何引导人们突破常规思维，发现潜在的创新机会的，并举例说明。

3. 特性列举法和缺点列举法都是列举创新法的重要方法。请分析这两种方法的异同点，在实际应用中，它们各自适用于哪些情况？请举例说明如何根据具体问题选择合适的列举创新方法。

4. 在运用希望点列举法进行产品创新时，通常需要经过收集希望点、整理分析希望点、提出创新方案等步骤。请详细分析每个步骤的作用和重要性，以及在实际操作中可能会遇到哪些困难？如何克服这些困难？以一款新型智能手表的开发为例进行说明。

5. 假设你是一家家具公司的设计师，你运用列举创新法对一款传统沙发进行创新设计。请综合运用特性列举法、缺点列举法和希望点列举法，分析这款沙发的现有特性、存在的缺点以及用户可能的希望点，并提出至少三个创新设计方案，说明每个方案所依据的列举方法和创新思路。

四、应用题

1. 选择生活中的一个常见工具，如螺丝刀，运用特性列举法进行分析。详细列出其名词特性、形容词特性、动词特性，针对这些特性提出至少 3 个改进方案，并对方案进行分析评价。

2. 以一款普通的衣架为例，运用特性列举法，结合小处入手和配合使用其他创新方法（如头脑风暴法）的操作要领，提出至少 5 个创新改进思路。

3. 针对智能手表行业，运用希望点列举法，通过召开希望点列举会议、向用户征求意见等方式收集希望点，至少收集 8 个。对这些希望点进行分类整理，分析其中 3 个希望点属于哪种类型（表面与内心、现实与潜在、一般与特殊），并基于这些希望点提出至少 2 个创新性的产品概念。

4. 选择一个你感兴趣的行业，如旅游行业，运用希望点列举法，按照操作程序进行分析。详细记录收集希望点的过程，对希望点进行分类整理，针对至少 3 个希望点提出具体的创新建议或解决方案，并阐述这些方案如何满足不同类型的希望点。

5. 选择一款你常用的电子产品，如平板电脑，运用缺点列举法，详细列出其存在的缺点，至少 5 条。针对每个缺点，提出相应的改进措施，并分析这些措施的可行性和潜在效果。

第六节　设计思维

全球知名的设计公司艾迪欧（IDEO）的首席执行官蒂姆·布朗认为设计思维（design thinking）是指："运用设计师的灵感和方法，设计出技术上可行、战略上可取且能满足顾客价值并抓住市场机会的思维方式"。从布朗对设计思维的解读中可以看出，设计思维作为一种思维的方式，它被普遍认为具有综合处理能力的性质，能够理解问题产生的背景、能够催生洞察力及解决方法，并能够理性地分析和找出最合适的解决方案。

一、设计思维的定义与核心原则

设计思维是一种以人为本的创新方法，它融合了理性分析与创造性思维，旨在通过深入

设计思维

理解用户需求、探索各种可能性，最终开发出满足用户需求且具有创新性的解决方案。其核心在于从用户的角度出发，关注用户的体验和需求，以解决实际问题为导向。

设计思维的核心原则主要包括以下几点。

（一）以人为本

始终将用户置于设计的中心位置。这意味着要深入了解用户的行为、情感、需求和期望。例如，在设计一款儿童玩具时，设计师需要考虑儿童的年龄特点、认知水平和玩耍习惯。通过观察儿童在玩耍过程中的行为表现，与他们交流，了解他们对玩具的喜好和期望，从而设计出既有趣又能促进儿童成长发展的玩具。

（二）迭代创新

设计思维强调通过不断尝试和改进来实现创新。它不追求一次性完美的解决方案，而是鼓励在实践过程中逐步优化。就像软件开发过程中，会不断发布测试版本，收集用户反馈，然后根据反馈对软件进行修改和完善，每一次迭代都使产品更接近用户需求和市场期望。

（三）跨学科协作

由于设计思维所解决的问题往往较为复杂，涉及多个领域，因此需要不同专业背景的人员共同参与。在设计一款新型汽车时，需要汽车工程师负责车辆的机械性能和动力系统设计，工业设计师关注汽车的外观造型，人机交互设计师优化车内的操作界面和用户体验，市场营销人员则从市场需求和消费者偏好的角度提供建议。通过跨学科团队的协作，整合各方优势，才能创造出更具竞争力的产品。

二、设计思维的实践流程

设计思维的五阶段模型为：共情（用户研究）→定义问题（需求聚焦）→构思（发散与收敛）→原型（低成本试错）→测试（用户反馈）。

（一）共情（用户研究）

这是设计思维的起点，通过深入了解用户的生活、工作环境和情感体验，建立对用户的深刻理解。研究方法包括观察法、访谈法、问卷调查法等。例如，在设计一款针对老年人的智能家居产品时，设计师可以到老年人的家中进行观察，了解他们在日常生活中与家居设备的互动情况，哪些操作对他们来说存在困难。同时，与老年人进行面对面访谈，倾听他们对家居生活的期望和困扰。通过这些方式，设计师能够真正站在老年人的角度去感受问题，为后续设计提供依据。

（二）定义问题（需求聚焦）

在充分了解用户的基础上，对收集到的信息进行分析和整理，明确核心问题和用户需求。继续以上述老年人智能家居产品为例，通过共情阶段的研究，发现老年人在晚上起夜时，经常因为找不到灯的开关而发生碰撞。那么，核心问题可以定义为如何为老年人提供一种在夜间无须寻找开关就能方便照明的解决方案。这一阶段需要精准提炼问题,确保后续的设计方向准确无误。

（三）构思（发散与收敛）

在明确问题后,进入构思阶段。团队成员运用头脑风暴等方法,尽可能多地提出各种创意和解决方案,这是发散思维的过程。针对老年人夜间照明问题,可能提出的方案包括在卧室和卫生间铺设感应式地灯、设计可穿戴的发光设备、使用语音控制的照明系统等。然后,对这些众多的方案进行评估和筛选,根据可行性、成本效益、用户需求匹配度等因素,收敛到几个最具潜力的方案。

（四）原型（低成本试错）

将选定的方案转化为初步的原型,用于快速验证设计思路。原型可以是简单的纸质模型、手绘草图、数字模拟等低成本形式。对于老年人夜间照明的方案,可以制作一个简单的感应式地灯原型,用纸板模拟地灯的形状,内部安装简易的感应装置和发光元件,展示其在实际使用场景中的效果。通过制作原型,能够直观地发现设计中存在的问题,如感应灵敏度不够、灯光亮度不合适等。

（五）测试（用户反馈）

将原型展示给目标用户,收集他们的反馈意见。观察用户在使用原型过程中的行为和反应,询问他们对产品的感受和建议。对于老年人夜间照明原型,邀请老年人实际试用,观察他们是否能够轻松使用,是否真正解决了他们夜间照明的问题。根据用户反馈,对原型进行进一步的改进和优化,然后再次进行测试,不断循环这个过程,直到产品达到用户满意的程度。

三、设计思维的操作要领

设计思维是站在客户的角度、以客户为中心考虑问题的思维。它与传统商业思维相比,在很多方面都存在着明显的差异,如果说传统商业思维是数据驱动的结构性思维,那么设计思维则是基于用户需求的实践性、本能性思维。运用设计思维需要注意如下问题。

（一）图像思维

图像思维也称视觉思维（visual thinking）,简单地说就是用地图、图解等方式来表达想法、概念、流程及关系等。

图像思维的关键是"视觉化"。心理学研究表明,人类大脑50%以上的信息处理能力,都是用来处理视觉信息的。图像表达的好处在于：直观、有趣、便于沟通。

（二）情景思维

情景思维也称为场景思维,它是一种以"场景中的人"为思考对象,以交互关系为思考核心的思维方式。

情景思维的本质是从用户的真实需求出发,以人为中心的思考。其好处在于：首先,基于场景去观察人,能够更好地理解场景中人的需求;其次,转变单一的以物为中心的局限思维,能够为他人营造更好的体验。

使用情景思维需要掌握 3 个技巧:

(1) 观察。基于情景的观察,最重要的是尊重事实,避免加入主观判断和理解。

(2) 讲故事。故事会使我们所要了解的人物和事件变得鲜活,同时还能够打动听故事的人,由此而引发情感的共鸣。情景故事有 3 个基本的要素:人、场景和活动。

(3) 造景,即设计和布置一个场景。通过物理环境的变化,改变物、人与场景之间的关系,营造一种"身在其中"的体验。

(三) 关联思考

关联思考是指将看似不相关的一组事物、问题或想法关联起来思考的思维方式。这种思维方式能够帮助人们看到事物内在的关联性,有助于启发新的视角和创造力。

最常见的关联首先是概念之间的关联;其次是事件之间的关联;最后是领域之间的关联。在现如今的社会环境下,市场竞争已经不再是行业内的竞争了,看似完全没有竞争关系的行业,都可能在未来某个时刻颠覆本行业。

关联思维可以用于解决复杂问题和在不确定的环境中发现机会,如果说图像思维关乎注意力、情景思维关乎感知力,那么关联思维则是关乎想象力。

提高关联思维能力,最重要的是保持好奇心和开放的心态,多学习,勤思考,多与不同领域的人接触或合作,从他们身上学习新鲜的视角和不同的思维方式。

(四) 换位思考

换位思考是指站在他人的角度看待和理解事物,在精神和情感上与对方产生共鸣,真切体会到他人的情感和感受,并做出符合对方期望的回应的能力。

无论是生活中与人相处,还是工作场合管理他人和为客户解决问题,换位思考都是非常重要的一项能力。因为只有通过共情、换位思考,以及更多地用他人的眼光发现、经历、理解和感知这个世界,才能更好地做到"以人为中心"。

换位思考必须做到以下 5 步:

(1) 对他人的关注。

(2) 放下自我。

(3) 倾听、观察和感知,真正做到进入对方的内心。

(4) 真正理解对方的感觉和需求,并能够准确描述出来,使双方的情感融为一体。

(5) 做出符合对方期望的回应。

四、应用场景与案例

(一) 产品设计领域

以苹果公司的 iPhone 为例。在设计 iPhone 之前,苹果团队进行了大量的用户研究(共情阶段)。他们观察人们在使用传统手机时的痛点,如键盘操作不便、功能单一等。通过定义问题,明确了要设计一款具有全新交互方式、强大功能且美观易用的手机。在构思阶段,团队提出了多点触控屏幕、应用商店等创新概念。制作了多个原型进行测试,不断优化设计,最终推出了 iPhone,彻底改变了手机行业的格局。

（二）服务设计领域

某酒店运用设计思维提升服务质量。在共情阶段,通过观察客人的入住流程、与客人交流以及员工反馈,发现客人在办理入住手续时等待时间过长,且对酒店周边的旅游信息了解不足。定义问题后,酒店提出了优化入住流程和提供个性化旅游服务的目标。在构思阶段,提出了如在线提前办理入住、在大堂设置智能旅游信息查询终端等方案。制作了相关原型,如简化后的在线入住界面和模拟的智能查询终端。经过测试和改进,实施这些方案后,客人的满意度大幅提升。

（三）社会创新领域

在城市交通拥堵治理方面,一些城市采用设计思维。通过对市民出行方式、交通流量数据的收集和分析(共情阶段),定义了缓解交通拥堵、提高出行效率的问题。在构思阶段,提出了建设共享单车系统、优化公交路线、推广智能交通信号灯等方案。制作了共享单车的运营模型、公交路线优化的模拟图等原型。经过测试和逐步完善,共享单车系统在许多城市得到广泛应用,有效缓解了城市"最后一公里"的交通问题,同时优化后的公交路线和智能交通信号灯也提高了整体交通效率。

课堂实战

给定一个设计主题,如设计一款新型校园学习辅助工具。课堂学员分成小组,每个小组按照设计思维的五阶段模型进行实践。首先,通过观察同学的学习场景、访谈等方式进行用户研究(共情阶段);然后定义核心问题,如何更高效地整理学习资料;接着进行头脑风暴,提出各种创意方案(构思阶段),并制作简单的原型,如纸质的学习资料整理夹模型;最后在班级内进行测试,收集其他同学的反馈意见,对原型进行改进。每个小组在课堂上汇报实践过程和成果。

本节练习

一、单项选择题

1. 设计思维的核心原则不包括（　　）。

A. 以人为本 　　　　　　　　　　 B. 线性创新

C. 跨学科协作 　　　　　　　　　　 D. 迭代创新

2. 在设计思维的实践流程中,"共情"阶段主要是（　　）。

A. 提出创意方案 　　　　　　　　 B. 深入了解用户

C. 制作产品原型 　　　　　　　　 D. 定义核心问题

3. 以下属于情景思维技巧的是（　　）。

A. 数据统计 　　　 B. 造景 　　　　 C. 逻辑推理 　　　 D. 建立模型

4. 设计思维中,从大量创意方案中筛选出最具潜力方案的阶段是( )。

A. 共情   B. 定义问题

C. 构思(收敛阶段)   D. 测试

5. 苹果公司设计 iPhone 时,提出多点触控屏幕这一创新概念属于设计思维的( )阶段。

A. 定义问题 B. 构思   C. 原型制作 D. 测试

二、简答题

1. 简述设计思维的定义,并解释其与传统商业思维的区别。

2. 详细说明设计思维中"迭代创新"原则的含义,并举例说明在产品设计中的应用。

3. 设计思维的实践流程包含哪几个阶段?请简要阐述每个阶段的主要任务。

4. 情景思维的本质是什么?请列举并简述情景思维的三个技巧。

5. 简述换位思考的五个步骤,并说明在设计思维中换位思考的重要性。

三、分析题

1. 以某品牌推出的智能手环产品为例,该产品从前期用户调研发现人们对健康监测和便捷交互的需求,到定义核心功能,再经团队头脑风暴构思多种方案,制作简易原型测试后优化改进。请分析该过程如何完整体现设计思维的共情、定义问题、构思、原型、测试五个阶段,每个阶段发挥了怎样的作用?

2. 设计思维中"共情"阶段收集的用户需求,是如何影响"定义问题"阶段对核心问题的界定,以及后续"构思"阶段创意方案的方向?结合某智能家居产品设计实例展开论述。

3. 在设计思维的"构思"阶段,常结合头脑风暴法、类比创新法等。请分析这些方法在促进创意产生过程中分别起到什么作用,以某儿童玩具设计项目为例,说明多种创新方法融合使用带来的效果。

4. 在设计思维的"测试"阶段,收集到的用户反馈往往会促使设计方案的调整。分析用户反馈从哪些维度影响设计方案的修改,以某款手机 APP 界面设计迭代为例,阐述反馈如何推动设计优化。

四、应用题

1. 产品设计:假设你要设计一款新型的智能厨房电器,运用设计思维的流程,详细描述每个阶段你会采取的具体行动。包括如何进行用户研究(至少列举两种研究方法)、如何定义问题、列举至少三个构思阶段的创意方案、制作一个简单的原型(可画图或文字描述)以及如何进行测试收集反馈。

2. 服务设计:一家健身房想要提升会员的体验,运用设计思维帮助健身房进行服务改进。按照设计思维的五阶段模型,分析每个阶段可能发现的问题和对应的解决方案。例如,在共情阶段,通过观察和访谈会员,发现会员在高峰时段等待器材的时间过长;在定义问题阶段,将问题定义为如何优化健身房器材使用效率,减少会员等待时间等。

3. 社会创新:针对城市老旧小区停车难的问题,运用设计思维提出创新解决方案。详细阐述共情阶段的调研方法(如问卷调查、实地观察等)和可能收集到的信息;定义问题阶段明确核心问题;构思阶段至少提出三个解决方案;简单描述一个低成本的原型(如小区停车规划草图);以及测试阶段如何收集居民反馈和改进方案。

4. 跨学科协作设计:设计一款未来的智能医疗设备,涉及医学、电子工程、工业设计等多个学科领域。请描述在设计过程中如何促进跨学科团队的协作,每个学科领域的专业人员在不同设计阶段(共情、构思、原型制作等)分别承担什么职责,以及可能遇到的协作困难和解决方法。

第七节　黄金圈法则

黄金圈法则

一、黄金圈法则的概念

黄金圈法则由西蒙·斯涅克(Simon Sinek)提出,这一法则为人们理解和解决问题提供了独特视角,在创新思维领域有着重要应用。它打破常规的思维模式,引导人们从三个不同但相互关联的层面去思考问题,从而更深入地理解事物本质,找到更具创新性和影响力的解决方案。该法则强调在面对问题或进行创新时,不应仅仅关注表面的现象和做法,更要深入探究背后的原因和目的,这种思维方式有助于突破思维局限,挖掘核心价值。

二、黄金圈法则的三层结构

(一)"为什么(why)"

这是黄金圈法则的最核心层,关注的是目的、信念和动机。它探讨的是行动背后的根本原因,即为什么要做这件事。例如,一家环保科技公司致力于研发新型可降解材料,其"为什么"可能是为了应对日益严重的环境污染问题,秉持着保护地球生态环境、为子孙后代创造可持续发展空间的信念。明确"为什么"能为组织或个人提供强大的内在驱动力,使行动更具使命感和方向性。

(二)"如何(how)"

处于中间层,主要涉及实现目标的方法和策略。当明确了"为什么"之后,就要思考通过何种具体方式来达成目标。继续以上述环保科技公司为例,在"如何"层面,公司可能会投入大量资金进行科研攻关,与顶尖科研机构合作,组建专业研发团队,采用先进的实验设备和技术手段,以研发出性能优良的可降解材料。这一层面将抽象的目标转化为具体的行动路径,是连接"为什么"和"做什么"的关键环节。

(三)"做什么(what)"

最外层,呈现的是具体的成果、产品或行动表现。对于环保科技公司而言,"做什么"就是最终研发出的各类可降解材料产品,如可降解塑料袋、一次性餐具等,以及公司对外宣传推广这些产品、开拓市场等具体行为。这一层是人们最容易看到和理解的,但如果没有深入思考"为什么"和"如何","做什么"可能只是盲目跟风,缺乏持久的生命力和竞争力。

三、黄金圈法则的正向与反向应用

（一）正向应用

从"为什么"开始思考，逐步推导到"如何"和"做什么"。以特斯拉汽车公司为例，其"为什么"是加速世界向可持续能源的转变，改变人们对传统燃油汽车的依赖，减少碳排放，推动环保出行。基于此，在"如何"层面，特斯拉专注于电动汽车技术研发，投入大量资源研发高性能电池、先进的电动驱动系统，建设超级充电网络等。最终在"做什么"层面，推出了一系列高性能、长续航的电动汽车，如 ModelS、Model3 等，引领了全球电动汽车行业的发展。正向应用黄金圈法则，能让企业或个人在明确的目标和信念指引下，有条不紊地开展行动，实现创新突破。

（二）反向应用

有时也可以从"做什么"出发，反向追溯"如何"和"为什么"。比如，当我们看到一款非常受欢迎的手机游戏，先从"做什么"层面了解到它是一款具有精美画面、丰富剧情和有趣玩法的游戏。然后思考"如何"做到吸引大量玩家，可能是通过先进的游戏引擎打造精美画面，专业的编剧团队编写剧情，以及富有创意的游戏策划设计玩法。进一步深挖"为什么"这款游戏能如此成功，可能是满足了玩家在快节奏生活中寻求放松娱乐、社交互动以及自我挑战的需求。反向应用有助于我们分析他人成功案例背后的逻辑，为自身创新提供借鉴。

四、黄金圈法则的应用领域

（一）商业领域

在产品营销方面，黄金圈法则能帮助企业更好地打动消费者。例如，苹果公司在推广产品时，不仅仅强调产品的功能（"做什么"），如 iPhone 的高清屏幕、强大处理器等，更会阐述其背后的理念（"为什么"），即通过创新的产品设计，让人们的生活变得更简单、更美好，赋予用户追求个性、展现自我的工具。在"如何"层面，苹果通过极致的工业设计、严格的质量把控和独特的品牌营销策略来实现这一目标。这种基于黄金圈法则的营销方式，使苹果拥有了大量忠实的消费者。

（二）教育领域

教师在教学过程中运用黄金圈法则，可以提高教学效果。例如，在教授数学课程时，教师先明确"为什么"要学习数学，如培养逻辑思维能力、解决实际生活中的问题等。然后在"如何"层面，采用生动有趣的教学方法，如引入生活案例、使用多媒体教学工具等。最后在"做什么"层面，指导学生进行数学运算、解题练习等。这样能让学生更好地理解学习数学的意义，提高学习积极性和主动性。

（三）社会公益领域

以一个旨在帮助贫困地区儿童改善教育条件的公益项目为例。"为什么"是为了让贫困地区儿童享有平等的受教育机会，改变他们的命运，促进社会公平。在"如何"方面，通过筹集资金、组织志愿者支教、捐赠教学设备等方式来实现。"做什么"则体现在具体开展的支教活动、建立的希望小学、为孩子们提供的学习用品等行动上。运用黄金圈法则，能让公益项目更具针对性和影响力，吸引更多人参与公益事业。

课堂实战

班级学员分成小组，给定一个创业项目主题，如开发一款新型健身器材。各小组运用黄金圈法则进行分析。首先讨论"为什么"要开发这款健身器材，明确项目的核心目的，如满足现代人在家高效健身的需求，解决传统健身器材占地大、功能单一的问题。接着思考"如何"实现，包括研发方向、生产工艺、营销策略等。最后确定"做什么"，即具体的健身器材设计、功能特点以及推广活动等。每个小组在课堂上进行汇报展示，分享运用黄金圈法则的分析过程和成果。

本节练习

一、单项选择题

1. 黄金圈法则的核心层是（　　）。

A. 做什么（what）　　　　　　　　B. 如何（how）

C. 为什么（why）　　　　　　　　D. 以上都不是

2. 以下属于黄金圈法则正向应用的是（　　）。

A. 先分析产品功能，再探究成功原因

B. 从目标和信念出发，规划行动方案

C. 依据现有产品，推测实现方法

D. 从用户需求倒推产品设计

3. 在商业领域运用黄金圈法则进行产品营销时，关键是（　　）。

A. 突出产品功能　　　　　　　　B. 展示产品优势

C. 阐述产品背后的理念　　　　　D. 强调产品质量

4. 教师在教学中运用黄金圈法则，"采用生动有趣的教学方法"属于（　　）层面。

A. 为什么（why）　　　　　　　　B. 如何（how）

C. 做什么（what）　　　　　　　　D. 以上都不对

5. 一家公司研发智能手环，其"为什么"可能是（　　）。

A. 采用先进的传感器技术

B. 推出具有多种健康监测功能的手环

C. 帮助人们更好地管理健康，提升生活品质

D. 通过线上线下结合的方式进行销售

二、简答题

1. 简述黄金圈法则的三层结构及其相互关系。

2. 以一家咖啡连锁店为例,说明黄金圈法则在其运营中的体现,分别阐述"为什么""如何""做什么"三个层面的具体内容。

3. 解释黄金圈法则正向应用和反向应用的区别,并各举一个实际生活中的例子。

4. 在社会公益领域,运用黄金圈法则开展一个关爱流浪动物的项目,请简述该项目在三个层面的具体实施思路。

5. 结合自身学习经历,谈谈在学习一门新学科时,如何运用黄金圈法则提高学习效果。

三、分析题

1. 分析某知名品牌运动鞋(如耐克)是如何运用黄金圈法则进行品牌塑造和产品推广的,详细阐述每个层面的具体策略和对品牌发展的影响。

2. 某新兴的在线教育平台发展迅速,请运用黄金圈法则分析其成功的原因,分别从"为什么""如何""做什么"三个角度进行剖析,并指出其可改进之处。

3. 一家传统的制造业企业计划进行数字化转型,运用黄金圈法则为其制定转型策略,分析每个层面需要考虑的关键因素和可能采取的行动。

4. 近年来,共享出行(如共享单车、共享汽车)发展迅速但也面临诸多问题。请以共享单车为例,运用黄金圈法则分析其出现的原因、运营模式以及面临的挑战,并提出相应的改进建议。

5. 分析一款热门短视频 APP(如抖音)是如何运用黄金圈法则吸引用户的,从三个层面详细解读其运营策略,并预测其未来发展方向。

四、应用题

1. 你是某运动品牌的产品经理,当前市场上传统运动鞋同质化严重。请运用黄金圈法则,先明确品牌创新的"why"(如倡导健康生活方式、助力运动突破等),再基于此规划"how"(如采用特殊材料、创新设计工艺等),最后确定"what"(设计一款具备独特功能和外观的运动鞋),并详细阐述产品从理念到落地的完整方案。

2. 为解决社区老年人孤独问题,发起一项公益活动。请依据黄金圈法则,从"why"(关爱老年人心理健康、构建温暖社区等)出发,构思"how"(组织志愿者陪伴、开展兴趣小组活动等具体方式),确定"what"(设计系列活动项目及执行计划),制定出一套完整的公益活动策划方案。

3. 即将步入职场的你,希望在互联网行业开启职业生涯。运用黄金圈法则,先思考自己投身该行业的"why"(如对技术创新的热爱、渴望改变人们生活方式等),再规划"how"(学习专业技能、积累项目经验等途径),最后明确"what"(具体求职目标岗位及阶段性职业发展计划),完成一份个人职业规划方案。

4. 某新兴咖啡品牌想要提升市场知名度和品牌影响力。请运用黄金圈法则,确定品牌营销活动的"why"(传递独特咖啡文化、打造第三生活空间等),策划"how"(线上线下联动推广、举办主题活动等营销手段),以及"what"(具体的营销活动内容和执行时间表),设计出一套品牌营销活动方案。

5. 作为教育机构的课程开发者,计划开发一门针对青少年的创新思维培养课程。运用黄金圈法则,先阐述课程的"why"(培养青少年创新能力、为未来发展赋能等),再规划"how"(采用项目式学习、引入案例分析等教学方法),最后确定"what"(课程具体内容模块、课时安排及考核方式），设计出该课程的详细开发方案。

一、颠覆式创新的概念

颠覆式创新

颠覆式创新由哈佛商学院教授克莱顿·克里斯坦森(Clayton Christensen)提出，它是一种能够彻底改变现有市场格局、行业规则以及人们生活和工作方式的创新模式。与渐进式创新不同，颠覆式创新并非在现有产品或服务的基础上进行小修小补，而是引入一种全新的技术、商业模式或价值主张，从根本上打破原有的市场秩序，创造出全新的市场需求和竞争态势。例如，智能手机的出现对传统手机行业造成了颠覆性冲击。在智能手机诞生前，手机功能主要是满足通话、短信等基本通信需求。而智能手机凭借其强大的操作系统、丰富的应用生态以及便捷的移动互联网接入能力，彻底改变了人们对手机的使用方式和期望，不仅实现了通信功能的升级，还拓展出移动办公、娱乐、社交等众多新功能，使传统功能手机迅速失去市场优势，众多老牌手机厂商面临巨大挑战。

二、创新类型与特征

（一）技术颠覆式创新

技术颠覆式创新是指依托于突破性的技术变革，创造出全新的产品或服务，显著提升性能或降低成本。例如，3D打印技术的出现，颠覆了传统制造业的生产模式。传统制造方式通常需要复杂的模具制作、大规模生产流程，而3D打印技术能够根据数字化模型，通过逐层堆积材料的方式直接制造产品，大大缩短了产品开发周期，降低了生产成本，尤其适用于个性化定制产品的生产。其独特的增材制造技术原理，与传统减材制造（如切削加工）有着本质区别，为制造业带来了前所未有的变革。

激光雷达技术在自动驾驶领域的应用。传统的车辆感知技术主要依赖摄像头和毫米波雷达，在复杂环境下的感知精度和可靠性存在一定局限。激光雷达通过发射激光束并测量反射光的时间来构建周围环境的三维模型，具有更高的精度和分辨率，能够更准确地识别障碍物、行人及其他车辆。像一些科技公司将激光雷达技术应用于自动驾驶汽车的研发，极大提升了自动驾驶系统的安全性和可靠性，推动了自动驾驶技术从概念向实际应用的快速发展，对传统汽车行业的智能化转型产生了深远影响。

（二）商业模式颠覆式创新

商业模式颠覆式创新是指通过改变企业与客户、合作伙伴、供应商之间的交易方式、盈利模式或资源配置方式，创造出全新的商业价值。例如，共享经济模式的兴起，以Airbnb和Uber为代表。Airbnb打破了传统酒店行业的运营模式，它搭建了一个线上平台，让房东可以将闲置的房屋出租给旅行者，实现了闲置资源的有效利用。与传统酒店相比，Airbnb提供了更具个性化的住宿选择，价格也更具灵活性，其盈利模式基于交易佣金，与传统酒店的固定房价盈利模式截然不同。这种创新的商业模式改变了整个住宿市场的竞争格局，为用户和房东创造了新的价值。

又如小米公司采用的"硬件＋互联网服务"商业模式。传统手机厂商主要依靠销售手机硬件盈利，而小米通过高性价比的手机硬件吸引大量用户，构建庞大的用户群体。在此基础上，通过互联网服务，如应用商店、游戏联运、广告投放等实现多元化盈利。小米通过优化供应链管理、采用线上直销等方式降低硬件成本，同时不断丰富互联网服务内容，提升用户黏性和活跃度。这种商业模式的创新使小米在竞争激烈的手机市场中脱颖而出，并逐渐拓展到智能家居等多个领域，形成了独特的生态系统。

（三）用户体验颠覆式创新

用户体验颠覆式创新是指聚焦于深刻理解用户需求，从用户体验的角度出发，对产品或服务进行重新设计，创造出超越用户预期的体验。例如，苹果公司的产品设计一直以卓越的用户体验著称。iPhone 的多点触控交互设计，彻底改变了用户与手机的交互方式。相较于传统手机的按键操作，多点触控让用户能够更直观、便捷地操作手机，如缩放图片、滑动屏幕等，极大提升了用户体验。这种对用户体验的极致追求，使苹果产品在全球范围内拥有大量忠实用户，引领了智能手机行业的设计潮流。

例如，奈飞对传统影视行业的用户体验颠覆。传统影视行业主要通过电视广播、影碟租赁等方式提供内容，用户在观看时间、节目选择上受到诸多限制。奈飞推出的在线流媒体服务，让用户可以随时随地通过互联网观看海量影视内容，自主选择观看时间和节目。此外，奈飞还通过大数据分析用户观看行为，为用户精准推荐个性化的影视节目，大大提升了用户的观看体验。这种创新的用户体验模式使奈飞迅速崛起，成为全球领先的流媒体服务提供商，对传统影视行业的内容分发和消费模式产生了巨大冲击。

三、颠覆式创新的实施路径

（一）洞察市场需求与痛点

这是实施颠覆式创新的起点。企业需要深入了解市场中未被满足的需求或存在的痛点问题。例如，在医疗美容领域，传统的美容手术往往存在创伤大、恢复时间长、风险高等问题。一些医美机构通过市场调研，发现消费者对于安全、便捷、效果显著且恢复快的美容方式有着强烈需求。基于此洞察，微整形技术应运而生，如注射美容、激光美容等，以微小创伤、快速恢复等优势满足了消费者的需求，对传统医美市场形成了颠覆。

（二）技术研发与创新

对于技术颠覆式创新而言，强大的技术研发能力至关重要。企业要投入资源进行技术探索和研发，寻找能够突破现有技术瓶颈的解决方案。例如，在新能源汽车领域，电池续航里程一直是制约行业发展的关键问题。各大汽车厂商和电池企业加大研发投入，致力于研发新型电池技术，如固态电池。固态电池相较于传统锂离子电池，具有更高的能量密度、更快的充电速度和更高的安全性。一旦固态电池技术实现大规模商业化应用，将极大提升新能源汽车的性能，彻底改变消费者对新能源汽车的认知，推动行业的颠覆式发展。

（三）构建创新生态系统

在商业模式颠覆式创新中，构建创新生态系统是关键实施路径。企业需要整合产业链上下游资源，与供应商、合作伙伴、用户等建立紧密的合作关系，共同创造价值。以特斯拉为例，它不仅专注于电动汽车的研发和生产，还积极布局超级充电网络，与能源供应商合作开发能源存储解决方案，同时通过开放部分技术专利，吸引第三方开发者参与其软件生态建设。通过构建这样一个涵盖汽车制造、能源补给、软件服务等多个环节的创新生态系统，特斯拉在电动汽车领域形成了强大的竞争优势，引领了行业的变革。

（四）以用户为中心的设计思维

在追求用户体验颠覆式创新时，运用以用户为中心的设计思维贯穿始终。企业要深入了解用户的行为习惯、情感需求和使用场景，从用户的角度出发进行产品或服务的设计。例如，在智能家居产品设计中，一些企业通过观察用户在家庭环境中的生活习惯，发现用户希望能够通过一个统一的平台便捷地控制家中各种智能设备，如灯光、空调、窗帘等。基于此，企业开发出智能中控系统，用户可以通过手机 APP 或语音控制等方式，轻松实现对多种智能设备的集中管理，大大提升了用户的家居生活体验。

四、颠覆式创新的风险与应对

（一）技术风险

1. 风险表现

在技术颠覆式创新中，新技术的研发往往具有不确定性，可能面临技术难题无法攻克、研发周期过长、研发成本过高超出预算等问题。例如，在量子计算技术研发过程中，虽然量子计算具有巨大的应用潜力，但目前仍面临诸多技术挑战，如量子比特的稳定性、量子纠错等问题。这些技术难题的解决需要大量的时间和资金投入，且结果存在不确定性。

2. 应对策略

企业应建立多元化的技术研发团队，吸引不同领域的专业人才，加强跨学科合作。同时，合理安排研发预算，采用敏捷开发等方法，分阶段推进研发工作，及时调整研发方向。此外，积极与高校、科研机构合作，共享技术资源，降低研发风险。例如，一些企业与高校联合成立量子计算实验室，共同开展量子计算技术研究，借助高校的科研力量加速技术突破。

（二）市场风险

1. 风险表现

颠覆式创新产品或服务在进入市场初期，可能面临市场接受度低、用户认知度不足、市场竞争激烈等问题。例如，虚拟现实（VR）技术在刚推出消费级产品时，由于价格较高、内容生态不完善等原因，市场接受度较低，消费者对其应用场景和价值认知有限。同时，市场上其他娱乐产品的竞争也对 VR 产品的推广造成了阻碍。

2. 应对策略

加强市场调研，精准定位目标客户群体，制定针对性的市场推广策略。通过举办产品体验活动、线上线下宣传等方式，提高产品的知名度和用户认知度。针对市场竞争，企业要突出产品或服务的差异化优势，不断优化产品性能和服务质量。例如，某 VR 厂商针对年轻游戏玩家群体，举办线下 VR 游戏体验活动，让玩家亲身体验 VR 游戏的魅力，同时不断优化 VR 游戏内容，降低产品价格，逐渐提高了市场占有率。

（三）组织风险

1. 风险表现

实施颠覆式创新往往需要企业内部进行组织架构调整、流程变革以及文化重塑。但在实际过程中，可能会遇到内部员工对变革的抵触情绪、组织协调困难、新旧业务冲突等问题。例如，传统零售企业向线上线下融合的新零售模式转型时，需要对原有的组织架构进行调整，设立新的电商部门，这可能导致原有线下业务部门员工的担忧和抵触，担心自身利益受到影响，同时在部门之间的协作过程中也可能出现沟通不畅、职责不清等问题。

2. 应对策略

加强企业内部沟通与培训，让员工充分理解颠覆式创新的意义和目标，积极参与变革。建立有效的沟通机制，促进部门之间的协作与信息共享。对于新旧业务冲突，企业要制定合理的资源分配策略，明确不同业务的发展重点和优先级。例如，某零售企业在转型过程中，定期组织员工培训，讲解新零售模式的优势和发展前景，同时设立跨部门项目小组，负责协调线上线下业务的融合，通过这些措施有效缓解了组织风险。

课堂实战

给定一个行业领域，如餐饮行业。学员分小组，要求运用所学知识，提出一个在该行业进行颠覆式创新的方案。小组需明确创新的类型（技术、商业模式或用户体验），阐述创新的具体内容，包括实施路径，同时分析可能面临的风险及应对策略。每个小组在课堂上进行汇报展示，其他小组进行提问和评价。

本节练习

一、单项选择题

1. 颠覆式创新理论的提出者是（　　）。

A. 彼得·德鲁克　　　　　　　　　B. 克莱顿·克里斯坦森

C. 迈克尔·波特　　　　　　　　　D. 约瑟夫·熊彼特

2. 下列属于技术颠覆式创新案例的是（　　）。

A. Airbnb 的共享住宿模式　　　　　B. 小米"硬件＋互联网服务"模式

C. 激光雷达在自动驾驶中的应用　　　D. 奈飞的在线流媒体服务

3. 颠覆式创新与渐进式创新的核心区别在于（　　）。

A. 是否提升产品性能　　　　　　　B. 是否改变市场竞争格局

C. 是否基于现有技术改进　　　　　D. 是否关注用户体验

4. (   )是商业模式颠覆式创新的特征。

A. 依托突破性技术变革

B. 改变企业与利益相关者的交易方式

C. 聚焦用户操作界面优化

D. 依赖大规模生产降低成本

5. 在应对组织风险时,企业的关键策略是(   )。

A. 增加研发投入

B. 加强内部沟通与培训

C. 降低产品价格

D. 拓展海外市场

二、简答题

1. 简述颠覆式创新的定义及其核心作用。

2. 技术颠覆式创新与商业模式颠覆式创新的主要区别是什么?请结合案例说明。

3. 列举颠覆式创新的三种实施路径,并解释以用户为中心的设计思维在其中的应用。

4. 市场风险在颠覆式创新中主要表现为哪些问题?对应的应对策略有哪些?

5. 为什么说构建创新生态系统是商业模式颠覆式创新的关键路径?以特斯拉为例说明。

三、分析题

1. 结合智能手机颠覆传统手机行业的案例,分析颠覆式创新如何重构市场需求和竞争格局。

2. 某传统家电企业计划推出智能家居中控系统,尝试用户体验颠覆式创新。请从实施路径角度,分析其应重点关注的环节。

3. 对比 3D 打印技术(技术颠覆)与共享经济模式(商业模式颠覆)的风险差异,说明两者在风险应对上的不同侧重点。

4. 小米公司的"硬件+互联网服务"模式为何能在手机市场实现颠覆?从价值主张和盈利模式创新角度进行分析。

四、应用题

1. 假设你是一家新兴智能穿戴设备创业公司,面对市场上苹果、华为等巨头占据主导的现状,请运用颠覆式创新理论,分析可从哪些方面寻找突破口,设计一款具有颠覆性的智能手环产品,并详细阐述其创新类型、实施路径以及如何应对可能出现的风险。

2. 某传统连锁快餐企业近年来面临业绩下滑、顾客流失的困境,竞争对手不断推出新的餐饮模式和产品。请以该企业为例,运用颠覆式创新方法,提出至少两种能够扭转局面的创新策略,说明这些策略属于哪种颠覆式创新类型,以及在实施过程中需要注意的问题。

3. 随着在线教育的快速发展,传统线下教育机构受到冲击。如果你是一家线下教育培训机构的负责人,如何运用颠覆式创新理论,结合线上教育的优势,对机构的业务模式、课程产品等进行创新改造,以重新获得市场竞争力,请制定具体的创新方案和实施计划。

4. 在淘宝、京东等大型电商平台占据市场主流的情况下,一家小型电商创业公司想要脱颖而出。请运用颠覆式创新的相关知识,为该公司设计一个独特的电商运营模式,包括目标客户群体、产品特色、营销手段等方面,并分析该模式可能面临的风险及应对措施。

5. 新能源汽车的崛起对传统燃油汽车市场造成了巨大冲击。作为一家传统燃油汽车制造企业,如何运用颠覆式创新理论,在技术研发、产品设计、市场定位等方面进行变革,以适应行业发展趋势?请提出具体的创新方向和实施方案,并评估实施过程中可能遇到的挑战。

第九节　聚焦法则

一、聚焦法则的概念

聚焦法则内涵

聚焦法则,是一种在创新思维与实践过程中,强调集中资源、精力和注意力于特定关键领域或目标的策略性方法。在当今复杂多变且充满竞争的环境下,无论是个人、团队还是企业,所拥有的资源(包括时间、资金、人力等)都是有限的。聚焦法则的意义就在于引导我们避免资源的分散浪费,通过精准定位,将有限的资源高效投入到最具潜力和价值的方向上,从而实现突破与创新,获取最大的效益和成果。例如,在科技创业领域,众多初创公司面临着激烈的市场竞争和有限的资金支持。那些能够运用聚焦法则,专注于某一细分市场需求,集中力量研发独特产品或服务的公司,往往更有可能在市场中崭露头角,而不是试图涉足多个领域,分散自身资源。

二、聚焦法则的核心逻辑

（一）资源有限性认知

聚焦法则的核心前提是承认资源的有限性。以企业为例,其资金、技术研发能力、市场推广渠道等资源并非取之不尽。例如,一家小型软件公司每年的研发预算有限,若同时开展多个大型软件项目,每个项目所能获得的资金、人力投入必然不足,导致项目进展缓慢,质量难以保证。认识到这一点,企业才能主动寻求资源的优化配置。

（二）目标重要性排序

在明确资源有限后,需要对各种潜在目标或业务方向进行重要性排序。这要求深入分析市场需求、竞争态势以及自身优势。比如,一家传统服装制造企业计划拓展业务,面对电商平台销售、开拓海外市场、推出高端定制产品线等多个选项,需综合考虑自身生产能力、品牌影响力、市场趋势等因素。如果当前市场对高端定制服装需求增长迅速,且企业在工艺和设计上有独特优势,那么推出高端定制产品线就应在目标排序中处于前列。

（三）集中优势力量突破

确定关键目标后,将主要资源集中投入,形成局部优势,以实现突破。以体育赛事为例,运动员在训练过程中,会根据自身项目特点和比赛规则,聚焦于关键技能训练。短跑运动员会集中大量时间和精力进行爆发力训练、起跑技术优化等,通过在这些关键环节形成优势,提升整体比赛成绩。在商业领域,企业集中资源研发核心产品功能,使其在该方面超越竞争对手,从而吸引客户,打开市场。

三、聚焦法则的方法论

市场细分与定位:通过对市场进行细分,识别出具有独特需求且未被充分满足的小众市场或利基市场。例如,在宠物用品市场,传统产品主要集中在宠物食品、常规玩具等领域。但随着养宠人群对宠物生活品质要求的提高,一些企业聚焦于宠物智能用品细分市场,如智能宠物喂食器、宠物健康监测设备等。通过精准定位这一细分市场,企业能够更深入了解目标客户需求,开发出针对性强的产品。

核心竞争力打造:明确自身核心能力所在,并不断强化。例如,苹果公司以其强大的工业设计和用户体验设计能力为核心竞争力。在产品研发过程中,始终聚焦于设计创新,从产品外观、材质选择到操作系统的交互设计,投入大量资源进行打磨。这使得苹果产品在全球市场凭借独特的设计风格和卓越的用户体验脱颖而出,形成了强大的品牌影响力。

阶段性目标设定:将长期目标分解为多个阶段性小目标,每个阶段聚焦于实现一个小目标。例如,一家新兴的互联网教育公司,其长期目标是成为行业领先的在线教育平台。在发展初期,先聚焦于打造一门优质课程,通过精心设计课程内容、优化教学方法、提升课程制作质量,吸引第一批用户。当这门课程获得市场认可后,再逐步拓展课程品类,扩大用户群体,实现阶段性的发展目标。

四、聚焦法则的应用案例

(一)企业案例:大疆创新

大疆创新聚焦于无人机技术领域。在全球消费级无人机市场发展初期,市场需求潜力巨大,但技术研发难度高,竞争激烈。大疆集中研发资源,聚焦于无人机的飞行稳定性、拍摄画质、续航能力等核心技术指标。通过不断投入研发资金,组建专业研发团队,攻克了一系列技术难题。例如,在飞行稳定性方面,研发出先进的飞控系统,使无人机在复杂环境下也能保持稳定飞行。这种聚焦策略让大疆在无人机技术上领先于竞争对手,占据了全球消费级无人机市场的大部分份额,成为行业领军企业。

(二)个人案例:作家 J.K.罗琳

英国著名小说家 J.K.罗琳在创作《哈利·波特》系列小说时,运用了聚焦法则。当时奇幻文学市场已有众多作品,但 J.K.罗琳聚焦于打造一个独特的魔法世界,将全部精力投入构建魔法世界的设定、人物关系和故事情节中。她花费数年时间,精心构思每一个细节,从霍格沃茨魔法学校的课程设置、魔法咒语的设计,到哈利·波特等主要人物的性格塑造。正是这种专注投入,使得《哈利·波特》系列小说凭借其丰富的想象力和精彩的故事,在全球范围内获得了巨大成功,成为现代奇幻文学的经典之作。

(三)项目案例:特斯拉 Model S 的研发

特斯拉在研发 Model S 电动汽车时,聚焦于解决电动汽车的关键痛点,如续航里程、充电设施和性能表现。在续航里程方面,特斯拉投入大量资源研发高性能电池技术,通过优化电池管理系统和提高电池能量密度,大幅提升了 Model S 的续航能力。在充电设施上,特斯拉聚焦于建设超级充电网络,解决用户的充电焦虑。同时,在车辆性能上,不断优化电机设计和底盘调校,使 Model S 具备出色的加速性能和操控性能。通过聚焦这些关键方面,Model S 一经推出,便在高端电动汽车市场取得了巨大成功,改变了人们对电动汽车的看法,引领了行业发展潮流。

课堂实战

给定一个创业主题,如"环保家居用品"。课堂学员分小组,各小组运用聚焦法则,进行市场细分,确定核心竞争力打造方向,并设定阶段性目标。例如,小组可以聚焦于环保家居清洁用品细分市场,将核心竞争力定位于研发天然、高效且无残留的清洁配方。设定的阶段性目标为:第一个阶段,研发出一款主打产品,如天然植物洗洁精;第二个阶段,通过线上渠道进行产品推广,积累一定用户群体;第三个阶段,拓展产品线,推出更多类型的环保清洁用品。各小组在课堂上展示聚焦策略及实施计划,其他小组进行讨论和评价。

本节练习

一、单项选择题

1. 聚焦法则的核心逻辑是(   )。

A. 全面覆盖市场,满足所有用户需求

B. 集中资源,专注于核心业务和目标市场

C. 不断拓展业务领域,实现多元化发展

D. 平均分配资源,均衡发展各项业务

2. 企业运用聚焦法则进行市场细分时,不应该考虑的因素是(   )。

A. 消费者的年龄和性别　　　　　B. 产品的生产成本

C. 消费者的购买行为和偏好　　　D. 市场的地理区域

3. (   )不符合聚焦法则的应用。

A. 一家小型咖啡连锁店专注于为周边办公人群提供高品质现磨咖啡

B. 某科技公司将研发资源集中在人工智能图像识别领域

C. 一家服装企业同时推出童装、女装、男装等多个系列,且无重点发展方向

D. 一家餐饮企业聚焦打造特色火锅品类,深耕细分市场

4. 企业通过聚焦法则定位核心竞争力,其目的是(   )。

A. 在多个领域都做到中等水平

B. 在特定领域形成独特优势,超越竞争对手

C. 降低产品价格,吸引更多消费者

D. 增加产品种类,满足不同消费者需求

5. 运用聚焦法则设定阶段性目标时,目标应该( )。

A. 模糊且宽泛,便于灵活调整　　　B. 过于远大,激励团队拼搏

C. 具体、可衡量、可实现且有时限　　D. 仅关注短期利益,忽略长期发展

二、简答题

1. 简述聚焦法则的核心逻辑是什么,它对企业的发展有何重要意义?

2. 企业运用聚焦法则进行市场细分的主要方法有哪些? 请分别举例说明。

3. 如何运用聚焦法则定位企业的核心竞争力? 请阐述具体的步骤和要点。

4. 在资源有限的情况下,企业运用聚焦法则制定创新策略时,需要考虑哪些关键因素?

5. 聚焦法则在个人职业发展中可以如何应用? 请结合实际说明。

三、分析题

1. 某新兴智能家居企业,在成立初期资源有限。它没有选择全面进入智能家居的各个领域,而是聚焦于智能门锁这一细分产品。通过深入研究用户需求,不断投入研发资源,在智能门锁的安全性、便捷性和智能化方面形成了独特的技术优势,迅速在市场上占据一席之地。分析该企业运用聚焦法则取得成功的关键因素有哪些,这种策略为企业带来了哪些好处和潜在风险?

2. 一家传统的食品企业,长期生产多种类型的休闲食品,但市场份额逐渐下降。后来,企业决定运用聚焦法则,经过市场调研,发现消费者对健康低糖的零食需求日益增长,于是将业务聚焦于健康低糖零食的研发、生产和销售。经过一段时间的发展,企业的品牌形象得到提升,市场份额也有所回升。分析该企业在运用聚焦法则的过程中,是如何进行市场分析和战略调整的? 在实施过程中可能遇到了哪些困难?

3. 对比两家同行业的互联网企业,A 企业将资源分散在多个业务板块,试图满足各类用户的广泛需求;B 企业运用聚焦法则,专注于为年轻时尚群体提供个性化的社交服务。经过几年的发展,B 企业在该细分市场成为头部企业,而 A 企业的各项业务发展平平。分析聚焦法则在 B 企业成功过程中起到的作用,以及 A 企业的策略存在哪些问题?

4. 某餐饮连锁企业,在发展过程中运用聚焦法则,专注于某一特色菜系,从菜品研发、食材采购到店铺装修、服务流程,都围绕该特色菜系进行打造,形成了独特的品牌风格。分析该企业是如何通过聚焦法则构建自身的竞争优势的,这种策略对其品牌传播和市场拓展有什么影响?

5. 一个专注于运动健身领域的 APP,运用聚焦法则,不断优化运动课程设计、健身指导和社区互动功能,吸引了大量健身爱好者用户。随着市场竞争加剧,该 APP 开始尝试拓展业务,增加了生活购物、旅游推荐等功能,导致用户体验下降,部分核心用户流失。分析该 APP 在业务拓展过程中违背聚焦法则带来的问题,以及应该如何调整策略挽回局面?

四、应用题

1. 假设你要创办一家宠物用品公司,结合聚焦法则,请制定一份详细的创业计划。包括如何进行市场细分,确定目标市场;怎样定位核心竞争力;设定合理的阶段性目标;在资源有限的情况下,制定相应的创新策略和营销方案。

2. 某中小型服装企业,目前产品种类繁多,但销量和利润都不理想。请运用聚焦法则,

为该企业设计一套转型方案。明确企业应该聚焦的方向，如何调整产品结构，重新定位品牌形象以及制定新的市场推广策略，帮助企业提升竞争力。

3. 你是一家科技创业公司的负责人，公司计划开发一款新的软件产品。运用聚焦法则，分析如何确定产品的核心功能和目标用户群体；在研发过程中，如何集中资源保证产品的质量和创新性；产品推出后，怎样制定针对性的营销策略打开市场。

4. 一家传统的文具制造企业，面临着市场竞争激烈、产品同质化严重的问题。请运用聚焦法则，为该企业提出创新发展建议。从产品创新、市场定位、品牌建设等方面入手，帮助企业找到新的发展方向，提升市场份额。

5. 个人想要在自媒体领域发展，运用聚焦法则，制定一份个人发展规划。确定自己的创作领域和目标受众，分析如何打造个人特色和核心竞争力，设定阶段性的成长目标，制定提升影响力和变现能力的具体策略。

第十节　减法策略

一、减法策略概述

减法策略是一种独特且有效的创新思维方法，它打破了人们在创新过程中倾向于增加元素、功能或特性的常规思路，反其道而行之，通过有目的地减少、去除或简化现有事物的某些部分，来创造出全新的价值和体验，实现创新突破。在资源有限、竞争激烈且追求高效的现代社会，减法策略能够帮助我们在复杂的事物中找到关键核心，精简流程，优化产品或服务，以更简洁、高效的方式满足用户需求，从而在市场中脱颖而出。无论是在产品设计、商业模式构建还是项目管理等众多领域，减法策略都展现出了巨大的创新潜力。

二、减法策略的内涵

（一）简化与聚焦

减法策略的核心内涵之一是简化复杂事物，将注意力聚焦于关键部分。许多产品或服务随着发展逐渐变得臃肿，添加了过多不必要的功能或环节。例如，传统的多功能打印机，集成了打印、扫描、复印、传真等多种功能，但在实际使用中，大部分用户主要使用打印和扫描功能，而传真功能很少被用到，且传真功能的存在增加了打印机的成本、体积和操作复杂性。运用减法策略，去除传真功能，将研发和生产成本集中投入到优化打印和扫描功能上，不仅能降低产品成本，还能提升核心功能的性能，使产品更加聚焦于用户的主要需求。

（二）挖掘潜在价值

去除部分元素并不意味着价值降低，反而可能挖掘出隐藏的潜在价值。在软件应用领域，一些手机 APP 最初设计了大量复杂的功能，导致界面杂乱，用户使用时感到困惑。通过减法策略，去除那些使用频率低、非核心的功能，简化界面设计，使 APP 的操作更加便捷流

减法策略内涵

畅。这一过程中,用户对 APP 的满意度反而提升,因为他们能够更快速地找到并使用核心功能,从而挖掘出了产品在简洁易用方面的潜在价值。

(三)激发创新思维

减法策略促使人们突破固有的思维定势,从全新的角度思考问题。当面临创新挑战时,习惯性地增加元素往往限制了思维的广度和深度。而采用减法策略,需要思考去除哪些部分能够创造新的可能性,这激发了人们探索不同解决方案的创新思维。例如,在建筑设计中,传统的建筑往往追求复杂的造型和装饰。但一些现代建筑设计师运用减法策略,去除过多的装饰元素,以简洁的线条和纯粹的空间布局,创造出独特的建筑风格,展现出建筑最本质的美感和功能性。

三、减法策略的实施步骤

(一)全面梳理现有事物

首先要对目标事物进行全方位、细致的梳理,明确其组成部分、功能模块、业务流程等各个方面。以一款智能手机为例,需要梳理出其硬件组成,如处理器、屏幕、摄像头、电池等;软件功能,如操作系统、各类应用程序;以及相关业务流程,如生产制造流程、销售渠道流程等。只有全面了解现有事物的全貌,才能准确判断哪些部分可以进行减法操作。

(二)评估并筛选可减元素

对梳理出的各个部分进行评估,从用户需求、成本效益、市场竞争力等多个角度分析每个元素的重要性和必要性。对于智能手机的硬件部分,若发现某个低像素的副摄像头在实际使用中很少被用户启用,且其存在增加了手机的制造成本和内部空间占用,从成本效益和用户需求角度考虑,该副摄像头就可作为可减元素。对于软件功能,若某一特定的个性化主题设置功能使用频率极低,对用户体验的提升作用不明显,也可将其列入可减范围。

(三)实施减法操作

在确定可减元素后,谨慎地进行去除或简化操作。在去除智能手机的低像素副摄像头时,需要对手机内部结构进行重新设计和优化,确保去除该部件后不影响其他功能的正常运行,同时对手机外观进行相应调整,使整体设计更加简洁美观。对于软件功能的去除,要确保不会对其他相关功能造成冲突,并且在操作后对软件进行全面测试,保证软件的稳定性和流畅性。

(四)评估创新效果

完成减法操作后,对创新后的产品或服务进行全面评估。从用户反馈来看,通过问卷调查、用户访谈等方式,了解用户对去除部分元素后的智能手机的使用感受,是否觉得操作更便捷、界面更简洁。从市场表现来看,观察产品销量、市场份额是否有提升,成本是否降低,是否带来了价格优势等。根据评估结果,进一步优化创新成果,若发现用户对去除某一功能后存在较大不满,可考虑重新调整减法策略,或者寻找替代方案来满足用户需求。

四、减法策略的应用案例

(一)产品案例:苹果 iPod

在 mp3 播放器市场发展初期,众多产品追求功能多样化,集成了大量复杂功能,如录音、FM 收音、多种格式视频播放等。苹果公司运用减法策略,推出 iPod。iPod 去除了那些非核心且增加产品复杂性的功能,专注于音乐播放功能的极致优化。通过简洁时尚的外观设计、便捷的操作界面以及出色的音乐播放音质,iPod 迅速在市场上获得成功。它简化了用户享受音乐的过程,用户可以更专注于音乐本身,而无须在众多繁杂功能中迷失。iPod 的成功不仅改变了 mp3 播放器市场的竞争格局,也为苹果后续产品的设计理念奠定了基础,证明了减法策略在产品创新中的巨大价值。

(二)服务案例:美国西南航空公司

在航空业,传统航空公司提供的服务复杂多样,包括头等舱、商务舱、经济舱多种舱位服务,提供餐饮、行李托运等多项服务,航线网络广泛但运营成本高。美国西南航空公司采用减法策略,在服务方面进行简化。它取消了头等舱和商务舱设置,只提供统一的经济舱服务;减少了机上餐饮服务,仅提供简单的小吃和饮料;在航线选择上,聚焦于短途、高频次的点对点航线,避免了竞争激烈的长途航线市场。通过这些减法操作,西南航空公司降低了运营成本,能够以更低的票价吸引乘客,同时保持了较高的航班准点率和服务效率,在航空市场中开辟出独特的竞争优势,成为全球最成功的低成本航空公司之一。

(三)流程案例:某电商企业的订单处理流程

某电商企业原本的订单处理流程繁琐,涉及多个部门和环节。从客户下单后,订单信息需要依次经过销售部门审核、财务部门确认付款、仓库部门配货、物流部门发货等流程,每个环节之间信息传递有时不及时,导致订单处理周期长,客户满意度低。该企业运用减法策略,对订单处理流程进行优化。通过建立一体化的订单管理系统,将销售、财务、仓库、物流等部门的信息整合在一个平台上,实现信息实时共享。去除了一些重复的审核环节,如销售部门和财务部门对客户基本信息的重复审核。经过减法操作后,订单处理流程得到极大简化,处理周期大幅缩短,客户从下单到收到商品的时间明显减少,企业的运营效率和客户满意度都得到显著提升。

课堂实战

给定一个产品或服务,如传统的多功能厨房电器(具备煮饭、炒菜、煲汤、烘焙等多种功能)。课堂学员分小组,各小组运用减法策略,对给定对象进行分析。首先全面梳理该多功能厨房电器的功能和结构,然后评估筛选可减元素,制定减法操作方案,并预测创新后的效果。例如,小组可能发现烘焙功能在实际使用中很少被启用,且该功能增加了电器的成本和操作复杂性,决定去除烘焙功能,将资源集中优化煮饭、炒菜和煲汤功能,设计更简洁易用的操作界面。各小组在课堂上展示运用减法策略的分析过程和创新方案,其他小组进行讨论和提出改进建议。

一、单项选择题

    1. 减法策略的核心是(　　)。

    A. 增加元素　　　　　　　　　　B. 简化与聚焦

    C. 保持现状　　　　　　　　　　D. 复杂多样化

    2. 在产品设计中运用减法策略,可能带来的结果不包括(　　)。

    A. 成本增加　　　　　　　　　　B. 挖掘潜在价值

    C. 提升核心功能性能　　　　　　D. 激发创新思维

    3. 实施减法策略的第一步是(　　)。

    A. 评估并筛选可减元素　　　　　B. 实施减法操作

    C. 全面梳理现有事物　　　　　　D. 评估创新效果

    4. 苹果 iPod 在 mp3 播放器市场成功的关键在于(　　)。

    A. 增加多种复杂功能　　　　　　B. 运用减法策略优化核心功能

    C. 提高产品价格　　　　　　　　D. 采用复杂的营销策略

    5. 某软件应用去除一些低频使用功能后,用户满意度提升,这体现了减法策略的(　　)。内涵。

    A. 简化与聚焦　　　　　　　　　B. 挖掘潜在价值

    C. 激发创新思维　　　　　　　　D. 以上都不是

二、简答题

    1. 简述减法策略的内涵,并举例说明在日常生活中的应用。

    2. 以一款传统的多功能手表为例,阐述如何运用减法策略进行产品优化,至少说明两个可减元素及优化思路。

    3. 解释在服务行业中,减法策略如何帮助企业提升竞争力,以酒店服务为例进行说明。

    4. 简述实施减法策略时评估创新效果的重要性及主要评估维度。

    5. 分析在项目管理中运用减法策略可能面临的挑战,并提出应对方法。

三、分析题

    1. 分析共享单车运营模式中,哪些方面运用了减法策略,以及这些策略对共享单车行业发展的影响。

    2. 某传统零售企业计划优化其业务流程,运用减法策略分析其可能的优化方向,包括可减环节和预期效果,并探讨实施过程中可能遇到的问题及解决方案。

    3. 近年来,极简主义风格在时尚界流行,从减法策略的角度分析极简主义时尚的创新点和市场吸引力,以及对传统时尚产业的影响。

    4. 智能电视市场竞争激烈,部分品牌推出功能精简的智能电视产品。分析这些产品运用减法策略的具体表现,以及这种策略在智能电视市场的优势和局限性。

    5. 分析在线教育平台在课程设计方面如何运用减法策略提高用户体验,对比传统教育课程,阐述其创新之处和面临的挑战。

四、应用题

1. 假设你是一家健身器材公司的产品经理，现有一款多功能健身器材，具备跑步、划船、举重等多种功能，但市场反馈不佳。运用减法策略，为这款产品制定优化方案，包括可减功能、改进措施以及预期市场效果。

2. 某咖啡馆经营状况不佳，你作为管理者运用减法策略对咖啡馆的服务和产品进行优化。详细说明优化思路、具体操作步骤以及如何评估优化效果。

3. 一款社交 APP 功能繁多，导致用户体验不佳，用户流失严重。请运用减法策略，提出该 APP 的改进方案，包括筛选可减功能的方法、实施减法操作的注意事项以及预期的用户反馈和市场表现。

4. 某企业的生产流程繁琐，效率低下。请运用减法策略，为该企业设计一套生产流程优化方案，包括梳理现有流程、确定可减环节、实施优化步骤以及对企业生产效率和成本的预期影响。

主要参考文献

［1］吴兴华.创新思维方法与训练［M］.2 版.广州：中山大学出版社,2022.

［2］郭万斌,李宁,韦志涵,等.创新思维能力训练方法与运用［M］.北京：清华大学出版社,2023.

［3］吴晓义.创新思维［M］.北京：清华大学出版社,2016.

［4］斯坦诺维奇.超越智商：为什么聪明人也会做蠢事［M］.北京：机械工业出版社,2021.

［5］基利,派克尔,奎因.创新十型［M］.北京：机械工业出版社,2014.

［6］李尚之,汤超颖.创新思维的训练手册：脑体操［M］.北京：清华大学出版社,2017.

［7］熊友君.移动互联网思维：商业创新与重构［M］.北京：机械工业出版社,2015.

［8］黄亚生,张世伟,余典范,等.MIT 创新课：麻省理工模式对中国创新创业的启迪［M］.北京：中信出版社,2015.

［9］鲁特-伯恩斯坦.创意天才的思维方法：世界著名创意大师的 13 种思维工具［M］.王美芳,译.北京：电子工业出版社,2015.

［10］霍夫曼.联盟：互联网时代的人才变革［M］.路蒙佳,译.北京：中信出版社,2018.

［11］马丁.商业设计：通过设计思维构建公司持续竞争优势［M］.李志刚,于晓蓓,译.北京：机械工业出版社,2015.

［12］许可,左娟,苏晨辉.体验互联网新思维［M］.北京：经济管理出版社,2015.

［13］余锋.精益创新：企业高效创新八步法［M］.北京：机械工业出版社,2015.

［14］张东生,张亚强.基于 TRIZ 的管理创新方法［M］.北京：机械工业出版社,2015.

［15］博赞.思维导图［M］.北京：中国广播影视出版社,2022.

感谢您使用本书。为方便教学，我社为教师提供资源下载、样书申请等服务，如贵校已选用本书，您只要关注微信公众号"高职财经教学研究"，或加入下列教师交流QQ群即可免费获得相关服务。

高职财经教学研究
高等教育出版社(上海)教材服务有限... ✔
上海

高等教育出版社旗下产品，提供高职财经专业课程教学交流、配套数字资源及样书申请等服务。 ＞

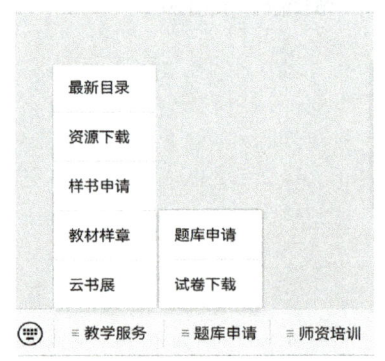

资源下载：点击"**教学服务**"—"**资源下载**"，注册登录后可搜索相应的资源并下载。
（建议用电脑浏览器操作）
样书申请：点击"**教学服务**"—"**样书申请**"，填写相关信息即可申请样书。
样章下载：点击"**教学服务**"—"**教材样章**"，即可下载在供教材的前言、目录和样章。
题库申请：点击"**题库申请**"，填写相关信息即可申请题库或下载试卷。
师资培训：点击"**师资培训**"，获取最新会议信息、直播回放和往期师资培训视频。

◎ **联系方式**

财经基础课QQ群：374014299
联系电话：（021）56961310　　电子邮箱：3076198581@qq.com